元史

四部備要

史部

中華書局據武英殿本校刊

桐鄉 陸費逵 總勘

杭縣 高時顯 吳汝霖 輯校

杭縣 丁輔之 監造

元史卷一百三十五

明翰林學士亞中大夫知制誥兼修國史宋　濂等修

列傳第二十二

鐵哥朮

鐵哥朮高昌人世居五城後徙京師曾祖父達釋有謀略爲國人所信服太祖西征高昌國主懼以錦衣白貂帽召達釋與謀達釋知天命有歸勸其主執贄稱臣以安其國由是號爲尚書太祖班師諸王言於帝曰達釋之子野里朮驍勇善戰所將部落又強大聞其人每思率衆効順而未有機便盍致之乎太祖是其議即詔給驛馬五百迎與俱來既至引見甚器重之丙午太祖西征野里朮別從親王按只台與敵戰有功甚見親遇王方以絳蓋障日而坐及聞野里朮議事喜見顏色稱善久之既退撤其蓋送之十里遂得兼長四環衛之必闍赤壬辰從國兵討金以戰功最多賞賚優渥甲午副忽都虎籍漢戶口籌其賦役分諸功臣以地人服其敏鐵哥朮野里朮長子也尤沉鷙有才嘗有擁兵叛

者鐵哥朮率族人與戰于魚兒濼時軍興簿檄繁急鐵哥朮一以其國書識之
無遺失者帝甚嘉焉至元中擢爲隸州達魯花赤遷德安府達魯花赤適土人
蔡知府者以衆叛鐵哥朮率衆先登冒矢石身被數槍猶戰不已遂討平之主
將怒將屠其城鐵哥朮請曰叛者蔡知府數人而已城中之人何預焉盡誅其
黨與而止毋令濫及非辜主將嘉其誠懇城遂得全累官至嘉議大夫婺州路
達魯花赤所在咸著政績大德己亥卒成宗勅其孫海壽載其柩歸葬京師贈
榮祿大夫江浙行省平章政事柱國封榮國公諡簡肅子四人義堅亞禮幼給
事裕宗宮至元十五年爲中書省宣使嘗使河南適汴鄭大疫義堅亞禮命所
在村郭搆室廬備藥醫以畜病者由是軍民全活者衆還直省舍人承中書檄
徵考上都儲偫及還帝賜錦衣貂裘一襲以旌其能出爲湖州路達魯花赤卒
于官月連朮同知安陸府事八扎同知宣政院事孫九人海壽義堅亞禮子也
由宿衛世祖朝累官至大中大夫杭州路達魯花赤招復流民有恩惠卒贈翰
林直學士封范陽郡侯諡惠敏

塔出

塔出布兀剌子也幼孤長善騎射至元元年入侍世祖占對多稱旨賜以寶貨衣物四年給以察罕食邑賦稅之半又還其所俘逋戶三十七年降金虎符授昭勇大將軍山東統軍使鎮莒密膠沂郯邳宿即墨等城設方略謹斥堠宋人不敢北嚮九年詔更統軍司爲行樞密院改僉樞密院事數將兵攻下瀕淮堡柵略地漣海獲人畜萬計宋人蔣德勝來降塔出表言宜加賞賚以勸來者於是賜黃金五十兩白金倍之十年改僉淮西等處行樞密院事城正陽以扼淮海諸州兵宋陳奕率安豐廬壽等州兵數撓其役塔出選精銳日十數戰奕遁去卒城正陽宋人復造戰艦於六安欲攻正陽塔出詗知之率騎兵焚其艦餽饟久不繼出兵據險潛取安豐麥以餉軍宋兵壁橫河口塔出將奇兵大破之十一年朝議淮上諸郡宋之北藩城堅兵精攻之不可猝下徒老我師宜先度江剪其根本留兵淮甸絕其救援則長江可乘虛而渡也於是以塔出爲鎮國上將軍淮西行省參知政事帥師攻安豐廬壽等州俘生口萬餘來獻賜葡萄

酒二壺仍以曹州官園爲第宅給城南閑田爲牧地宋夏貴帥舟師十萬圍正陽決淮水灌城幾陷帝遣塔出往救之道出潁州遇宋兵攻潁戍卒僅數百人盛暑塔出卽發公庫弓矢驅市人出戰預度潁之北關攻易破乃急徙民入城伏兵以待是夜宋人果焚北關火光屬天塔出率衆從暗中射之矢下如雨宋軍退走至沙河大破之溺死者不可勝計明日長驅直走正陽時方霖雨突圍入城遂堅壁不出俄復開霽與右丞阿塔海分帥銳師以出渡淮至中流皆殊死戰宋軍大潰追數十里斬首數千級奪戰艦五百餘艘遂解正陽之圍塔出乃上奏方事之殷宜明賞罰俾將士有所懲勸帝納其言頒賞有差秋八月淮西行省復爲行院塔出引兵渡淮屯廬揚閒十二年從丞相伯顏以舟師與宋軍戰宋軍大潰其臣賈似道奔揚州遂分兵四出克池州取太平順流東下至建康丹徒江陰常州皆望風迎降時揚州未附諜告揚州人將夜襲丹徒守將乞援塔出設伏以待揚州軍果夜至塔出扼西津邀擊之殺獲溺死者甚衆入朝帝賜玉帶旌其功授淮東左副都元帥仍佩金虎符十三年加通奉大夫參

知政事領淮西行中書省事時沿淮諸州新附塔出禁侵掠撫瘡痍練士卒備姦宄境內帖然俄遷江西都元帥征廣東塔出宣布恩信所至溪峒納款廣東遂平十四年加賜雙虎符爲江西宣慰使宋益王昰廣王昺走保嶺海復改江西宣慰司爲行中書省遷治贛州授塔出資政大夫中書左丞行中書省事十五年以二王事入議帝命張弘範李恆總兵進討塔出留後以供軍費初江西甫定帝命隳其城塔出卽表言豫章諸郡皆瀕江爲城霖潦泛溢無城必至墊溺隳之不便帝從之降附之初有謀畔者既敗獲矣塔出謂同僚曰撫治乖方之所致也中閒豈無詿誤止誅其渠魁盡釋餘黨瑞州張公明愬左丞呂師夔謀爲不軌塔出廉知其誣曰狂夫欲脅求貨耳若以曚昧言遽聞之朝廷則大獄茲與連及無辜且師夔既居相職詎肯爲狂妄之事若遲疑不決恐彼驚疑反生異謀乃斬公明而後聞帝是之十七年入覲賜勞有加復命行省于江西尋以疾卒於京師時年三十七妻明理氏以貞節稱旌其門閭二子長宰牙襲爵中奉大夫江西宣慰使次必宰牙仕至征東行中書省左丞妻曰牙倫泰安

郡武穆王孛魯歡之女亦守義有賢行

塔里赤

塔里赤康里人其父也里里白太祖時以武功授帳前總校奉旨南征至洛陽得唐白樂天故址遂家焉塔里赤幼穎異好讀書尤善騎射襲父職參佐戎幕調度軍馬動合事宜行省奏充斷事官時南北民戶主客良賤雜揉蒙古軍牧馬草地互相占據命塔里赤至其地理之軍民各得其所由是世祖知其能俾領蒙古軍圍樊襄塔里赤躬冒矢石所向摧陷樊城破襄陽降從丞相伯顏渡江駐臨安尋命平章奧魯赤等分爲六路追襲宋二王塔里赤領軍至福建所過秋毫無犯降者如歸宋都統陳宗榮率衆來降以功遷福建招討使時諸郡盜起其最盛者陳吊眼擁衆五萬陷漳州行省承制命塔里赤爲閩廣大都督征南都元帥總四省軍復漳州生擒陳吊眼戮于市餘黨悉伏誅繼從征交趾擊敗黃聖許等積功加鎮國上將軍三珠虎符廣西兩江道宣慰使都元帥賀州盜起塔里赤討平之改福建宣慰使又改淛東金瘡發卒贈輔國上將軍淛

東道宣慰使都元帥護軍追封臨安郡公子二人脫脫木兒邵武汀州新軍萬戶府達魯花赤萬奴廣西宣慰使都元帥

塔海帖木兒

塔海帖木兒荅荅里帶人其先在太祖時事國王木華黎將左手大萬戶下蒙古軍領太原以西八州破金將王公佐軍斬公佐從攻陝右征河西滅金皆有功賜種田戶二百七十曾祖忒木勒哥嗣從都元帥塔海紺卜征蜀死於與元祖扎剌帶嗣扎剌帶卒父拜荅兒尚幼從祖扎里荅朮相繼襲其職扎里從都元帥大荅征蜀以所統軍二百人破宋軍于巴州斬首三百級生擒五十餘人荅朮以西川行樞密院檄領兵三千人救碉門大敗宋軍斬首三百餘級俘百餘人以歸拜荅兒既長始以父官從行省也速帶兒征建都死軍中塔海帖木兒襲父職初從行院忽敦圍嘉定嘉定降進圍重慶守將張珏出師迎敵塔海帖木兒力戰陷陣功最多十五年又以都魯軍二百人破宋軍於白水江奪戰船一俘其衆十三人陞宣武將軍管軍總管從也速荅兒征亦奚不薛又從征

都掌蠻皆以爲前鋒殺獲甚衆九溪蠻散猫大盤蠻尙木的世用等叛從行省曲立吉思帥師往討皆擒之及殺其酋長頭狗等也速荅兒藥剌罕率兵萬人會雲南兵討烏蒙蠻至鬧竈其酋長阿蒙率五百餘衆奔麻布蠻地塔海帖木兒以四百人追至山箐中大敗之擒阿蒙以歸二十六年又從也速荅兒西征不知所終

口兒吉

口兒吉阿速氏憲宗時與父福得來賜俱直宿衞領阿速軍二十戸世祖時口兒吉以百戸從元帥阿朮伐宋有功賜以白金等物宋平命充大宗正府也可扎魯花赤領阿速軍從征海都以功受上賞師還成宗命宣撫湖廣等處訪求民瘼仍還舊職至大元年武宗命充左衞阿速親軍都指揮使進階廣威將軍四年卒子的迷的兒由玉典赤改百戸領阿速軍從指揮玉爪失征叛王乃顏卻金剛奴軍于鑠寶直之地降哈丹秃魯于累以功受賞至大四年襲父職授明威將軍阿速親軍都指揮使子香山事武宗仁宗直宿衞天曆元年九月兵

與從戰宜興擊殺敵兵七人自旦至暮卻敵兵凡一十三處以功賜金帶一授左阿速衞都指揮使

忽都

忽都蒙古兀羅帶氏父孛罕事太祖備宿衞至太宗時爲鎭西行省領蒙古漢軍從攻河中潼關河南與拜只思扎忽歹阿思蘭攻秦鞏及仁和諸堡又與拜只思守京兆歲乙未授左手萬戶從都元帥荅海紺卜出征卒軍中憲宗命忽都將其軍從都元帥大荅攻巴州又從都元帥紐璘渡馬湖江破宋敘州兵於老君山下中統元年宋將以舟師二千犯成都新津忽都逆擊敗之斬首百五十級至元元年授蒙古漢軍總管二年從都元帥百家奴敗宋將夏貴於懷安五年卒子扎忽帶時在宿衞弟忽都荅立襲其職忽都荅立卒扎忽帶嗣爲千戶從行樞密院圍重慶重慶守張珏遣勁兵數千出挑戰扎忽帶力戰大破之回軍圍瀘州未下行樞密院遣入朝計事授宣武將軍管軍總管復還攻瀘登城與瀘兵搏戰而死子阿都赤嗣

孛兒速

孛兒速脫脫忒氏世祖時直宿衞扈駕征哈剌章還帝駐蹕高阜見河北有鴐舟而來者顧謂左右曰是賊也奈何孛思速進曰臣請禦之卽解衣徑渡揮戈刺死舟尾二人挐其舟就岸舟中之人倉皇失措帝命左右悉擒之哈剌章平以功論賞子荅荅呵兒從征孛可有功由宿衞陞武德將軍揭只揭烈温千戶所達魯花赤從征叛王乃顏也不干等奮戈擊死數人擒也不干收其所管欽察之民武宗時進懷遠大將軍元帥卒

月舉連赤海牙

月舉連赤海牙畏兀兒從憲宗征釣魚山奉命修麴蘗以療師疫賞白金五十兩繼從太子滿哥都征雲南戰數勝中統三年火都暨荅離叛領兵與討平之至元十二年佩虎符爲隴右河西道提刑按察使兀朗孫火石顏謀亂從皇太子安西王往鎭之皇太子賜以白金五十兩十五年與伯速帶平土魯皇子復賜金衣腰帶金椀且以其功聞十七年進官嘉議大夫仍居舊職二十年進中

奉大夫四川等處行中書省參知政事尋以疾歸秦州大德八年卒至順中贈推忠宣力定遠功臣資善大夫陝西行省左丞護軍追封威寧郡公謚襄靖

阿荅赤

阿荅赤阿速氏父昂和思憲宗時佩虎符爲萬戶阿荅赤扈從憲宗南征與敵兵戰于劍州以功賞白銀阿里不哥叛從也兒怯等征之有功世祖中統三年從征李璮身二十餘戰累功授金符千戶丞相伯顏平章阿朮之平江南也阿荅赤皆在行中著戰功歿于陳帝憐之特賜鈔七十錠白金五百兩爲葬具仍賜鎮巢之民一千五百三十九戶命其子伯荅兒襲職伯荅兒從別急列迷失北征與禿吉剌只兒瓦台戰于牙里伴朶之地以功受上賞尋進定遠大將軍後衞都指揮使兼右阿速衞事將阿速軍往征別失八里與敵兵累戰累捷樞密臣以其功聞賞白金貂裘弓矢鞍轡等尋復以銀坐椅賜之子斡羅思由宿衞陞僉隆鎮衞都指揮使司事賜一珠虎符天曆元年諭降上都軍凡若干數特賜三珠虎符陞本衞都指揮使

明安康里氏至元十三年世祖詔民之蕩析離居及僧道漏籍諸色人不當差徭者萬餘人充貴赤令明安領之明安歲扈駕出入克勤于事二十年授定遠大將軍中衛親軍都指揮使明年賜佩虎符領貴赤軍北征又明年立貴赤親軍都指揮使司命爲本衛達魯花赤尋奉旨領蒙古軍八千北征明年至别失八剌哈思之地與海都軍戰有功二十六年冬十二月别乞憐叛劫取官站脫脫火孫塔剌海等明安率衆追擊之五戰五捷悉還之至杭海强民闊闊台撒兒塔台等率衆作亂奪三站地劫脫脫火孫明安引兵又追擊之却其軍二十七年秋七月布四麻當先别乞失出春伯駙馬兀者台朶羅台兀兒荅兒荅里雅赤等掠四怯薛牛馬畜牧及劫滅烈太子昔博赤幷斡脫布伯各投下民殆盡明安將兵追擊于汪吉昔博赤之城賊軍敗走還所掠之民幷獲其牛馬畜牧等以歸時出伯伯都所領軍乏食奉旨以明安所獲畜牧濟之二十九年以功陞定遠大將軍貴赤親軍都指揮使司達魯花赤時别失八剌哈孫盜起詔

以兵討之戰于別失八里禿兒古闌有功賊軍再合四千人於忽蘭兀孫明安設方略與戰大敗之大德二年復將兵北征與海都戰七年歿于軍子曰帖哥台曰孛蘭奚帖哥台初爲昭勇大將軍貴赤親軍都指揮使司達魯花赤及改充萬戶則以其叔父脫迭出代之帖哥台後以萬戶改中衞親軍都指揮使進銀青榮祿大夫平章政事子曰普顏忽里曰善住普顏忽里懷遠大將軍貴赤親軍都指揮使司達魯花赤善住初直宿衞歷中書直省舍人諸色人匠達魯花赤還奉議大夫僉中衞親軍都指揮使司事天曆元年九月賜佩一珠虎符從丞相燕帖木兒禦敵檀州等處又率其家人那海等一十一人自出乘馬與遼軍戰却其軍俘八十四人以歸丞相嘉之孛蘭奚昭武大將軍中衞親軍都指揮使積官銀青榮祿大夫太尉子桑兀孫中衞親軍都指揮使桑兀孫卒弟乞荅海襲職

忽林失

忽林失八魯刺䚟氏曾祖不魯罕罕劄事太祖從平諸國充八魯刺思千戶以

其軍與太赤温等戰重傷墜馬帝親勒兵救之以功陞萬戶賜黃金五十兩白金五百兩俾直宿衛祖許兒台年十五能馳射賊以勇略稱從定宗欽察爲千戶領兵下西番從世祖伐宋至亳州與宋人迎敵敗之父貧吉剌帶初爲軍器監官從世祖親征阿里不哥以功受上賞俄奉旨使西域籍地產悉得其實帝方欲大用之而卒忽林失初直宿衛後以千戶從征乃顏馳馬奮戈衝擊敵營矢下如雨身被三十三創成宗親督左右出其鏃命醫療之以其功聞世祖以克宋所得銀甕及金酒器等賜之命領太府監後以千戶從皇子闊闊出出征還留鎮軍中後從成宗與海都都瓦等戰有功成宗嘉之特命爲翰林承旨俄改萬戶與叛王斡羅思察八兒等戰以功授榮祿大夫司徒賜銀印武宗嘗曰羣臣中能爲國宣力如忽林失者實鮮其厚賚之於是遣使召見未幾武宗崩仁宗卽位念其舊勳賞賚特厚子燕不倫初奉興聖太后旨充千戶俄改充萬戶代其父職尋罷歸其父所受司徒印及萬戶符於有司仍直宿衛致和元年秋八月在上都思武宗之恩與同志合謀奉迎文宗會同事者見執乃率其屬

奔還大都特賜龍衣一襲命爲通政院使天曆元年九月同丞相燕帖木兒敗王禪等兵于紅橋又戰于白浮又戰于昌平東又戰于石槽帝嘉其功拜榮祿大夫知樞密院事以世祖常御金帶賜之

失剌拔都兒

失剌拔都兒阿速氏父月魯達某憲宗時領阿速十人入覲充阿塔赤從世祖至哈剌之地戰數勝兀里羊哈台以其功聞賜所俘人一口以賞之後以金瘡發卒失剌拔都兒至自脫別之地帝特賜白金楮幣牛馬等物至元二十一年從丞相伯顏南征有功仍充阿塔赤帝嘗命放海青曰能獲新者賞之失剌拔都兒卽援弓射一兎二禽以獻賞沙魚皮雜帶及貂裘且命於尚乘寺爲少卿於阿速爲千戶二十四年授武略將軍管阿速軍千戶賜金符乃顏叛從諸王和元魯往征之力戰有功乃顏平帝賞以金腰帶及銀交牀等二十五年進武德將軍尚乘寺少卿兼阿速千戶征給答安等敗之獲其駝馬等物成宗嘉其功以軍二千益之討叛王脫脫擒之以功受賞大德六年卒子那海產襲其職

至大二年進宣武將軍右衛阿速親軍都指揮使賜二珠虎符泰定二年覃加

明威將軍

徹里

徹里阿速氏父別吉八在憲宗時從攻釣魚山以功受賞徹里事世祖充火兒

赤從征海都奮戈擊其前鋒官軍二人陷陳掖而出之以功受賞後從征杭海

獲其牛馬畜牧悉以給軍食帝嘉之賞鈔三千五百錠仍以分賚士卒成宗時

盜據博落脫兒之地命將兵討之獲三千餘人誅其酋長還奏命同客省使拔

都兒等往八兒胡之地以前所獲人口畜牧悉給其主軍還帝特賜鈔一百錠

武宗居潛邸亦以銀酒器賞之至大二年立左阿速衛授本衛僉事賜金符皇

慶二年從湘寧王北征以功賜一珠虎符子失列門直宿衛至和元年秋八月

從知院脫脫木兒至潮河川獲完者八都兒愛的斤等十二人戮八人執四人

歸京師復於宜興遇失剌乃馬台等迎戰奮戈擊死二人以功賞白金楮幣天

歷元年從擊禿滿台兒之兵於兩家店殺其四人復以功受賞從戰薊州又殺

其四人十一月又追殺十二人于檀子山以功授左衛阿速親軍都指揮使司僉事

曷剌

曷剌兀速兒吉氏至元九年見世祖詔入太官直從討叛王乃顏賜白金楮幣甲冑橐駝鞍馬以其才堪使遠成宗時使高麗使和林使江西福建不失使指授忠勇校尉中書直省舍人出監息州遷奉訓大夫武宗詔曰曷剌世祖舊臣可授奉議大夫都水監卿明年加嘉議大夫又明年佩金虎符兼直東水韃靼女直萬戶府達魯花赤延祐元年特授資善大夫遼陽等處行中書省左丞仍監其軍三年召還特授榮祿大夫大司農卒年六十三贈推誠宣力保德功臣太師開府儀同三司上柱國追封薊國公謚安穆子不花宿衛仁宗潛邸及即位特授中順大夫中書直省舍人改客省副使遷太中大夫典瑞太監改左司員外郎參議中書省事拜中奉大夫中書參知政事資德大夫宣徽副使同知宣徽事改典瑞院事兼世其父監軍佩金虎符改翰林學士至治元年仍翰林

學士監軍領東蕃諸部奏事

乞台

乞台察台氏至元二十四年爲欽察衞百戸從土土哈征叛王失烈吉及乃顏有功賜金符陞千戸從征忽刺出戰于阿里台之地元貞二年以疾卒子哈贊赤襲職從創兀兒於魁烈兒之地與哈荅安戰有功大德五年從戰杭海從武宗親征哈剌阿荅復從創兀兒征不別八憐爲前鋒以功受賞賚皇慶二年授金符爲千戸明宗居潛邸延祐四年命從西征與兀滿帖木兒戰于失剌塔兒馬失之地以功復受厚賞居其地十五年天曆二年賜金符授昭勇大將軍同知大都督府事卒

脫因納

脫因納荅荅乂氏世祖時從征乃顏以功受上賞大德七年授欽察衞親軍千戸所達魯花赤武德將軍賜金符八年改太僕少卿十年遷阿兒魯軍萬戸府達魯花赤易金虎符進階懷遠大將軍尋改中奉大夫太僕少卿仍兼前職至

大二年拜甘肅行尚書省參知政事通奉大夫四年入爲太僕卿陞正奉大夫皇慶元年授阿兒魯萬戶府襄陽漢軍達魯花赤仍領太僕卿延祐三年拜資德大夫甘肅行中書右丞至治二年改通政使轉會福院使尋復通政致和元年分院上都秋八月爲倒剌沙所殺文宗卽位特贈宣力守義功臣榮祿大夫上柱國中書平章政事追封冀國公謚忠景有子曰定童只沈哈朗定童襲父職阿兒魯萬戶府襄陽萬戶府漢軍達魯花赤佩金虎符明威將軍只沈哈朗初授欽察親軍千戶所達魯花赤佩金符武略將軍改授朝列大夫通政院副使歷同知陞院使積官中奉大夫

和尚

和尚蒙古乃蠻台氏祖海速充昔烈木千戶所蒙古軍百戶伯父兀魯不花初充蒙古軍五十戶至元七年從昔烈木千戶南征以功命權百戶從僉省阿速海牙攻樊城十一年從攻新城又從攻鄂東門攻處州屢立戰功二十五年賜銀符授敦武校尉後衞親軍百戶是年秋卒父怯烈吉襲怯烈吉卒和尚襲至

大三年進忠翊校尉後衛親軍副千戸賜金符延祐三年江西寧都寇起殺守土官吏從元帥乞住等總兵討之生擒賊酋蔡五九誅之擣其巢穴致和元年八月西安王以兵討倒剌沙命從丞相燕帖木兒擒烏伯都剌分兵備禦天曆元年九月從戰通州以功賞名馬從擊犯紅橋之兵手戈刺死二人敗之奪紅橋及紐鄰澤大夫等力戰於白浮殺其四人和尚白丞相曰兩軍相戰當有辨今號纓俱黑無辨我軍宜易以白丞相然之戰于昌平栗園殺二人又與亞失帖木兒戰于石槽殺三人十月從擊禿滿台兒於檀州南桑口敗之又從丞相追擊其軍于檀州之北有功十一月命領八衛把總金鼓都鎮撫司事

元史卷一百三十五

元史卷一百三十六

明翰林學士亞中大夫知制誥兼修國史宋　濂等修

列傳第二十三

哈剌哈孫

哈剌哈孫斡剌納兒氏曾祖啓昔禮始事王可汗脫斡璘王可汗與太祖約爲兄弟及太祖得衆陰忌之謀害太祖啓昔禮潛以其謀來告太祖乃與二十餘人一夕遁去諸部聞者多歸之還攻滅王可汗併其衆擢啓昔禮爲千戶賜號答剌罕從平河西西域諸國祖博理察太宗時從太弟睿宗攻河南取汴蔡滅金賜順德以爲分邑父囊加台從憲宗伐蜀卒于軍哈剌哈孫威重不妄言笑善騎射工國書又雅重儒術至元九年世祖錄勳臣後命掌宿衛襲號答剌罕自是人稱答剌罕而不名帝嘗諭之曰汝家勳載王府行且大用汝矣又語皇太子曰答剌罕非常人比可善遇之十八年割欽廉二州益其食邑二十二年拜大宗正用法平允審錄冤滯所活數百人時相請以江南獄隸宗正哈剌哈

孫曰江南新附教令未孚且相去數千里欲遙制其刑獄得無冤乎事遂止二十八年拜榮祿大夫湖廣行省平章政事臺臣言其在宗正決獄平即去恐難其繼者帝曰湖廣之地朕嘗駐蹕非斯人不可遂行時江湖間盜賊出沒剽取商旅貨財哈剌哈孫至則發卒悉擒誅之水陸之途始皆無梗初樞密置行院於各省分兵民爲二奸人植黨自蔽後因入覲極陳其不便帝爲罷之因問曰風憲之職人多言其撓吏治信乎對曰朝廷設此以糾奸慝貪吏疾之妄爲謗耳帝然其言三十年平章劉國傑將兵征交趾哈剌哈孫戒將吏無擾民會有奪民魚菜者杖其千戶軍中肅然俄有旨發湖湘富民萬家屯田廣西以圖交趾哈剌哈孫密遣使奏曰往年遠征無功瘡痍未復今又徙民瘴鄉必將怨叛吏莫知其奏抱卷請署弗答吏再請則曰姑緩之未幾使還報罷民皆感悅及廣西元帥府請募南丹五千戶屯田事上行省哈剌哈孫曰此土著之民誠爲便之內足以實空地外足以制交趾之寇可不煩士卒而饋餉有餘即命度地立爲五屯統以屯長給牛種農具與之湖南宣慰張國紀建言欲按唐宋末徵

民間夏稅哈剌哈孫曰亡國弊政失寬大之意聖朝其可行耶奏止其議大德二年入朝上都成宗拜光祿大夫江浙行省左丞相視政七日徵拜中書左丞相進階銀青光祿大夫既拜命斥言利之徒一以節用愛民爲務有大政事必引儒臣雜議京師久闕孔子廟而國學寓他署乃奏建廟學選名儒爲學官采近臣子弟入學又集羣議建南郊爲一代定制五年同列有以雲南行省左丞劉深計倡議曰世祖以神武一海內功蓋萬世今上嗣大歷服未有武功以彰休烈西南夷有八百媳婦國未奉正朔請往征之哈剌哈孫曰山嶠小夷遼絕萬里可諭之使來不足以煩中國不聽竟發兵二萬命深將以往道出湖廣民疲於餽餉及次順元深脅蛇節求金三千兩馬三千疋蛇節因民不堪舉兵圍深於窮谷首尾不能相救事聞遣平章劉國傑往援擒蛇節斬軍中然士卒存者纔十一二轉餉者亦如之訖無成功帝始悔不用其言會赦有司議釋深罪哈剌哈孫曰徼民首釁喪師辱國非常罪比不誅無以謝天下奏誅之七年進中書右丞相嘗言治道必先守令近用多不得其人於是精加遴選定官吏贓

罪十二章及丁憂婚聘盜賊等制禁獻戶及山澤之利每歲車駕幸上都哈剌
哈孫必留守京師時帝弗豫制出中宮羣邪黨附哈剌哈孫以身匡之天下晏
然十年加開府儀同三司監修國史置僚屬冬十一月帝寢疾篤甚入侍醫藥
出總宿衞藩王欲入侍疾者不聽日理機務如故十一年春成宗崩時武宗撫
軍北邊仁宗侍太后在懷慶諸奸臣謀斷北道請成后垂簾聽政立安西王阿
難答哈剌哈孫密遣使北迎武宗南迎仁宗悉收京城百司符印封府庫稱疾
臥闕下內旨日數至並不聽文書皆不署衆欲害之未敢發及仁宗至近郊衆
猶未知也三月朔列牘請署后決以三月三日御殿聽政乃立署之衆大喜莫
知所爲明日迎仁宗入執左丞相阿忽台及安西王阿難答等就誅內難悉平
自冬至春未嘗一至家休沐夏五月武宗至自北卽皇帝位拜太傅錄軍國重
事仍總百揆賜宅一區以其子脫歡入侍初仁宗之入也阿忽台有勇力人莫
敢近諸王禿剌實手縛之以功封越王三宮盡幸其第賜與甚厚以慶元路爲
其食邑哈剌哈孫力爭之曰祖宗之制非親王不得加一字之封禿剌疎屬豈

得以一日之功廢萬世之制哉帝不聽禿剌因譖於帝曰方安西王謀干大統哈剌哈孫亦嘗署文書由是罷相出鎮北邊詔曰和林爲北邊重鎮今諸部降者又百餘萬非重臣不足以鎮之念無以易哈剌哈孫者賜黃金三百兩白銀三千五百兩鈔十五萬貫帛四萬端乳馬六十匹以太傅右丞相行和林省事太后亦賜帛二百端鈔五萬貫至鎮斬爲盜者一人分遣使者賑降戶奏出鈔帛易牛羊以給之近水者教取魚食會大雪民無取得食命諸部置傳車相去各三百里凡十傳轉米數萬石以餉饑民不足則益以牛羊又度地置內倉積粟以待來者浚古渠溉田數千頃治靑海屯田教部落雜耕其間歲得米二十餘萬北邊大治至大元年賜大帳如諸王諸藩禮十一月寢疾語其屬曰吾不復能佐理國事矣行省之務汝曹勉之毋貽朝廷憂薨年五十二帝聞之驚悼曰喪我賢相賻鈔二萬五千貫詔歸葬昌平追贈推誠履政佐運功臣太師開府儀同三司上柱國追封順德王諡忠獻子脫歡由太子賓客拜御史中丞襲號答剌罕進御史大夫行臺江南尋拜平章行省江浙進左丞相兼領行宣政

院重厚有父風喜讀書爲政不尚苛暴得衆心致和元年卒于官年三十七子

蠻蠻

阿沙不花

阿沙不花者康里國王族也初太祖拔康里時其祖母苫滅古麻里氏新寡有二子曰曲律牙牙皆幼而國亂家破無所依欲去而歸朝廷念無以自達一夕有數駞皆重負突入營中驅之不去旦乃繫駞營外置所負其旁夜復納營中候有求者歸之如是十餘日終無求者乃發視其裝皆西域重寶驚曰殆天欲資我而東耶不然此豈吾所宜有遂驅駞載二子越數國至京師時太祖已崩太宗立盡獻其所有帝深異之命有司治邸舍具廩餼以居焉居二年聞國中已定謁帝欲歸帝曰汝昔何爲而來今何爲而去且問其所欲對曰臣妾昔以國亂無主遠歸陛下今賴陛下威德聞國已定欲歸守墳墓耳妾惟二子雖愚無知願留事陛下帝大喜立召二子入宿衛而禮遣之後十三年復來則二子已從憲宗伐蜀矣逮至和寧聞憲宗崩諸將皆還而二子獨後心方以爲憂過

一古廟因入禱焉若聞神語連稱好好而不知其故問其國人通漢語者知爲吉語還至舍則二子已至矣遂留居焉曲律無子牙牙後封康國王生六子阿沙不花最賢年十四入侍世祖世祖賜土田給奴隸使居與和之天城會西蕃遣使者有所奏請旣諭遣之後數日帝問近侍諸大臣曰前日西使何請朕何辭以遣諸大臣莫能對阿沙不花從傍代對甚詳悉帝因怒諸大臣曰卿等任天下之重如此反不若一童子耶嘗扈從上都方入朝而宮草多露跣足而行帝御大安閣望而見之指以爲侍臣戒一日故命諸門衞勿納阿沙不花阿沙不花至諸門衞皆不納乃從水竇中入帝問故以實對且曰臣一日不入侍身將何歸帝大悅更諭諸門衞聽其出入命飭四宿衞兵器無敢或慢復使掌門無敢闌入帝曰可用矣乃顏叛諸王納牙等皆應之帝問計將安出對曰臣愚以爲莫若先撫安諸王乃行天討則叛者勢自孤矣帝曰善卿試爲朕行之卽北說納牙曰大王聞乃顏反耶曰聞之曰大王知乃顏已遣使自歸耶曰不知也曰聞大王等皆欲爲乃顏外應今乃顏旣自歸矣是獨大王與主上抗幸主

上聖明亦知非大王意置之不問然二三大臣不能無惑大王何不往見上自陳爲萬全計納牙悅許之於是諸王之謀皆解阿沙不花還報帝乃議親征命徵兵遼陽以千戶帥昔寶赤之衆從行及乃顏平阿沙不花以大同興和兩郡當車駕所經有帷臺嶺者數十里無居民請詔有司作室嶺中徙邑民百戶居之劃境內昔寶赤牧地使耕種以自養從之阿沙不花既領昔寶赤帝復欲盡徙興和桃山數十村之民以其地爲昔寶赤牧地阿沙不花固請存三千戶以給鷹食帝皆聽納民德之至今飲食必祭至元三十年海都叛成宗以皇孫撫軍於北阿沙不花從行踰金山戰杭海有功成宗卽位會大宗正扎魯火赤脫兒速以贓污聞詔鞫問之脫兒速伏罪就命代之成宗目之曰阿卽刺阿卽刺譯言閻羅王也有訴朱清張瑄陰私既抵罪帝遣兵馬都指揮使忽刺朮籍沒其家以受賂誅更命阿沙不花往具以實聞賜宅一區鈔萬五千緡兼兩城兵馬都指揮使事武宗時爲懷寧王總軍漠北問今日材可大用者爲誰對曰母弟脫脫將相材也無以易之遂命從行後果爲名臣成宗崩安西王阿難答乘

間謀繼大統成后及丞相阿忽台諸王迭里帖木兒皆陰爲之助時武宗猶在北邊太后及仁宗亦在懷孟未至適武宗遣脫脫計事京師丞相哈剌哈孫令急還報武宗而成后已密諭通政使只兒哈郎止其驛馬阿沙不花知事急與同知通政院事察乃謀作先日署文書給馬去只兒哈郎聞脫脫已去方詰問吏閱案牘乃止太后及仁宗既至京師有言安西王謀以三月三日僞賀仁宗千秋節因以舉事者阿沙不花言之哈剌哈孫且曰先人者勝後人者敗后一垂簾聽政我等皆受制於人矣不若先事而起哈剌哈孫曰善乃前二日白仁宗詐稱武宗遣使召安西王計事至卽執送上都盡誅丞相阿忽台以下諸姦臣與哈剌哈孫皆居禁中仁宗以太子監國遣使北迎武宗而武宗遲迴不進遣使還報太后曰非阿沙不花往不可乃遣奉衣帽尙醞以往至野馬川見武宗備道兩宮意及陳安西王謀變始末且言太子監國所以備他變以待陛下臣萬死保其無他武宗大悅解衣衣之拜中書平章政事軍國大事並聽裁決因奏平內難之有功者燕只哥以下十人爲兵馬指揮爲直省舍人詔先奉藩

萄酒及錦綺還報兩宮仁宗卽日率羣臣出迎武宗入上都加阿沙不花特進
太尉依前平章政事命與丞相塔思不花還京師治安西王黨諸連坐囊加真
等三十餘人皆釋之嘗命出太府金分賜諸王貴戚及近侍方出朝見一人倉
皇若有所懼狀曰此必盜金者召詰問之果得黃金五十兩白金百兩以聞就
以金賜之命誅盜者辭曰盜誅固當金非臣所宜得願還金以贖盜死帝悅而
從之有近臣蹴踘帝前帝卽命出鈔十五萬貫賜之阿沙不花頓首言曰以蹴
踘而受上賞則奇技淫巧之人日進而賢者日退矣將如國家何臣死不敢奉
詔乃止帝又嘗御五花殿丞相塔思不花三寶奴中丞伯顏等侍阿沙不花見
帝容色日悴乃進曰八珍之味不知御萬金之身不知愛此古人所戒也陛下
不思祖宗倚託之重天下仰望之切而惟麴糵是耽姬嬪是好是猶兩斧伐孤
樹未有不顛仆者也且陛下之天下祖宗之天下也陛下之位祖宗之位也陛
下縱不自愛如宗社何帝大悅曰非卿孰爲朕言繼自今毋愛於言朕不忘也
因命進酒阿沙不花頓首謝曰臣方欲陛下節飲而反勸之是臣之言不信於

陛下也臣不敢奉詔左右皆賀帝得直臣遂進開府儀同三司中書右丞相行御史大夫俄復平章政事錄軍國重事兼廣武侍衛親軍都指揮使封康國公有以左道惑衆者諸世臣大家多信趨之竟寘于法遷知樞密院事以至大二年十月薨于位年四十七至正元年贈純誠一德正憲保大功臣開府儀同三司中書右丞相上柱國追封順寧王謚忠烈其繼室别哥倫氏亦有至行寡居三十年未嘗妄言笑身不服華綵詔旌其門與元配達海的斤氏並封順寧王夫人子伯嘉訥廉直剛敏憂國如憂家嘗爲京尹屯儲衞誘小民梅凍兒誣首海商一百十有六人爲盜而掠其貲獄具械送刑部命伯嘉訥審錄之盡得其冤狀白丞相釋之還其貲後遷翰林侍讀學士

拜住

拜住安童孫也五歲而孤太夫人教養之稍長宏遠端亮有祖風至大二年襲爲宿衞長仁宗卽位延祐二年拜資善大夫太常禮儀院使四年進榮祿大夫大司徒五年進金紫光祿大夫六年加開府儀同三司餘並如故每議大政必

問曰合典故否同官有異見者曰大朝止說典故耶拜住微笑曰公試言之國朝何事不依典故同官不能對太常事簡每退食必延儒士諮訪古今禮樂刑政治亂得失盡日不倦嘗曰人之仕宦隨所職司事皆可習至於學問有本施於事業此儒者之能事宰相之資也英宗在東宮聞宿衛之臣於左右咸稱拜住賢遣使召之欲與語拜住謂使者曰嫌疑之際君子所愼我長天子宿衛而與東宮私相往來我固得罪亦豈太子福耶竟不往英宗登極拜中書平章政事會諸侯王子大明殿詔進讀太祖金匱寶訓威儀整暇語音明暢莫不注目竦聽夏五月宣徽使失列門要束木妻也里失八等謀爲逆帝密得其事御穆清閣召拜住謀之對曰此輩擅權亂政久矣今猶不懲陰結黨與謀危社稷宜速施天威以正祖宗法度帝動容曰此朕志也命率衛士擒斬之其黨皆伏誅拜中書左丞相先時近侍傳旨以姓名赴中書銓注者六七百員選曹爲之壅滯拜住奏閣之注授一依選格次第吏無容姦刑曹事有情可矜者寬恕之貪暴不法必不少容帝常諭左右曰汝輩愼之苟陷國法我雖曲赦拜住不汝恕

也至治元年春正月帝欲結綵樓於禁中元夕張燈設宴時居先帝喪參議張養浩上疏拜住謂當進諫卽袖其疏入奏帝悅而止仍賜養浩帛以旌直言三月從幸上都次察罕腦兒帝以行宮亨麗殿制度卑隘欲更廣之奏曰此地苦寒入夏始種粟黍陛下初登大寶不求民瘼而遽興大役以妨農務恐失民望從之帝嘗謂拜住曰朕委卿以大任者以乃祖木華黎從太祖開拓土宇安童相世祖克成善治也卿念祖宗令聞豈有不盡心者乎拜住再拜曰陛下委臣以大任臣有所畏者三畏辱祖宗畏天下事大識見有所未盡畏年少不克負荷無以上報聖恩惟陛下垂閔時加訓飭幸甚延祐間朔漠大風雪羊馬駝畜盡死人民流散以子女鬻人爲奴婢拜住以興王根本之地其民宜加賑卹請立宗仁衛總之命縣官贖置衛中以遂生養至元十四年始建太廟于大都至是四十年親享之禮未暇講肄拜住奏曰古云禮樂百年而後興郊廟祭享此其時矣帝悅曰朕能行之預勅有司以親享太室儀注禮節一遵典故毋擅增損冬十月始有事于太廟二年春正月孟享始備法駕設黃麾大仗帝服通天

冠絳紗袍出自崇天門拜住攝太尉以從帝見羽衞文物之美顧拜住曰朕用卿言舉行大禮亦卿所共喜也對曰陛下以帝王之道化成天下非獨臣之幸實四海蒼生所共慶也致齋大次行酌獻禮升降周旋儼若素習中外肅然明日還宮鼓吹交作萬姓聳觀百年廢典一旦復見有感泣者拜住率百僚稱賀于大明殿執事之臣賜金帛有差又奏建太廟前殿議行祫禘配享等禮帝從容謂拜住曰朕思天下之大非朕一人思慮所及汝爲朕股肱毋忘規諫以輔朕之不逮拜住頓首謝曰昔堯舜爲君每事詢衆善則舍己從人萬世稱聖桀紂爲君拒諫自賢悅人從己好近小人國滅而身不保民到于今稱爲無道之主臣等仰荷洪恩敢不竭忠以報然事言之則易行之則難惟陛下力行臣等不言則臣之罪也帝加納之時右丞相鐵木迭兒貪饕譎險屢殺大臣黷獄賣官廣立朋黨凡不附己者必以事去之尤惡平章王毅右丞高昉因在京諸倉糧儲失陷欲奏誅之拜住密言於帝曰論道經邦宰相事也以金穀細務責之可乎帝然之俱得不死鐵木迭兒復引參知政事張思明爲左丞以助己思明

爲盡力忌拜住方正每與其黨密語謀中害之左右得其情乘間以告且請備之拜住曰我祖宗爲國元勳世篤忠貞百有餘年我今年少叨受寵命蓋以此耳大臣協和國之利也今以右相讎我我求報之非特吾二人之不幸亦國家之不幸吾知盡吾心上不負君父下不負士民而已死生禍福天實鑒之汝輩毋復言未幾奉旨往立忠憲王碑于范陽鐵木迭兒久稱疾聞拜住行將出蒞省事入朝至內門帝遣速速賜之酒且曰卿年老宜自愛待新年入朝未晚遂快快而還然其黨猶布列朝中事必稟於其家以拜住故不得大肆其奸百計傾之終不能遂在京倉漕管庫之職歲終例應注代時張思明亦稱疾不出衆皆顧望拜住雖朝夕帝前以事不可緩乃日坐省中謂僚屬曰左丞病省事遂廢乎郎中李處恭曰金穀之職須愼選擇不得其人未敢遽擬拜住曰汝爲賣官之計耳遣人善慰思明乃出共畢銓事拜住每以學校政化大源似緩實急而主者不務盡心遂致廢弛請令內外官議拯治之有言佛教可治天下者帝問之對曰清淨寂滅自治可也若治天下捨仁義則綱常亂矣又嘗謂拜住曰

今亦有如唐魏徵之敢諫者乎對曰槃圓則水圓盂方則水方有太宗納諫之
君則有魏徵敢諫之臣帝並善之六月壬寅敕賜平江腴田萬畒拜住辭曰陛
下命臣釐正庶務若先受賜田人其謂何帝曰汝勳舊子孫加以廉慎人或援
例朕自諭之秋七月奏召張思明詰上都數其罪杖而逐之鐵木迭兒繼亦病
卒拜住哭之慟初浙民吳機以累代失業之田賣於司徒劉夔夔賂宣政使八
剌吉思買置諸寺以益僧廩矯詔出庫鈔六百五十萬貫酬其直田已久爲他
人之業鐵木迭兒父子及鐵失等上下蒙蔽分受之爲贓鉅萬真人蔡道泰以
奸殺人獄已成鐵木迭兒納其金令有司變其獄拜住舉奏二事命臺察鞫之
盡得其情以田歸主劉蔡八剌吉思等皆坐死餘論罪有差特赦鐵失冬十二
月進右丞相監修國史帝欲爵以三公懇辭遂不置左相獨任以政首薦張珪
復平章政事召用致仕老臣優其祿秩議事中書不次用才唯恐少後日以進
賢退不肖爲重務患法制不一有司無所守奏詳定舊典以爲通制帝幸五臺
拜住奏曰自古帝王得天下以得民心爲本失其心則失天下錢穀民之膏血

多取則民困而國危薄斂則民足而國安帝曰卿言甚善朕思之民爲重君爲輕國非民將何以爲君今理民之事卿等當熟慮而愼行之三年春二月將進仁宗實錄先一日詣翰林國史院聽讀首卷書大德十一年事不書左丞相哈剌哈孫定策功惟書越王秃剌勇決從容謂史官曰無左丞相雖百越王何益錄鷹犬之勞而略發蹤指示之人可乎立命書之其他筆削未盡善者一一正之人皆服其識見夏六月拜住以海運糧視世祖時頓增數倍今江南民力困極而京倉充滿奏請歲減二十萬石帝遂併鐵木迭兒所增江淮糧免之時鐵木迭兒過惡日彰拜住悉以奏聞帝悟奪其官仆其碑奸黨鐵失等甚懼帝在上都夜寐不寧命作佛事拜住以國用不足諫止之旣而懼誅者復陰誘羣僧言國當有厄非作佛事而大赦無以禳之拜住叱曰爾輩不過圖得金帛而已又欲庇有罪耶奸黨聞之益懼乃生異謀晉王也孫帖木兒時鎭北邊鐵失潛遣人至王所告以逆謀約事成推王爲帝王命囚之遣使赴上都告變未至車駕南還次南坡鐵失與赤斤鐵木兒等夜以所領阿速衞兵爲外應殺拜住遂

弑帝於行幄晉王即位鐵失等伏誅詔有司備儀衞百官耆宿前導輿拜住畫
相於海雲寺大作佛事觀者萬數無不歎惜泣下拜住憂國忘家常直內庭知
無不言太官以酒進則憂形于色有盜其家金器百餘兩他寶直鉅萬繼而獲
盜得金家僮來告色無喜愠自延祐末水旱相仍民不聊生及拜住入相振立
紀綱修舉廢墜裁不急之務杜僥倖之門加惠兵民輕徭薄斂英宗倚之相與
勵精圖治時天下晏然國富民足遠夷有古未通中國者皆朝貢請吏而奸臣
畏之卒搆禍難云母怯烈氏年二十二寡居守節初拜住爲太常禮儀院使年
方二十吏就第請署字適在後圃閱羣戲出稍後母厲聲呵之曰官事不治若
爾所爲豈大人事耶拜住深自克責一日入內侍宴英宗素知其不飲是日強
以數巵既歸母戒之曰天子試汝量故強汝飲汝當日益戒懼無酣于酒又常
代祀睿宗原廟歸侍左右母問之曰真定官府待汝若何對曰所待甚重母曰
彼以天子威靈汝先世勳德故耳汝何有焉拜住之賢母之教也後封東平王
夫人泰定初中書奏丞相拜住盡忠効節殞于羣兇乞賜褒崇以光後世制贈

清忠一德功臣太師開府儀同三司上柱國追封東平王諡忠獻至正初改至
仁孚道一德佐運功臣餘如故子篤麟鐵穆爾

元史卷一百三十六

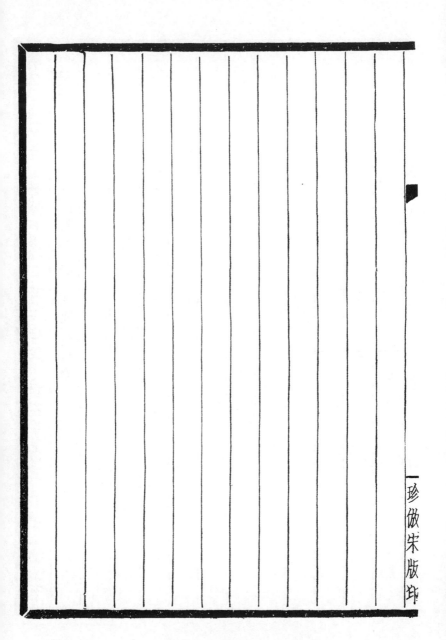

元史卷一百三十七

明翰林學士亞中大夫知制誥兼修國史宋　濂等修

列傳第二十四

察罕

察罕西域板勒紇城人也父伯德那歲庚辰國兵下西域舉族來歸事親王旭烈授河東民賦副總管因居河中猗氏縣後徙解州贈榮祿大夫宣徽使柱國芮國公察罕魁偉頴悟博覽強記通諸國字書爲行軍府奧魯千戶奧魯赤參政湖廣辟爲蒙古都萬戶府知事奧魯赤進平章復辟爲理問政事悉委裁決且令諸子受學焉至元二十四年從鎮南王征安南師次瀘江安南世子遣其叔父詣軍門自陳無罪王命察罕數其罪而責之使者辭屈世子舉衆逃去二十八年授樞密院經歷未幾從奧魯赤移治江西寧都民言某鄉石上雲氣五色有物焉視之玉璽也不以兵取恐爲居人所有衆惑之察罕曰妄也是必搆害仇家者覈問之果然前後從奧魯赤出入湖廣江西兩省凡二十一年多著

勳績成宗大德四年御史臺奏僉湖南憲司事中書省奏爲武昌路治中丞相哈剌哈孫曰察罕廉潔固宜居風憲然武昌大郡非斯人不可治竟除武昌廣西妖賊高仙道以左道惑衆平民詿誤者以數千計旣敗湖廣行省命察罕與憲司雜治之鞫得其情議誅首惡數人餘悉縱遣且焚其籍衆難之察罕曰吾獨當其責諸君無累也以治最聞擢河南省郎中成宗崩仁宗自藩邸入誅羣臣之爲異謀者迎武宗于邊河南平章囊加台薦察罕卽驛召至上都賜廐馬二匹鈔一千貫銀五十兩曰卿少留行用卿矣武宗卽位立仁宗爲皇太子授察罕詹事院判進僉詹事院事賜銀百兩錦二匹遣先還大都立院事仁宗至謂曰上以故安西王地賜我置都總管府卿其領之愼揀僚屬勿以詹事位高不屑此也進卿秩資德大夫察罕叩頭謝曰都府之職敢不恭命進秩非所敢當固辭改正奉大夫授以銀印至大元年閱戶口江南諸省還進太子府正加昭文館大學士遷家令武宗崩仁宗哀慟不已察罕再拜啓曰庶民脩短尚云有數聖人天命夫豈偶然天下重器懸於殿下縱自苦如宗廟太后何仁宗輟

泣曰曩者大喪必命浮屠何益吾欲發府庫以賑鰥寡孤獨若何曰發政施仁
文王所以爲聖殿下行之幸甚東宮故有左右衞兵命囊加台察罕總右衞且
令審擇官屬仁宗卽位拜中書參知政事但總持綱維不屑細務識者謂得大
臣體帝嘗賜枸杞酒曰以益卿壽又語宰相曰察罕清素可賜金束帶鈔萬貫
前後賞賚不可勝計皇慶元年進榮祿大夫平章政事商議中書省事乞歸解
州立碑先塋許之暮年居德安白雲山別墅以白雲自號嘗入見帝望見曰白
雲先生來也其被寵遇如此帝嘗問張良何如人對曰佐高帝興漢功成身退
賢者也又問狄仁傑對曰當唐室中衰能卒保社稷亦賢相也因誦范仲淹所
撰碑詞甚熟帝歎息良久曰察罕博學如此邪嘗譯貞觀政要以獻帝大悅詔
繕寫徧賜左右且詔譯帝範又命譯脫必赤顏名曰聖武開天紀及紀年纂要
太宗平金始末等書俱付史館嘗以病請告暨還朝帝御萬歲山圓殿與平章
李孟入謝帝曰白雲病愈邪頓首對曰老臣衰病無補聖明荷陛下哀矜放歸
田里幸甚不覺沉痾去體爾命賜茵以坐顧李孟曰知止不辱今見其人朕始

以答剌罕不憐吉台囊加台等言用之誠多裨益有言察罕不善者其人卽非
善人也又語及科舉幷前古帝王賜姓命氏之事因賜察罕姓白氏初察罕生
於河中其夜天氣淸肅月白如畫相者賀曰是兒必貴國人謂白爲察罕故名
察罕察罕天性孝友田宅之在河中者悉分與諸昆弟昆弟貧來歸者復分與
田宅奴婢縱奴爲民者甚衆故人多稱長者旣致仕優游八年以壽終子外家
奴太中大夫武岡路總管李家奴早卒忽都篤承直郎高郵府判官孫九人仕
者二人闊闊不花哈撒

曲樞

曲樞西土人曾祖達不台祖阿達台父質理花台世贈功臣追封王爵曲樞七
歲失怙恃旣壯沈密靜專爲徽仁裕聖皇太后宮臣仁宗幼時以曲樞可任保
傅左右擁翼曲樞入則佐視食飲出則抱負游衍鞠躬盡力夙夜匪懈大德三
年武宗總戎北邊九年讒人亂國仁宗侍皇太后之國于懷未幾復之雲中連
年奔走不暇曲樞櫛風沐雨跋涉艱險無倦色成宗崩仁宗奉太后入朝殲姦

黨迎武宗即皇帝位仁宗爲皇太子天下以安拜曲樞榮祿大夫平章政事行大司農未幾進光祿大夫領詹事院事加特進封應國公至大元年拜開府儀同三司太子詹事平章軍國重事上柱國依前大司農應國公進太子太保領典醫監事四年授太保錄軍國重事集賢大學士兼大司農領崇祥院司天臺事官爵勳封如故後以疾薨于位子二人長伯都大德十一年特授翰林學士嘉議大夫遷中奉大夫典寶監卿加資德大夫治書侍御史至大元年陞榮祿大夫遙授中書平章政事改侍御史明年拜中書參知政事進右丞年三十二而卒子咬住次伯帖木兒大德十一年特授正議大夫懷孟路總管府達魯花赤兼管諸軍奧魯管內勸農事改府正至大二年遷中奉大夫陝西等處行尚書管參知政事明年入爲太子家令遷正奉大夫明年遷資德大夫大都留守兼少府監擬擢侍御史改除翰林學士承旨知制誥兼修國史未幾復爲大都留守兼少府監武衞親軍都指揮使佩金虎符皇慶元年加榮祿大夫子二人桓澤都蠻子

阿禮海牙

阿禮海牙畏吾氏集賢大學士脫列之子也兄野訥事仁宗於潛邸大德九年仁宗奉興聖太后出居懷州從者單弱多懷去計野訥獨無所畏難成宗崩權臣阿附中宮不遣使告哀宗藩仁宗有聞將自懷州入京宮臣或持不可野訥屏人密啓曰天子晏駕而皇子已早卒天下無主邪謀方與懷寧王及殿下世祖裕皇賢孫人心所屬久矣宜急奉大母入定大計邪謀必止迎立懷寧王以正天器在此行矣仁宗卽白太后以二月至京師遂誅柄臣二人遣使迎武宗武宗卽位召野訥賜玉帶授嘉議大夫祕書監仁宗居東宮兼太子右庶子遷侍御史崇祥院使兼將作院使閩有繡工工官大集民間子女居肆督責吏因爲奸利野訥奏罷之閩人感悅尋兼太醫院使仁宗卽位請召文武老臣咨以朝政又請以中都苑囿還諸民拜樞密院副使進同知樞密院事命爲中書平章政事辭不拜野訥之在臺及侍禁中於國家事有不便輒言之言無不納然韜晦惡盈不泄於外延祐四年卒年四十贈惟誠保節翊運功臣金紫光祿大

夫行中書省左丞相上柱國趙國公諡忠靖阿禮海牙亦早事武宗仁宗爲宿衞以清愼通敏與父兄並見信任十餘年間數歷華近入侍帷幄出踐省闥廷無間言至治初出爲平章政事歷鎭江浙湖廣河南陝西四省皆有惠政汴人尤懷思之歸朝拜翰林學士承旨丁父憂解官家居天曆元年秋文宗入承大統阿禮海牙卽易服南迎至於汴郊見焉帝命復鎭汴省時當艱難之際阿禮海牙高價糴粟以峙糧儲命近郡分治戎器閱士卒括馬民間以備不虞先是文宗卽位之詔已播告天下而陝西官府結連靖安王等起兵東擊潼關阿禮海牙開府庫量出鈔二十五萬緡屬諸行省參政河南淮北蒙古軍都萬戶朵列圖廉訪副使萬家閭犒軍河南以禦之令都鎭撫卜伯率軍吏巡行南陽高門武關荊子諸隘南至襄川二江之口督以嚴備萬戶博羅守潼關不能軍是月二十五日只兒哈率小汪總帥脫帖木兒萬戶等之兵突出潼關東掠閿鄉披靈寶澠陝州新安諸郡邑放兵四劫迤邐前進河南告急之使狎至而朵列圖亦以兵寡爲言十月一日阿禮海牙集省憲官屬問以長策無有言者阿禮

海牙曰汴在南北之交使西人得至此則江南三省之道不通于畿甸軍旅應
接何日息乎夫事有緩急輕重今重莫如足兵急莫如足食吾徵湖廣之平陽
保定兩翼軍與吾省之鄧新翼廬州沂郯砲弩手諸軍以備虎牢裕州哈剌魯
鄧州孫萬戶兩軍以備武關荊子口以屬郡之兵及蒙古兩都萬戶左右兩衛
諸部丁壯之可入軍者給馬乘貲裝立行伍以次備諸隘芍陂等屯兵本自襄
鄧諸軍來田者還其軍益以民之丁壯使守襄陽白土峽州諸隘別遣塔海以
備自蜀至者以汴汝荊襄兩淮之馬以給之府庫不足則命郡縣假諸殷富之
家安豐等郡之粟遡黃河運至于陝糴諸汴汝近郡者則運諸滎陽以達於虎
牢吾與諸軍各奮忠義以從王事宜無不濟者衆曰唯命卽日部分行事自伯
顏不花王以下省都事李元德等凡省之屬吏與有官而家居者各授以事而
出廉訪使董守中僉事沙沙在南陽右丞脫帖木兒廉訪使卜顏在虎牢分遣
兵馬以聽其調用餽餉之行千車相望阿禮海牙親閱實之必豐必良信以期
會自虎牢之南至於襄漢無不畢給蓋爲粟二十萬石豆如之兵甲五十五萬

芻萬萬是時朝廷置行樞密院以總西事襄漢荆湖河南郡縣皆鈌官阿禮海牙便宜擇材以處之朝廷皆從其請是月西兵逼河南行院使來報曰西人北行者度河中以趨懷孟磁南行者帖木哥過武關掠鄧州而殘之直趨襄陽攻破郡邑三十餘橫絶數千里所過殺官吏焚廬舍虜民人婦女財物賊虐殄盡西結囊家觧以蜀兵至矣阿禮海牙益督餉西行遣行院官塔海領兵攻帖木哥而又設備於江黄置鐵繩於峽口作舟艦以待戰十九日師與西兵遇於鞏縣之石渡而湖廣所徵太原之兵最爲可用甫至未及食或趣之倍道以進轉戰及暮兩軍殺傷與墮澗谷死者相等而虎牢遂爲敵有兵儲巨萬阿禮海牙盡其心民殫其力者一旦悉亡焉行省院與諸軍斂兵退二十二日至汴民大恐阿禮海牙前後遣使告于朝輒爲也先捏留不遣不得朝廷音問已二十日阿禮海牙亦憂之親出行撫其民乃修城闕以備衝突立四門以通往來戒卒伍以嚴守衛時雖甚危急阿禮海牙朝夕出入聲色不動怡然如平時衆賴以安十一月六日西師逼城將百里而近阿禮海牙召行院將帥憲司與凡在官

者而告之曰吾荷國厚恩唯有一死以報上耳行院之出唯敵是圖而退保吾城不亦怯乎然敵亦烏合之衆何所受命而敢犯我乎且吾甲兵非不堅勁芻峙非不豐給而弗利者太平日久將校不知兵吏士不練習彼所以得披猖至此彼誠知我聖天子之命則衆沮而散爾何足慮乎吾今遣使告于朝請降詔大赦脅從詿誤比詔下先募士以即位詔及朝廷招諭之文入其軍明示利害吾整大軍西嚮以征之別遣驍將率精騎數千上龍門繞出其後使之進無所投退無所歸成擒於鞏洛之間必矣而我軍所獲陝西官吏命有司羈而食之一無所戮衆曰諾唯命即日與行院整兵南薰門外以行會有使者自京師還言齊王已克上都奉天子寶璽來歸刻日至京矣阿禮海牙乃置酒高會於省堂以賀發書告屬郡報諸江南三省而募士得蘭住者齎書諭之西人猶擄掠蘭住訊以其實而朝廷亦遣都護月魯帖木兒從十餘人奉詔放散西軍之在虎牢者西人殺其從者之半械都護以送諸荊王所荊王時在河南之白馬寺以是西人雖未解散各已駭悟又聞行省院以兵至猶豫不敢進朝廷又使參

政馮不花親諭之乃信服靖安王遣使四輩與蘭住來請命逡巡而去難平阿禮海牙乃解嚴報捷斂餘財以還民從陝西求民人之被俘掠者歸其家凡數千人陝西官吏被獲者皆遣還其所阿禮海牙自始至鎮迨乎告功居汴省者數月後以功遷陝西行御史大夫復拜中書省平章政事

奕赫抵雅爾丁

奕赫抵雅爾丁字太初回回氏父亦速馬因仕至大都南北兩城兵馬都指揮使奕赫抵雅爾丁幼穎悟嗜學所讀書一過目即終身不忘尤工其國字語初爲中書掾以年勞授江西行省員外郎入爲吏部主事不再閱月固辭擢刑部員外郎四方所上獄反復披閱成牘多所平反遷陝西漢中道肅政廉訪司僉事不赴改中書右司員外郎尋陞郎中一日與同列共議獄有異其說者奕赫抵雅爾丁曰公等讀律苟不能變通以適事宜譬之醫者雖熟於方論而不能切脈用藥則於疾痛奚益哉同列雖不平識者服其爲名言大德八年肆赦廷議惟官吏因事受賕者不預奕赫抵雅爾丁曰不可恩如雨露萬物均被贓吏

固可嫉比之盜賊則有間矣宥盜而不宥吏何耶刑部嘗有獄事上讞既論決
已而丞相知其失以譴右司主者奕赫抵雅爾丁初未嘗署其案因取成案閱
之竊署其名於下或訝之曰茲獄之失公實不與丞相方譴怒而公反追署其
案何也奕赫抵雅爾丁曰吾偶不署此案耳豈有與諸君同事而獨幸免哉丞
相聞而賢之同列因以獲免還左司郎中時左司闕一都事平章梁暗都刺謂
奕赫抵雅爾丁曰人之材幹固嘗有之惟篤實不欺爲難得公當以所知舉奕
赫抵雅爾丁遂以王毅李迪爲言一時輿論莫不稱允又嘗論朝士如王仁卿
賈元播高彥敬敬威卿李清臣輩可大用時諸公處下僚後皆如其言遷翰林
侍講學士知制誥兼修國史轉中奉大夫集賢大學士未幾除江東建康道肅
政廉訪使始視事見以獄具陳列庭下甚備問之乃前官捌製以待有罪者奕
赫抵雅爾丁蹙然曰凡逮至臬司皆命官及有出身之吏廉得其情則將服罪
獄具毋庸施也卽屏去之監憲一年贓吏削跡至大初元立尚書省拜參議尚
書省事召至京師懇辭不就改立中書省復拜參議中書省事亦以疾辭延祐

元年卒年四十有七

脫烈海牙

脫烈海牙畏吾氏世居別失拔里之地曾祖闊華八撒朮當太祖西征導其主亦都護迎降帝嘉其有識欲官之辭以不敏祖八剌朮始徙眞定仕至帥府鎭撫富而樂施或貸不償則火其券人稱爲長者父闍里赤性純正知讀書脫烈海牙幼嗜學警敏絕人性整暇雖居倉卒未嘗見其急遽喜從文士游犬馬聲色之娛一無所好由中書宣使出爲寧晉主簿改隆平縣達魯花赤均賦興學劭農平訟橋梁水防備荒之政無一不舉及滿去民勒石以紀其政拜監察御史時江西胡參政殺其弟訟久不決脫烈海牙一訊竟伏其辜出僉燕南道肅政廉訪司事務存大體不事苛察在任六年黜汙吏百四十有奇召爲戶部郎中轉右司員外郎陞右司郎中贊畫之力居多仁宗在東宮知其嗜學出祕府經籍及聖賢圖像以賜時人榮之母霍氏卒哀毀骨立事聞賜鈔五萬貫給葬事起爲吏部尚書量能敘爵以平允稱改禮部尚書領會通館事進中奉大夫

荆湖北道宣慰使適峽人艱食脫烈海牙先發廩賑之而後以聞朝議韙之至治三年遷淮東宣慰使七月以疾卒于廣陵年六十有七贈通奉大夫河南江北等處行中書省參知政事護軍追封恆山郡公弟觀音奴廉明材幹亦仕至清顯云

元史卷一百三十七

元史卷一百三十八

明翰林學士亞中大夫知制誥兼修國史宋　濂等修

列傳第二十五

康里脫脫

康里脫脫父曰牙牙由康國王封雲中王阿沙不花之弟也脫脫姿貌魁梧少時從其兄斡禿蠻獵於燕南斡禿蠻使歸獻所獲世祖見其骨氣沉雄步履莊重歎曰後日大用之才已生於今卽命入宿衞成宗初丞相伯顏在北鄙脫脫奉詔以名鷹賜伯顏伯顏見之驚問曰汝爲何人子脫脫以實對伯顏語之曰吾老矣他日可大用者未見汝比大德三年武宗以皇子撫軍北鄙脫脫從行五年叛王海都犯邊脫脫從武宗討之師次杭海進擊海都大破其衆脫脫手斮一士之首連背胛以獻武宗壯之兵之始交也武宗銳欲出戰脫脫執轡力諫武宗怒揮鞭抶其手不退乃止已而武宗與大將朶兒答哈語及之朶兒答哈曰太子在軍中如身有首如衣有領脫有不虞衆安所附脫脫之諫可謂忠

矣武宗深然之成宗大漸丞相哈剌哈孫答剌罕稱疾臥直廬中脫脫適以使事至京師卽俾馳告武宗以國恤語在阿沙不花傳時仁宗奉興聖太后至自懷孟既定內難而太后以兩太子星命付陰陽家推算問所宜立者曰重光大荒落有災旃蒙作噩長久重光爲武宗年斡旃蒙爲仁宗年斡於是太后頗惑其言遣近臣朵耳諭旨武宗曰汝兄弟二人皆我所出豈有親疎陰陽家所言運祚修短不容不思武宗聞之默然進脫脫而言曰我捍禦邊陲勤勞十年又次序居長神器所歸灼然何疑今太后以星命休咎爲言天道茫昧誰能豫知設使我卽位之後所設施者上合天心下副民望則雖一日之短亦足垂名萬年何可以陰陽之言而乖祖宗之託哉此蓋近日任事之臣擅權專殺恐我他日或治其罪故爲是奸謀動搖大本耳脫脫汝爲我往察事機疾歸報我脫脫承命卽行武宗親率大軍由西道進按灰由中道床兀兒由東道各以勁卒一萬從脫脫馳至大都入見太后道武宗所授旨以聞太后愕然曰修短之說雖出術家爲太子周思遠慮乃出我深愛貪憝已除宗王大臣議已定太子不速

來何爲時諸王禿列等侍咸曰臣下翊戴嗣君無二心者旣而太后仁宗屏左
右留脫脫與語曰太子天性孝友中外屬望今聞汝所致言殆有讒間汝歸速
爲我彌縫闕失使我骨肉無間相見怡愉則汝功爲不細矣脫脫頓首謝曰太
母太弟不煩過慮臣侍藩邸歷年頗見信任今歸當卽推誠竭忠以開釋太子
後日三宮共處靡有嫌隙斯爲脫脫所報効矣先是太后以武宗遲迴不至已
遣阿沙不花往道諸王羣臣推戴之意及是脫脫繼往行至旺古察武宗在馬
輸中望見其來趣使疾馳與之共載脫脫具致太后仁宗之語武宗乃大感悟
釋然無疑遂遣阿沙不花還報仁宗卽日命駕奉迎于上都武宗正位宸極尊
太后爲皇太后立仁宗爲皇太子三宮協和脫脫兄弟之力爲多脫脫之至京
師也武宗嘗命其同知樞密院比還問曾視事否脫脫對曰今正殿未御宗親
未見爲扈從之臣攙取名位誠恐有累聖德是以未敢祗事武宗嘉歎久之知
樞密院只兒哈忽在潛邸時常有不遜語將寘于法脫脫諫曰陛下新正位大
信未立而輒行誅戮知者以爲彼自有罪不知者以爲報仇恐人人自危況只

兒哈忽習於先朝典故今固不可少也乃宥之繼海都而王者曰察八兒素服武宗威名至是率諸王內附詔特設宴於大庭故事凡大宴必命近臣敷宣王度以爲告戒脫脫薦只兒哈忽令具其言以進果稱旨武宗歎曰博爾忽博爾术前朝人傑脫脫今世人傑也卽以所進之言授脫脫及諸王大臣被宴服就列脫脫卽席陳西北諸藩始終離合之由去逆効順之義辭旨明暢聽者傾服自同知樞密院事進中書平章政事拜御史大夫遷江南行臺御史大夫尋召拜錄軍國重事中書省丞相脫脫知無不言言無不行中外翕然稱爲賢相至大三年尚書省立遷右丞相三寶奴等勸武宗立皇子爲皇太子脫脫方獵于柳林遣使亟召之還三寶奴曰建儲議急故相召耳脫脫驚曰何謂也曰皇子寖長聖體近日倦勤儲副所宜早定脫脫曰國家大計不可不愼曩者太弟躬定大事功在宗社位居東宮已有定命自是兄弟叔姪世世相承孰敢間其序者我輩臣子於國憲章縱不能有所匡贊何可隳其成三寶奴曰今日兄已授弟後日叔當授姪能保之乎脫脫曰在我不可渝彼失其信天實鑒之三寶奴

雖不以爲然而莫能奪其議也是時尙書省賜予無節遷敍無法財用日耗名爵日濫脫脫進言曰爵賞者帝王所以用人也今爵及比德賞及罔功緩急之際何所賴乎中書所掌錢糧工役選法刑獄十有二事若從臣言恪遵舊制則臣願與諸賢黽勉從事不然用臣何補遂有詔俾濫受宣勑者赴所屬繳納僥倖之路既塞奔競之風頓衰中臺有贓罰鈔五百萬緡脫脫請出以賑孤寡老疾諸窮而無告者宗王南忽里部人告其主爲不軌脫脫辯其誣抵告者罪宗王牙忽禿徵其舊民於齊王八不沙部中鄰境諸王欲奉齊王攻牙忽禿齊王懼奔牙忽禿以避之遂告齊王反脫脫簿問得實乃釋齊王而徙諸王于嶺南邊將脫火赤請以新軍萬人益宗王丑漢廷議俾脫脫往給其資裝脫脫謂時方寧謐不宜挑變生事辭不行遂遣丞相禿忽魯等二人往給之幾以激變四年正月復爲中書左丞相仁宗卽位眷待彌篤欲使均逸于外二月拜江浙行省左丞相下車進父老問民利病咸謂杭城故有便河通于江滸堙廢已久若疏鑿以通舟楫物價必平僚佐或難之脫脫曰吾陛辭之日密旨許以便宜行

事民以爲便行之可也俄有旨禁勿興土功脫脫曰敬天莫先勤民民蒙其利則災沴自弭土功何尤不一月而成是時鐵木迭兒爲丞相欲固位取寵乃議立仁宗子英宗爲皇太子而明宗以武宗子封周王出鎭于雲南又譖脫脫爲武宗舊臣詔逮至京師居數日牀兀兒失列門傳兩宮旨諭脫脫曰初疑汝親於所事故召汝今察汝無他其復還鎭脫脫入謝太后曰臣雖被先帝知遇而受太后及今上恩不爲不深豈敢昧所自乎還江浙未幾遷江西行省左丞相英宗嗣位召拜御史大夫時帖赤先爲大夫陰忌之奏改江南行臺御史大夫復嗾言者劾其擅離職守將徙之雲南會帖赤伏誅乃解家居不出者五年泰定四年薨年五十六至正初贈推誠全德守義佐運功臣太師開府儀同三司上柱國追封和寧王謚忠獻脫脫嘗即宣德別墅延師以訓子鄉人化之皆向學朝廷賜其精舍額曰景賢書院爲設學官其沒也即其中祠焉子九人其最顯者二人曰鐵木兒塔識曰達識帖睦邇各有傳

燕鐵木兒

燕鐵木兒欽察氏牀兀兒第三子世系見土土哈傳武宗鎮朔方備宿衛十餘年特愛幸之及卽位拜正奉大夫同知宣徽院事皇慶元年襲左衞親軍都指揮使泰定二年加太僕卿三年遷同僉樞密院事致和元年進僉書樞密院事泰定帝崩于上都丞相倒剌沙專政宗室諸王脫脫王禪附之利於立幼燕鐵木兒時總環衞事留大都自以身受武宗寵拔之恩其子宜纂大位而一居朔漠一處南陲實天之所置將以啓之由是與公主察吉兒族黨阿剌帖木兒及腹心之士孛倫赤剌剌等議以八月甲午昧爽率勇士納禿魯等入興聖宮會集百官執中書平章烏伯都剌伯顏察兒兵皆露刃誓衆曰祖宗正統屬在武皇帝之子敢有不順者斬衆皆潰散遂捕姦黨下獄而與西安王阿剌忒納失里入守內庭分處腹心於樞密自東華門夾道重列軍士使人傳命往來其中以防漏泄卽命前河南行省參知政事明里董阿前宣政院使荅剌麻失里乘驛迎文宗于中興且令密以意喻河南行省平章伯顏選兵備扈從於是封府庫拘百司印遣兵守諸要害推前湖廣行省左丞相別不花爲中書左丞相詹

事塔失海涯爲平章前湖廣行省右丞速速爲中書左丞前陜西行省參政王不憐吉台爲樞密副使蕭忙古䚟仍爲通政院使與中書右丞趙世延樞密同僉燕鐵木兒通政院使寒食分典庶務貸在京寺觀鈔募死士買戰馬運京倉粟以餉守禦士卒復遣使於各行省徵發錢帛兵器當時有諸衞軍無統屬者又有謁選及罷退軍官皆給之符牌以待調遣既受命未知所謝注目而立乃指使南向拜衆皆愕然始知有定向矣燕鐵木兒宿衞禁中夜則更遷無定居坐以待旦者將一月第撒敦子唐其勢時留上都密遣塔失帖木兒召之皆棄其妻子來歸丁酉再遣撒里不花鎖南班往中興趣大駕早發令塔失帖木兒設爲南使云諸王帖木兒不花寬徹普化湖廣河南省臣及河南都萬戸合軍扈駕旦夕且至民勿疑懼丁未命撒敦以兵守居庸關唐其勢屯古北口戊申復令乃馬台爲北使稱明宗從諸王兵整駕南轅中外乃安辛亥撒里不花至自中興云乘輿已啓塗詔拜燕鐵木兒知樞密院事丙辰率百官備法駕郊迎丁巳文宗至京師入居大内己未上都王禪及太尉不花丞相塔失帖木兒平

章買閭御史大夫紐澤等軍次榆林九月庚申詔燕鐵木兒帥師禦之撒敦先驅至榆林西乘其未陣薄之北軍大敗甲子詔還都戊辰遼東平章禿滿迭兒以兵犯遷民鎮斬關以入遣撒敦往拒至薊州東沙流河累戰敗之燕鐵木兒以爲擾攘之際不正大名不足以係天下之志與諸王大臣伏闕勸進文宗固辭曰大兄在朔方朕敢紊天序乎燕鐵木兒曰人心向背之機間不容髮一或失之噬臍無及文宗悟乃曰必不得已當明詔天下以著予退讓之意而後可壬申文宗卽位改元天曆赦天下癸酉封燕鐵木兒爲太平王以太平路爲其食邑甲戌加開府儀同三司上柱國錄軍國重事中書右丞相監修國史知樞密院事賜黃金五百兩白金二千五百兩鈔一萬錠金素織段色繒二千匹海東白鶻一青鶻二豹一平江官地五百頃卽日詔將兵出薊州拒禿滿迭兒乙亥次三河而王禪等軍已破居庸關遂進屯三塚丙子燕鐵木兒蓐食倍道而還丁丑抵榆河關帝出都城將親督戰燕鐵木兒單騎請見曰陛下出民心必驚凡剪寇事一以責臣願陛下亟還宮以安黎庶文宗乃還明日丁丑阿速衞

指揮使忽都不花塔海帖木兒同知太不花構變事覺械送京師斬以徇己卯
與王禪前軍遇于榆河北我師奮擊敗之追至紅橋北王禪將樞密副使阿剌
帖木兒指揮忽都帖木兒引兵會戰阿剌帖木兒執戈入刺燕鐵木兒側身以
刀格其戈就斫之中左臂部將和尚馳擊忽都帖木兒亦中左臂二人驍將也
敵爲奪氣遂卻因據紅橋兩軍阻水而陣命善射者射之遂退師于白浮南命
知院也速答兒八都兒亦訥思等分爲三隊張兩翼以角之敵軍敗走辛巳敵
軍復合鏖戰于白浮之野周旋馳突戈戟戛靡燕鐵木兒手斃七人會日晡對
壘而宿夜二鼓遣阿剌帖木兒孛倫赤岳來吉將精銳百騎鼓譟射其營敵衆
驚擾互自相擊至旦始悟人馬死傷無數明日天大霧獲敵卒二人云王禪等
脫身竄山谷矣癸未天清明王禪集散卒成列出山我師駐白浮西堅壁不動
是夜又命撒敦潛軍繞其後部曲八都兒壓其前夾營吹銅角以震盪之敵不
悟而亂自相撾擊三鼓後乃西遁遲明追及昌平北斬首數千級降者萬餘人
帝遣賜上尊諭旨曰丞相每戰親冒矢石脫有不虞其若宗社何自今後但憑

高督戰察將士之用命不用命者以賞罰之可也對曰臣以身先之爲諸將法敢後者軍法從事託之諸將萬一失利悔將何及是日敵軍再戰再北王禪單騎亡命也速答兒也不倫撒敦追之就命也速答兒及僉院徹里帖木兒統卒三萬守居庸關還至昌平南俄報古北口不守上都軍掠石槽丙戌遣撒敦爲先驅燕鐵木兒以大軍繼其後至石槽敵軍方炊掩其不備直蹂之大軍幷進追擊四十里至牛頭山擒駙馬孛羅帖木兒平章蒙古答失牙失帖木兒院使撒兒討温等獻俘闕下戮之各衞將士降者不可勝紀餘兵奔竄夜遣撒敦襲之逐出古北口丁亥禿滿迭兒及諸王也先帖不兒軍陷通州將襲京師燕鐵木兒急引軍還十月己丑朔日將昏至通州乘其初至擊之敵軍狼狽走渡潞河庚寅夾河而軍敵列植黍稭衣以氈衣然火爲疑兵夜遁辛卯率師渡河追之癸巳駐檀子山之棗林也速帖木兒禿滿迭兒合陽翟王太平國王朶羅台平章塔海軍來鬭士皆殊死戰至晚唐其勢陷陣殺太平死者蔽野餘兵宵潰已而撒敦將輕兵要之弗及而還乙未上都諸王忽剌台指揮阿剌鐵木兒安

童入紫荊關犯良鄉游騎逼南城燕鐵木兒卽率諸將兵循北山而西令脫銜
繫囊盛芻豆以飼馬士行且食晨夜兼程至于盧溝河忽剌台聞之望風西走
是日凱旋入自肅清門都人羅拜馬首以謝更生之惠燕鐵木兒曰此皆天子
威靈吾何力焉入見帝大悅賜燕興聖殿盡懽而罷賜太平王黃金印并降制
書及賜玉盤龍衣珠衣寶珠金腰帶等物是日撒敦遣報禿滿迭兒軍復入古
北口燕鐵木兒遂以師赴之戰于檀州南野敗之東路蒙古萬戶哈剌那懷率
麾下萬人降餘兵東潰禿滿迭兒走還遼東獲忽剌台阿剌帖木兒安童朵羅
台塔海等戮之先是齊王月魯帖木兒東路蒙古元帥不花帖木兒聞文宗卽
位乃起兵趨上都圍之時上都屢敗勢蹙壬寅倒剌沙肉袒奉皇帝寶出請死
齊王調兵護送至京師庚戌文宗御興聖殿受皇帝寶下倒剌沙于獄兩都平
丁巳加燕鐵木兒以答剌罕之號使其世世子孫襲之仍賜珠衣二七寶束帶
一白金甕一黃金瓶二海東白鶻一青鶻三白鷹一豹二十十二月置龍翊衛
命領其事先是至治二年以欽察衛士多爲千戶所者凡三十五故分置左右

二衛至是又折為龍翊衛二年立都督府以統左右欽察龍翊三衛哈剌魯東路蒙古二萬戶府東路蒙古元帥府而以燕鐵木兒兼統之尋陞為大都督府燕鐵木兒乞解相印還宿衛帝勉之曰卿已為省院惟未入臺其聽後命二月遷御史大夫依前開府儀同三司上柱國錄軍國重事太平王未幾復拜中書右丞相監修國史知樞密院事領都督府龍翊侍衛親軍都指揮使司事就佩元降虎符依前開府儀同三司上柱國錄軍國重事答剌罕太平王先是文宗以天下既定可行初志遣治書侍御史撒迪迎大兄明宗于漠北三月辛酉乃詔燕鐵木兒護璽寶北上明宗嘉其功五月特拜開府儀同三司上柱國錄軍國重事中書右丞相監修國史大都督領龍翊親軍都指揮使事答剌罕太平王六月加拜太師餘如故從明宗南還八月朔明宗次王忽察都之地文宗以皇太子見庚寅明宗暴崩燕鐵木兒以皇后命奉皇帝璽寶授文宗疾驅而還晝則率宿衛士以扈從夜則躬擐甲冑繞幄殿巡護癸巳達上都遂與諸王大臣陳勸復正大位己亥文宗復即位於上都十二月丁亥文宗以燕鐵木兒有

大勳勞于王室封其曾祖父班都察溧陽王曾祖妣玉龍徹溧陽王夫人祖父
土土哈昇王祖妣太塔你昇王夫人父牀兀兒揚王母也先帖你公主察吉兒
並爲揚王夫人三年二月文宗欲昭其勳詔命禮部尙書馬祖常製文立石於
北郊至順元年五月乙丑帝又以屢頒寵數未足以報大勳下詔命獨爲丞相
以尊異之略曰燕鐵木兒勳勞惟舊忠勇多謀奮大義以成功致治平於期月
宜專獨運以重秉鈞授以開府儀同三司上柱國太師太平王答刺罕中書右
丞相錄軍國重事監修國史提調燕王宮相府事大都督領龍翊親軍都指揮
使司事凡號令刑名選法錢糧造作一切中書政務悉聽總裁諸王公主駙馬
近侍人員大小諸衙門官員人等敢有隔越聞奏以違制論六月知樞密院事
闊徹伯脫脫木兒等十人惡其權勢之重欲謀害之也的迷失脫迷以其謀告
燕鐵木兒卽率欽察軍掩捕按問皆誅之二年二月爲建第於興聖宮之西南
三月賜鷹坊百人十一月癸未詔養其子塔刺海爲子辛酉以燕鐵木兒兼奎
章閣大學士領奎章閣學士院事賜龍慶州之流盃園池水磑土田又賜平江

松江江陰蘆場蕩山沙塗沙田等地因言平江松江圩田五百頃有奇糧七千七百石願增爲萬石入官以所得餘米贍弟撒敦詔從之四年文宗大漸遺詔立兄明宗之子已而文宗崩明宗次子懿璘質班卽位四十三日而崩文宗后臨朝燕鐵木兒與羣臣議立文宗子燕帖古思文宗后曰天位至重吾兒年方幼沖豈能任耶明宗有子妥懽貼睦爾出居廣西今年十三矣可嗣大統於是奉太后命召還京師至良鄉具鹵簿迎之燕鐵木兒與之並馬而行於馬上舉鞭指畫告以國家多難遣使奉迎之故而妥懽貼睦爾卒無一語酬之燕鐵木兒疑其意不可測且明宗之崩實與逆謀恐其卽位之後追舉前事故宿留數月而心志日以昏亂先是燕鐵木兒自秉大權以來挾震主之威肆意無忌一宴或宰十三馬取泰定帝后爲夫人前後尚宗室之女四十人或有交禮三日遽遣歸者而後房充斥不能盡識一日宴趙世延家男女列坐名鴛鴦會見座隅一婦色甚麗問曰此爲誰意欲與俱歸左右曰此太師家人也至是荒淫日甚體羸溺血而薨燕鐵木兒既死妥懽貼睦爾始卽位是爲順帝乃以撒敦爲

左丞相唐其勢爲御史大夫元統二年四月命唐其勢總管高麗女直漢軍萬戸府達魯花赤授撒敦開府儀同三司上柱國錄軍國重事答剌罕榮王太傅中書左丞相賜廬州路爲食邑宥世世子孫九死贈燕鐵木兒太師公忠開濟弘謨同德協運佐命功臣開府儀同三司太師中書右丞相上柱國追封德王謚忠武至元元年三月立燕鐵木兒女伯牙吾氏爲皇后是時撒敦已死唐其勢爲中書左丞相伯顏獨用事唐其勢忿曰天下本我家天下也伯顏何人而位居吾上遂與撒敦弟答里潛蓄異心交通所親諸王晃火帖木兒謀援立以危社稷帝數召答里不至郯王徹徹禿遂發其謀六月三十日唐其勢伏兵東郊身率勇士突入宮闕伯顏及完者帖木兒定住闊里吉思等掩捕獲之唐其勢及其弟塔剌海皆伏誅而其黨北奔答里所答里卽應以兵殺使者哈兒哈倫阿魯灰用以禡旗帝遣阿弼諭之又殺阿弼而率其黨和尙剌剌等逆戰爲撊思監火兒灰哈剌那海等所敗遂奔晃火帖木兒命孛羅晃火兒不花追襲之力窮勢促阿魯渾察執答里等送上都戮之晃火帖木兒自殺怯薛官阿察

赤亦預唐其勢之謀欲殺伯顏後擒付有司具伏其辜伏誅初唐其勢事敗被擒攀折殿檻不肯出塔剌海走匿皇后坐下后蔽之以衣左右曳出斬之血濺后衣伯顏奏曰豈有兄弟爲逆而皇后黨之者幷執后后呼帝曰陛下救我帝曰汝兄弟爲逆豈能相救邪乃遷皇后出宮尋酖之于開平民舍遂簿錄唐其勢家

伯顏

伯顏蔑兒吉䚟氏曾大父探馬哈兒給事宿衞大父稱海從憲宗伐宋歿於王事父謹只兒總宿衞隆福太后宮伯顏弘毅深沉明達果斷年十五奉成宗命侍武宗于藩邸大德三年從北征海都五年從至迭怯里古之地力戰又至哈剌塔之地累捷功爲諸將先十年斡羅思失班等逃奔察八兒之地武宗命伯顏追降之十一年武宗大會諸王駙馬於和林錫號曰伯顏拔都兒武宗卽位拜吏部尚書俄改尚服院使又拜御史中丞至大二年十一月拜尚書平章政事特賜蛟龍虎符領右衞阿速親軍都指揮使司達魯花赤三年加特進延祐

三年仁宗命爲周王常侍府常侍四年拜江南行臺御史中丞五年就陞御史大夫六年拜江浙行省平章政事七年拜陝西行臺御史大夫至治二年復還南臺御史大夫泰定二年遷江西行省平章政事三年遷河南行省平章政事舊所賜河南田五千頃以二千頃奉帝師祝釐八百頃助給宿衞自取不及其半宿姦頑豪嘗毒民者必深治之致和元年七月泰定帝崩八月丞相燕鐵木兒遣明里董阿迎立武宗子懷王於江陵道過河南使以謀密告伯顏伯顏嘆曰此吾君之子也吾夙荷武皇厚恩委以心膂今爵位至此非覬萬一爲己富貴計大義所臨曷敢顧望卽集僚屬明告以故於是會計倉廩府庫穀粟金帛之數乘輿供御牢餼膳羞徒旅委積士馬芻精供億之須以及賞賚犒勞之用靡不備至不足則檄州縣募民折輸明年田租及貸商人貨貲約倍息以償又不足則邀東南常賦之經河南者輒止之以給其費徵發民丁增置驛馬補城櫓浚濠池修戰守之具嚴徼邏斥堠日被堅執銳與僚佐曹掾籌其便宜卽遣蒙哥不花以其事馳告懷王又使羅里報燕鐵木兒曰公盡力京師河南事我

當自効伯顏別募勇士五千人以迎帝于南而躬勒兵以俟參政脫別台曰今蒙古軍馬與宿衞之士皆在上都而令探馬赤軍守諸隘吾恐此事之不可成也我等圖保性命他何計哉伯顏不從其言其夜脫別台手刃欲殺伯顏爲變伯顏覺遂拔劍殺之奪其所部軍器收馬千二百騎懷王命撒里不花拜伯顏河南行省左丞相懷王至河南伯顏屬櫜鞬擐甲冑與百官父老導入咸俯伏稱萬歲卽上前叩頭勸進懷王解金鎧御服寶刀及海東白鶻文豹賜伯顏明日扈從北行九月懷王卽皇帝位是爲文宗特加伯顏銀青榮祿大夫仍領宿衞尋加太尉賜黃金二百五十兩白金一千兩楮幣二十五萬緡進開府儀同三司錄軍國重事御史大夫中政院使天曆二年正月拜太保二月加授儲慶使加賜虎符特授忠翊侍衞親軍都指揮使未幾明宗卽位文宗居東宮拜太子詹事太保開府如故八月拜中書左丞相明宗崩文宗嗣位加儲政院使三年正月拜知樞密院事至順元年文宗以伯顏功大不有異數不足以報稱特命尙世祖闊出太子女孫曰卜顏的斤分賜虎士三百怯薛丹百默而吉軍百

阿速軍百隸左右宿衛又賜黃金雙龍符鐫文曰廣忠宣義正節振武佐運功臣組以寶帶世爲明券又命凡宴飲視諸宗王禮二年八月進封浚寧王特加授侍正府侍正追封其先三世爲王又加伯顏昭功宣毅萬戶忠翊侍衛都指揮使三年拜太傅加徽政使八月文宗崩十月伯顏奉太皇太后命立明宗之子懿璘質班是爲寧宗十一月寧宗崩四年六月順帝至自南服入踐大位嘉伯顏翊戴之功拜中書右丞相上柱國監修國史元統二年進太師奎章閣大學士領太史院兼領司天監威武阿速諸衛奏復經筵加知經筵事十一月進封秦王繼領太禧宗禋院中政院宣政院隆祥使司宮相諸內府總領蒙古欽察斡羅思諸衛親軍都指揮使三年六月唐其勢及其弟塔剌海私蓄異志謀危社稷伯顏奉詔誅之餘黨稱兵又親率師往上都擊破其衆七月伯顏鴆殺皇后伯牙吾氏爲匿唐其勢塔剌海于后宮伯顏怒曰豈有兄弟謀不軌而姊妹黨之者乎遂鴆之詔諭天下用國初故事賜伯顏以塔剌罕之號俾世襲之至元元年伯顏贊帝率遵舊章奏寢妨農之務停海內土木營造四年息彰德

萊蕪冶鐵一年蠲京圻漕戶雜徭減河間兩淮福建鹽額歲十八萬五千有奇賑沙漠貧戶及南北饑民至千萬計帝允而行之其知經筵日當進講必與講官敷陳格言以盡啓沃之道太皇太后賜第時雍坊有旨雄麗視諸王邸伯顏力辭制度務從損約四年求解政柄三宮交勉留五年十月詔爲大丞相加號元德上輔賜七寶玉書龍虎金符鐫刻如前先數日伯顏面奏請以賜田歲入所積鈔一萬錠賑帖列堅末隣納隣三道驛置及闊北十三驛之困乏者然伯顏自誅唐其勢之後獨秉國鈞專權自恣變亂祖宗成憲虐害天下漸有姦謀帝患之初伯顏欲以其姪脫脫宿衞伺帝起居懼涉物議乃以樞密知院汪家奴翰林承旨沙剌班同侍禁近實屬意脫脫故脫脫政令日修而衞士拱聽約束伯顏自領諸衞精兵以燕者不花爲屏蔽導從之盛塡溢街衢而帝側儀衞反落落如晨星勢燄薰灼天下之人惟知有伯顏而已脫脫深憂之乘間自陳忘家殉國之意帝猶未之信遣阿魯世傑班日以忠義與之往復論難益知其心無他遂聞于帝帝始無疑是年車駕自上都還京伯顏數以兵巡行紅城諸

處歸輒在後三人謀益堅伯顏不知益逞凶虐搆陷郯王徹徹篤奏賜死帝未允輒傳旨行刑復奏貶宣讓王帖木兒不花威順王寬徹普化辭色憤厲不待旨而行帝益忿之伯顏且日益立威鍛鍊諸獄延及無辜六年二月伯顏自領兵衛請帝出田脫脫告帝托疾不往伯顏固請太子燕帖古思出次柳林脫脫欲有所爲遂與世傑班阿魯合議白于帝戊戌脫脫悉拘門鑰受密旨領軍阿魯世傑班侍帝側傳命是夜帝御玉德殿主符檄發號令詳見脫脫傳中夜二鼓遣太子怯薛月可察兒率三十騎抵太子營取之入城夜半見帝四鼓命只兒瓦歹奉詔往柳林出伯顏爲河南行省左丞相己亥伯顏遣人來城下問故脫脫倨城門上宣言有旨黜丞相一人諸從官無罪可各還本衛伯顏奏乞陛辭不許遂行道出真定父老奉觴酒以進伯顏問曰爾曾見子殺父事耶父老曰不曾見子殺父惟見臣殺君伯顏俛首有慚色三月辛未詔徙南恩州陽春縣安置病死于龍興路驛舍

馬札兒台

馬札兒台世系見兄伯顏傳馬札兒台蚤扈從武宗後侍仁宗於潛邸出入恭謹涖事敏達仁宗說之及立爲皇太子以爲中順大夫典用太監尋遷吏部郎中陞侍郎進兵部尚書遷利用卿進度支卿轉同知典瑞院事陞院使歷大都路達魯花赤佩虎符領虎賁親軍都指揮使泰定四年拜陝西行臺治書侍御史關陝大饑賑貸有不及者盡出私財以周貧民所活甚衆轉太府卿又轉都功德使改宣政使三遷皆仍太府卿佩元降虎符領高麗女直漢軍萬戶府達魯花赤拜御史大夫仍領高麗女直漢軍兼右衞阿速親軍都指揮使司達魯花赤提調承徽寺尋遷知樞密院事兼前職加提調武備寺事加金牌領欽察闊闊帖木兒千戶所又仍以知樞密院事加鎮守海口侍衞親軍屯儲都指揮使司達魯花赤餘如故至元三年議進爵封王辭以兄伯顏既封秦王兄弟不宜並王乃拜太保分樞密院往鎮北邊至鎮邊民歲有徭役悉蠲除之後爲定例六年伯顏既罷黜召拜太師中書右丞相奏罷各處船戶提舉廣東採珠提舉二司兼領右衞阿速軍又兼領羣牧監未幾以疾辭帝優詔起之其請益堅

遂以太師就第明年以其子脫脫爲右丞相而封馬札兒台爲忠王至正七年別兒怯不花譖于帝詔安置甘肅以疾薨年六十三馬札兒台所至不以察察爲明赫赫爲威僚屬各效其勤至於事功旣成未嘗以爲己出也以仁宗寵遇之深忌日必先百官詣原廟致敬或一食一果之美必持獻廟中仁宗嘗建寺雲州九峯山未成而崩馬札兒台以私財成之曰是雖未足以報先帝之恩而先帝嘗駐蹕於茲誠不忍過其所而坐視蕪廢也又建寺都城健德門東十二年特命改封德王令翰林儒臣製詞立碑仍賜旌忠昭德之額長子脫脫次子也先帖木兒

脫脫字大用生而岐嶷異於常兒及就學請於其師浦江吳直方曰使脫脫終日危坐讀書不若日記古人嘉言善行服之終身耳稍長膂力過人能挽弓一石年十五爲皇太子怯憐口怯薛官天曆元年襲授成製提舉司達魯花赤二年入覲文宗見之悅曰此子後必可大用遷內宰司丞兼前職五月命爲府正司丞至順二年授虎符忠翊侍衛親軍都指揮使元統二年同知宣政院事兼

前職五月遷中政使六月遷同知樞密院事至元元年唐其勢陰謀不軌事覺伏誅其黨答里及剌剌等稱兵外應脫脫選精銳與之戰盡禽以獻歷太禧宗禋院使拜御史中丞虎符親軍都指揮使提調左阿速衞四年進御史大夫仍提調前職大振綱紀中外肅然扈從上都還至雞鳴山之渾河帝將畋于保安州馬蹶脫脫諫曰古者帝王端居九重之上日與大臣宿儒講求治道至於飛鷹走狗非其事也帝納其言授金紫光祿大夫兼紹熙宣撫使是時其伯父伯顏爲中書右丞相既誅唐其勢益無所忌擅爵人赦死罪任邪佞殺無辜諸衞精兵收爲己用府庫錢帛聽其出納帝積不能平脫脫雖幼養於伯顏常憂其敗私請於其父曰伯父驕縱已甚萬一天子震怒則吾族赤矣曷若於未敗圖之其父以爲然復懷疑久未決質之直方直方曰傳有之大義滅親大夫但知忠於國家耳餘復何顧焉當是時帝之左右前後皆伯顏所樹親黨獨世傑班阿魯爲帝腹心日與之處脫脫遂與二人深相結納而錢唐楊瑀嘗事帝潛邸爲奎章閣廣成局副使得出入禁中帝知其可用每三人論事使瑀參焉五年

秋車駕留上都伯顏時出赴應昌脫脫與世傑班阿魯謀欲禦之東門外懼弗
勝而止會河南范孟矯殺省臣事連廉訪使段輔伯顏風臺臣言漢人不可爲
廉訪使時別兒怯不花亦爲御史大夫畏人之議已辭疾不出故其章未上伯
顏促之急監察御史以告脫脫脫脫曰別兒怯不花位吾上且掌印我安敢專
邪別兒怯不花聞之懼且將出脫脫度不能遏謀於直方直方曰此祖宗法度
決不可廢盍先爲上言之脫脫入告于帝及章上帝如脫脫言伯顏知出於脫
脫大怒言於帝曰脫脫雖臣之子其心專佑漢人必當治之帝曰此皆朕意非
脫脫罪也及伯顏擅貶宣讓威順二王帝不勝其忿決意逐之一日泣語脫脫
脫脫亦泣下歸與直方謀直方曰此宗社安危所繫不可不密議論之際左右
爲誰曰阿魯及脫脫木兒直方曰子之伯父挾震主之威此輩苟利富貴其語
一泄則主危身戮矣脫脫乃延二人于家置酒張樂晝夜不令出遂與世傑班
阿魯議候伯顏入朝禽之戒衛士嚴宮門出入螭坳悉爲置兵伯顏見之大驚
召脫脫責之對曰天子所居防禦不得不爾伯顏遂疑脫脫益增兵自衛六年

二月伯顏請太子燕帖古思獵于柳林脫脫與世傑班阿魯合謀以所掌兵及宿衞士拒伯顏戊戌遂拘京城門鑰命所親信列布城門下是夜奉帝御玉德殿召近臣汪家奴沙剌班及省院大臣先後入見出五門聽命又召瑀及江西范匯入草詔數伯顏罪狀詔成夜已四鼓命中書平章政事只兒瓦歹齎赴柳林己亥脫脫坐城門上而伯顏亦遣騎士至城下問故脫脫曰有旨逐丞相伯顏所領諸衞兵皆散而伯顏遂南行詳見伯顏傳中專定詔以馬札兒台爲中書右丞相脫脫知樞密院事虎符忠翊衞親軍都指揮使提調武備寺阿速衞千戶所兼紹熙等處軍民宣撫都總使宣忠兀羅思護衞親軍都指揮使司達魯花赤昭功萬戶府都總使十月馬札兒台移疾辭相位詔以太師就第至正元年遂命脫脫爲中書右丞相錄軍國重事詔天下脫脫乃悉更伯顏舊政復科舉取士法復行太廟四時祭雪郯王徹徹禿之冤召還宣讓威順二王使居舊藩以阿魯圖正親王之位開馬禁減鹽額蠲負逋又開經筵遴選儒臣以勸講而脫脫實領經筵事中外翕然稱爲賢相二年五月用參議孛羅等言於都

城外開河置閘放金口水欲引通州船至麗正門役丁夫數萬訖無成功事見河渠志三年詔修遼金宋三史命脫脫爲都總裁官又請修至正條格頒天下帝嘗御宣文閣脫脫前奏曰陛下臨御以來天下無事宜留心聖學頗聞左右多沮撓者設使經史不足觀世祖豈以是教裕皇哉卽祕書監取裕宗所授書以進帝大悅皇太子愛猷識理達臘嘗保育于脫脫家每有疾飲藥必嘗之而進帝嘗駐蹕雲州遇烈風暴雨山水大至車馬人畜皆漂溺脫脫抱皇太子單騎登山乃免至六歲還帝慰撫之曰汝之勤勞朕不忘也脫脫乃以私財造大壽元忠國寺於健德門外爲皇太子祝釐其費爲鈔十二萬二千錠四年閏月領宣政院事諸山主僧請復僧司且曰郡縣所苦如坐地獄脫脫曰若復僧司何異地獄中復置地獄邪時有疾漸羸且術者亦言年月不利乃上表辭位帝不允表凡十七上始從之有旨封鄭王食邑安豐賞賚巨萬俱辭不受乃賜松江田爲立稻田提領所以領之七年別兒怯不花爲右丞相以宿憾譖其父馬札兒台詔徙甘肅脫脫力請俱行在道則閱騎乘廬帳食則視其品之精粗及

至其地馬札兒台安之復移西域撒思之地至河召還甘州就養十一月馬札兒台薨帝念脫脫勳勞召還京師八年命脫脫爲太傅提調宮傅綜理東宮之事九年朶兒只太平皆罷相遂詔脫脫復爲中書右丞相賜上尊名馬襲衣玉帶脫脫既復入中書恩怨無不報時開端本堂皇太子學於其中命脫脫領端本堂事又提調阿速欽察二衛內史府宣政院太醫院事十年五月居母薊國夫人憂帝遣近臣喻之俾出理庶務於是脫脫用烏古孫良楨龔伯遂汝中柏伯帖木兒等爲僚屬皆委以腹心之寄小大之事悉與之謀事行而羣臣不知也吏部尙書偰哲篤建言更造至正交鈔脫脫信之詔集樞密院御史臺翰林集賢院諸臣議之皆唯唯而已獨祭酒呂思誠言其不可脫脫不悅旣而終變鈔法而鈔竟不行事見思誠傳河決白茅堤又決金堤方數千里民被其患五年不能塞脫脫用賈魯計請塞之以身任其事出告羣臣曰皇帝方憂下民爲大臣者職當分憂然事有難爲猶疾有難治自古河患卽難治之疾也今我必欲去其疾而人人異論皆不聽乃奏以賈魯爲工部尙書總治河防使發河南

北兵民十七萬役之築決堤成使復故道凡八月功成事見河渠志於是天子嘉其功賜世襲荅剌罕之號又勑儒臣歐陽玄製河平碑以載其功仍賜淮安路爲其食邑郡邑長吏聽其自用已而汝頴之間妖寇聚衆反以紅巾爲號襄樊唐鄧皆起而應之十一年脫脫乃奏以弟御史大夫也先帖木兒爲知樞密院事將諸衛兵十餘萬討之克上蔡既而駐兵沙河軍中夜驚也先帖木兒盡棄軍資器械北奔汴梁收散卒屯朱仙鎮朝廷以也先帖木兒不習兵詔別將代之也先帖木兒徑歸昏夜入城仍爲御史大夫陝西行臺監察御史十二人劾其喪師辱國之罪脫脫怒乃遷西行臺御史大夫朶兒直班爲湖廣行省平章政事而御史皆除各府添設判官由是人皆莫敢言事十二年紅巾有號芝麻李者據徐州脫脫請自行討之以逯魯曾爲淮南宣慰使募鹽丁及城邑趫捷通二萬人與所統兵俱發九月師次徐州攻其西門賊出戰以鐵翎箭射馬首脫脫不爲動麾軍奮擊之大破其衆入其外郛明日大兵四集亟攻之賊不能支城破芝麻李遁去獲其黃繖旗鼓燒其積聚追擒其僞千戶數十人遂屠

其城帝遣中書平章政事普化等即軍中命脫脫爲太師依前右丞相趣還朝
而以樞密院同知禿赤等進師平穎亳師還賜上尊珠衣白金寶鞍皇太子錫
燕于私第詔改徐州爲武安州而立碑以著其績十三年三月脫脫用左丞烏
古孫良楨右丞悟良哈台議屯田京畿以二人兼大司農卿而脫脫領大司農
事西至西山東至遷民鎮南至保定河間北至檀順州皆引水利立法佃種歲
乃大稔十四年張士誠據高郵屢招諭之不降詔脫脫總制諸王諸省軍討之
黜陟予奪一切庶政悉聽便宜行事省臺院部諸司聽選官屬從行稟受節制
西域西番皆發兵來助旌旗累千里金鼓震野出師之盛未有過之者師次濟
寧遣官詣闕里祀孔子過鄒縣祀孟子十一月至高郵辛未至乙酉連戰皆捷
分遣兵平六合賊勢大蹙俄有詔罪其老師費財以河南行省左丞相太不花
中書平章政事月闊察兒知樞密院事雪雪代將其兵削其官爵安置淮安先
是脫脫之西行也別兒怯不花欲陷之死哈麻屢言于帝召還近地脫脫深德
之至是引爲中書右丞而是時脫脫信用汝中柏由左司郎中參議中書省事

平章以下見其議事莫敢異同惟哈麻不爲之下汝中柏因譖之脫脫改爲宣政院使位居第三於是哈麻深銜之哈麻嘗爲脫脫議授皇太子冊寶禮脫脫每言中宮有子將寘之何所以故久不行脫脫將出師也以汝中柏爲治書侍御史使輔也先帖木兒居中汝中柏恐哈麻必爲後患欲去之脫脫猶豫未決令與也先帖木兒謀也先帖木兒以其有功於己不從哈麻知之遂譖脫脫於皇太子及皇后奇氏會也先帖木兒方移疾家居監察御史袁賽因不花等承哈麻風旨上章劾之三奏乃允奪御史臺印出都門外聽旨以汪家奴爲御史大夫而脫脫亦有淮安之命十二月辛亥詔至軍中參議龔伯遂曰將在軍君命有所不受且丞相出師時嘗被密旨今奉密旨一意進討可也詔書且勿開開則大事去矣脫脫曰天子詔我而我不從是與天子抗也君臣之義何在弗從既聽詔脫脫頓首謝曰臣至愚荷天子寵靈委以軍國重事蚤夜戰兢懼弗能勝一旦釋此重負上恩所及者深矣卽出兵甲及名馬三千分賜諸將俾各帥所部以聽月闊察兒雪雪節制客省副使哈剌荅曰丞相此行我輩必死他

一珍倣宋版印

人之手今日寧死丞相前拔刀刎頸而死初命脫脫安置淮安俄有旨移置亦集乃路十五年三月臺臣猶以謫輕列疏其兄弟之罪於是詔流脫脫于雲南大理宣慰司鎮西路流也先帖木兒于四川碉門脫脫長子哈剌章肅州安置次子三寶奴蘭州安置家產簿錄入官脫脫行至大理騰衝知府高惠見脫脫欲以女事之許築室一程外以居雖有加害者可以無虞脫脫曰吾罪人也安敢念及此巽辭以絕之九月遣官移置阿輕乞之地高惠以脫脫前不受其女故首發鐵甲軍圍之十二月己未哈麻矯詔遣使鴆之死年四十二訃聞中書遣尙舍卿七十六至其地易棺衣以殮脫脫儀狀雄偉頎然出於千百人中而器宏識遠莫測其蘊功施社稷而不伐位極人臣而不驕輕貨財遠聲色好賢禮士皆出于天性至於事君之際始終不失臣節雖古之有道大臣何以過之惟其惑於羣小急復私讎君子譏焉二十三年監察御史張沖等上章雪其冤於是詔復脫脫官爵幷給復其家產召哈剌章三寶奴還朝而也先帖木兒先是亦已死乃授哈剌章中書平章政事封申國公分省大同三寶奴知樞密院

事二十六年監察御史聖奴也先撒都失里等復言奸邪構害大臣以致臨敵
易將我國家兵機不振從此始錢糧之耗從此始盜賊縱横從此始生民之塗
炭從此始設使脫脫不死安得天下有今日之亂哉乞封一字王爵定謚及加
功臣之號朝廷皆是其言然以國家多故未及報而國亡

元史卷一百三十八

元史卷一百三十九

明翰林學士亞中大夫知制誥兼修國史宋　濂等修

列傳第二十六

乃蠻台

乃蠻台木華黎五世孫曾祖曰孛魯祖曰阿禮吉失追封莒王諡忠惠父曰忽速忽爾嗣國王追封薊王乃蠻台身長七尺摯靜有威性明果善斷射能貫札大德五年奉命征海都朵哇以功賜貂裘白金授宣徽院使階榮祿大夫七年拜嶺北行省右丞舊制募民中糧以餉邊是歲中者三十萬石用事者挾私爲市殺其數爲十萬民進退失措乃蠻台請于朝凡所輸者悉受之以爲下年之數民感其德至治二年改甘肅行省平章政事佩金虎符甘肅歲糴糧於蘭州多至二萬石距寧夏各千餘里至甘州自甘州又千餘里始達亦集乃路而寧夏距亦集乃僅千里乃蠻台下諭令輓者自寧夏徑趨亦集乃歲省費六十萬緡天曆二年遷陝西行省平章政事關中大饑詔募民入粟予爵四方富民應

命輸粟露積關下初河南饑告糴關中而關中民遏其糴至是關吏乃河南人修宿怨拒粟使不得入乃蠻台杖關吏而入其粟京兆民掠人而食之則命分健卒爲隊捕強食人者其患乃已時入關粟雖多而貧民乏鈔以糴乃蠻台取官庫未燬昏鈔得五百萬緡識以省印給民行用俟官給賑饑鈔如數易之先時民或就食他所多毀牆屋以往乃蠻台諭之曰明年歲稔爾當復還其勿毀之民由是不敢毀及明年還皆得按堵如初拜西行臺御史大夫賜金幣玩服等物奉命送太宗皇帝舊鑄皇兄之寶於其後嗣燕只哥觧乃蠻台威望素嚴至其境禮貌益尊至順元年遷上都留守佩元降虎符虎賁親軍都指揮使進階開府儀同三司知嶺北行樞密院事封宣寧郡王賜金印尋奉命出鎮北邊錫予尤重國初諸軍置萬戸千戸百戸時金銀符未備惟加纓於槍以爲等威至是乃蠻台爲請于朝皆得綰符後至元三年詔乃蠻台襲國王授以金印繼又以安邊睦鄰之功賜珠絡半臂幷海東名鷹西域文豹國制以此爲極恩六年拜嶺北行省左丞相仍前國王知行樞密院事至正二年還遼陽行省左丞

相以年踰六十上疏辭職歸念其軍士貧乏以麥四百石馬二百匹羊五百頭徧給之八年薨于家帝聞之震悼命有司厚致賻儀詔贈攄忠宣惠綏遠輔治功臣太師開府儀同三司上柱國追封魯王謚忠穆子二長野仙溥化入宿衞掌速古兒赤特授朝列大夫給事中拜監察御史繼除河西廉訪副使淮西宣慰副使累遷中書參知政事由御史中丞爲中書右丞次晃忽而不花

朶兒只

朶兒只木華黎六世孫脫脫子也朶兒只生一歲而孤稍長備宿衞事母至孝喜讀書不屑屑事章句於古君臣行事忠君愛民之道多所究心至治二年授中奉大夫集賢學士時年未及冠一時同寅如郭貫趙世延鄧文原諸老皆器重之天曆元年朶羅台國王自上都領兵至古北口與大都兵迎敵事定文宗殺朶羅台二年朶兒只襲國王位扈蹕上都詔便送至遼陽之國順帝至元四年朶羅台弟乃蠻台特太師伯顏勢謂國王位乃其所當襲愬于朝伯顏妻欲得朶兒只大珠環價直萬六千錠朶兒只無以應則慨然曰王位我祖宗所傳

不宜從人求買我從不得爲設爲之亦我宗族人耳於是乃蠻台以賂故得爲
國王而除朵兒台遼陽行省左丞相以安靖爲治民用不擾六年遷河南行省
左丞相爲政如在遼陽時先是河南范孟爲亂以詿誤連繫者千百計朵兒只
至頗知其冤力欲直之而平章政事納麟乃元問官執其說不從已而納麟還
言于朝以謂朵兒只心徇漢人朵兒只爲人寬弘有度亦不卹也至正四年遷
江浙行省左丞相時杭城荐經災燬別兒怯不花先爲相庶務寬紓朵兒只繼
之咸仍其舊民心翕然汀州寇竊發朵兒只調遣將士招捕之威信所及數月
即平帝嘉其績錫九龍衣上尊酒居二年方面晏然杭之耆老請建生祠如前
丞相故事朵兒台辭之曰昔者我父平章官浙省我實生於此宜爾父老有愛
於我我於爾杭人得無情乎然今天下承平我叨居相位於此唯知謹守法度
不辱先人足矣何用虛名爲七年召拜御史大夫會丞相虛位秋拜中書左丞
相冬陞右丞相監修國史而太平爲左丞相是時朝廷無事稽古禮文之事有
墜必舉請賜經筵講官坐以崇聖學選清望官專典陳言以求治道嚴守令六

事沙汰僧尼舉隱逸士事見太平傳歲餘留守司行致賀禮其物先留鴻禧觀
將饋二相朵兒只家臣寓觀中察知物有豐殺其致左相者特豐家臣具白其
事請卻之朵兒只曰彼縱不送我亦又何怪卽命受之郯王家產既籍于官朵
兒只俾掾史錄其數明日掾史以復韓嘉訥爲平章不知出丞相命勃然變色
叱掾史曰公事須自下而上何竟白丞相令客省使扶出朵兒只不爲動知者
咸服其量九年罷丞相位復爲國王之國遼陽十四年詔脫脫總兵南討中書
參議龔伯遂建言宜分遣諸宗王及異姓王俱出軍吳王朵爾赤厚賂伯遂獲
免朵兒只獨曰吾國家世臣天下有事政効力之秋也吾豈暇與小子輩通賄
賂哉卽領兵出淮南聽脫脫節制脫脫遣朵兒只攻六合拔之既而詔削脫脫
官爵罷其兵權朵兒只乃以本部兵守揚州十五年薨于軍年五十二初朵兒
只爲集賢學士從其從兄丞相拜住在上都南坡之變拜住遇害賊臣鐵失赤
斥鐵木兒等幷欲殺朵兒只其從子朵爾直班方八歲走詣怯薛官失都兒求
免以故朵兒只得脫於難朵兒只爲相務存大體而太平則兼理庶務一時政

權頗出於太平趨附者衆朶兒只處之凝然不與較然太平亦能推讓盡禮中外皆號爲賢相云二子朶蠻帖木兒翰林學士俺木哥失里襲國王

朶爾直班

朶爾直班字惟中木華黎七世孫祖曰碩德父曰別理哥帖木爾朶爾直班甫晬而孤育於從祖母拜住從父也請于仁宗降璽書護其家稍長好讀書年十四見文宗適將幸上都親閱御衣命錄于簿顧左右無能書漢字者朶爾直班引筆書之文宗喜曰世臣之家乃能知學豈易得哉命爲尚衣奉御尋授工部郎中元統元年擢監察御史首上疏請親祀宗廟赦命不宜數又陳時政五事其一曰太史言三月癸卯望月食既四月戊午朔日又食皇上宜奮乾綱修刑政疎遠邪佞顓任忠良庶可消弭災變以爲禎祥二曰親祀郊廟三曰博選勳舊世臣之子端謹正直之人前後輔導使嬉戲之事不接於目俚俗之言不及於耳則聖德日新矣四曰樞機之臣固宜尊寵然必賞罰公則民心服五曰弭安盜賊振救饑民是時日月薄蝕烈風暴作河北山東旱蝗爲災乃復條陳九

事上之一曰比日倖門漸啓刑罰漸差無功者覬覦希賞有罪者僥倖求免恐刑政漸隳紀綱漸紊勞臣何以示勸姦臣無所警懼二曰天下之財皆出于民民竭其力以佐公上而用猶不足則嗟怨之氣上干陰陽之和水旱災變所由生也宜顓命中書省官二員督責戶部詳定減省罷不急之工役止無名之賞賜三曰禁中常作佛事權宜停止四曰官府日增選法愈敝宜省冗員五曰均公田六曰鑄錢幣七曰罷山東田賦總管府八曰蠲河南自實田糧九曰禁取姬妾於海外正月元日朝賀大明殿朶爾直班當糾正班次即上言百官踰越班制者當同失儀論以懲不敬先是教坊官位在百官後御史大夫撒迪傳旨俾入正班朶爾直班執不可撒迪曰御史不奉詔耶朶爾直班曰事不可行大夫宜覆奏可也西僧爲佛事內廷醉酒失火朶爾直班劾其不守戒律延燒宮殿震驚九重撒迪傳旨免其罪朶爾直班又執不可一日間傳旨者八乃已丞相伯顏御史大夫唐其勢二家家奴怙勢爲民害朶爾直班巡歷至漷州悉捕其人致于法民大悅及還唐其勢怒曰御史不禮我已甚辱我家人我何面目

見人耶答曰朵爾直班知奉法而已宅不知也唐其勢從子馬馬沙爲欽察親軍指揮使恣横不法朵爾直班劾奏之馬馬沙因集無賴子欲加害會唐其勢被誅乃罷遷太府監改奎章閣學士院供奉學士進承制學士皆兼經筵官又陞侍書學士同知經筵事是時朵爾直班甫弱冠又世家子乃獨以經術侍帝左右世以爲盛事至正元年罷學士院除翰林學士陞資善大夫於是經筵亦歸翰林仍命朵爾直班知經筵事是時康里巎巎以翰林學士承旨亦在經筵在上前敷陳經義朵爾直班則爲翻譯曲盡其意多所啓沃禁中語祕不傳俄遷大宗正府也可扎魯火赤聽訟之際引諭律令曲當事情有同僚年老者歎曰吾居是官四十年見公論事殆神人也宗王有殺其大母者朵爾直班與同僚拔實力請于朝必正其罪時相難之出爲淮東肅政廉訪使還江南行臺治書侍御史未行又還江西行省左丞以疾不赴北還養疾黄厓山中起爲資正院使五年拜中書參知政事同知經筵事提調宣文閣時纂集至正條格朵爾直班以謂是書上有祖宗制誥安得獨稱今日年號又律中條格乃其一門耳

安可獨以爲書名時相不能從唯除制誥而已有以善音樂得幸者有旨用爲崇文監丞朵爾直班宅擬一人以聞帝怒曰選法盡由中書省耶朵爾直班頓首曰用倖人居清選臣恐後世議陛下今選宅人臣之罪也省臣無與焉帝乃悅陞右丞尋拜御史中丞監察御史劾奏别兒怯不花章甫上黜御史大夫懿憐真班爲江浙行省平章政事朵爾直班曰若此則臺綱安在乃再上章劾奏并留大夫不允臺臣皆上印綬辭職帝諭朵爾直班曰汝其毋辭對曰憲綱隳矣臣安得獨留帝爲之出涕朵爾直班卽杜門謝賓客尋出爲遼陽行省平章政事階榮祿大夫至官詢民所疾苦知米粟羊豕薪炭諸貨皆藉鄉民販負入城而貴室僮奴公府隸卒爭强買之僅酬其半直又其俗編柳爲斗大小不一豪賈猾儈得以高下其手民咸病之卽飭有司厲防禁齊稱量諸物乃畢集而價自平又存恤孤老平準錢法清銓選汰胥吏愼勾稽與廢墜鉅細畢舉苟有罪雖勳舊不貸王邸百司聞風悚懼召爲太常禮儀院使俄還中政使又遷資正使會盜起河南帝憂之拜中書平章政事階光祿大夫首言治國之道綱常

爲重前西臺御史張桓伏節死義不污於寇宜首旌之以勸來者又言宜守荆
襄湖廣以絕後患又數論祖宗之用兵匪專於殺人蓋必有其道焉今倡亂者
止數人顧乃盡坐中華之民爲畔逆豈足以服人心其言頗迕丞相脫脫意時
脫脫倚信左司郎中汝中柏員外郎伯帖木兒故兩人因擅權用事而朵爾直
班正色立朝無所附麗適陝州危急因出爲陝西行臺御史大夫行至中途聞
商州陷武關不守卽輕騎晝夜兼程至奉元而賊已至鴻門吏白涓日署事不
許曰賊勢若此尙何顧陰陽拘忌哉卽就署省臺素以舉措爲嫌不相聚論事
朵爾直班曰多事如此惡得以常例論乃與行省平章朵朵約五日一會集尋
有旨命與朵朵便宜同討賊卽督諸軍復商州乃修築奉元城壘募民爲兵出
庫所藏銀爲大錢射而中的者賞之由是人皆爲精兵金商義兵以獸皮爲矢
房狀如瓠號毛葫蘆軍甚精銳列其功以聞賜勑書褒奬之由是其軍遂盛而
國家獲其用金州由興元鳳翔達奉元道里迴遠乃開義谷創置七驛路近以
便時御史大夫也先帖木兒師敗于河南西臺御史蒙古魯海牙范文等十二

人劾奏之朶爾直班當署字顧謂左右曰吾其爲平章湖廣矣未幾命下果然也先帖木兒者脫脫之弟章既上脫脫怒故左遷朶爾直班而御史十二人皆見黜關中人遮道涕泣曰生我者公也何遽去我而不留乎朶爾直班慰遣之不聽乃從間道得出至重慶聞江陵陷道路阻不可行或請少留以竢之不從期必達乃已湖廣行省時權治澧州既至律諸軍以法而授納粟者以官人心翕然汝中柏伯帖木兒言於丞相曰不殺朶爾直班則丞相終不安蓋謂其帝意所眷屬必復用耳乃命朶爾直班職專供給軍食時官廩所儲無幾即延州民有粟者親予酒諭勸之而貸其粟約竢朝廷頒鈔至即還以直民無不從者又遣官糴粟河南四川之境民聞其名爭輸粟以助軍餉右丞伯顏不花方總兵承順風旨數侵辱之朶爾直班不爲動會官軍復武昌至蘄黃伯顏不花百計徵索無不給之猶欲言其供需失期達剌罕軍帥王不花奮言曰平章國之貴臣今坐不重茵食無珍味徒爲我曹軍食耳今百需立辦顧猶欲誣之是無人心也我曹便當散還鄉里矣脫脫遣國子助教完者至軍中風使害之完者

至則反加敬禮語人曰平章勳舊之家國之祥瑞吾苟傷之則人將不食吾餘矣朵爾直班素有風疾軍中感霧露所患日劇遂卒于黃州蘭溪驛年四十朵爾直班立朝以扶持名教爲己任薦拔人才而不以爲私恩留心經術凡伊洛諸儒之書未嘗去手喜爲五言詩於字畫尤精翰林學士承旨臨川危素嘗客於朵爾直班諫之曰明公之學當務安國家利社稷毋爲留神於末藝朵爾直班深服其言其在經筵開陳大義爲多閒采前賢遺言各以類次爲書凡四卷一曰學本二曰君道三曰臣職四曰國政明道厚倫制行稽古游藝五者學本之目也敬天愛民知人納諫治內五者君道之目也宰輔臺察守令將帥暬御五者臣職之目也興學訓農理財審刑議兵五者國政之目也帝覽而善之賜名曰治原通訓藏于宣文閣二子鐵固思帖木而篤堅帖木而

阿魯圖

阿魯圖博爾朮四世孫父木忽剌阿魯圖由經正監襲職爲怯薛官掌環衞遂拜翰林學士承旨還知樞密院事至元三年襲封廣平王至正四年脫脫辭相

位順帝問誰可代脫脫爲相者脫脫以阿魯圖薦五月詔拜中書右丞相監修國史而別兒怯不花爲左丞相從駕行幸每同車出入一時朝野以二相協和爲喜時詔修遼金宋三史阿魯圖爲總裁五年三史成十月阿魯圖等旣以其書進帝御宣文閣阿魯圖復與平章政事帖木兒塔識太平上奏太祖取金世祖平宋混一區宇典章圖籍皆歸祕府今陛下以三國事績命儒士纂修而臣阿魯圖總裁臣素不讀漢人文書未解其義今者進呈萬機之暇乞以備乙覽帝曰此事卿誠未解史書所繫甚重非儒士汎作文字也彼一國人君行善則國與朕爲君者宜取以爲法彼一朝行惡則國廢朕當取以爲戒然豈止儆勸人君其間亦有爲宰相事善則卿等宜倣效惡則宜監戒朕與卿等皆當取前代善惡爲勉朕或思有未至卿等其言之阿魯圖頓首舞蹈而出右司郎中陳思謙建言諸事阿魯圖曰左右司之職所以贊助宰相今郎中有所言與我輩共議見諸行事何必別爲文字自有所陳耶郎中若居他官則可建言今居左右司而建言是徒欲顯一己自能言耳將置我輩於何地思謙大慚服一日與

僚佐議除刑部尚書宰執有所舉或難之曰此人柔軟非刑部所可用阿魯圖曰廟堂卽今選儈子耶若選儈子須選強壯人尚書欲其詳讞刑牘耳若不枉人不壞法卽是好刑官何必求強壯人耶左右無以答其爲治知大體類如此先是別兒怯不花嘗與阿魯圖謀擠害脫脫阿魯圖曰我等豈能久居相位當亦有退休之日人將謂我何別兒怯不花屢以爲言終不從六年別兒怯不花乃諷監察御史劾奏阿魯圖不宜居相位阿魯圖卽避出城其姻黨皆爲之不平請曰丞相所行皆善而御史言者無理丞相何不見帝自陳帝必辯焉阿魯圖曰我博爾朮世裔豈丞相爲難得耶但帝命我不敢辭今御史劾我我宜卽去蓋御史臺乃世祖所設置我若與御史抗卽與世祖抗矣爾等無復言阿魯圖卽罷去明年別兒怯不花遂爲右丞相不久亦去十一年阿魯圖復起爲太傅出守和林邊薨無嗣

紐的該

紐的該博爾朮之四世孫也早歲備宿衛累遷同知樞密院事旣而廢處于家

順帝至元五年，奉使宣撫達達之地，整理有司不公不法事三十餘條。由是朝廷知其才，陞知嶺北行樞密院事。至正十五年，召拜中書平章政事，遷知樞密院事。十七年，以太尉總山東諸軍守鎮東昌路，擊退田豐兵。十八年，田豐復陷濟寧，進逼東昌，紐的該以乏糧棄城，退屯柏鄉，東昌遂陷。還京師，拜中書添設左丞相，與太平同居相位。紐的該有識量，處事平允。倭人攻金復州，殺紅軍據其州署，即奏遣人往賞賚而撫安之。浙西張士誠既降，紐的該處置江南諸事咸得其宜，士誠大服。興和路富民調戲子婦，繫獄，車載楮幣至京師行賂，以故刑部官持其事，久不決。紐的該乃除刑部侍郎爲興和路達魯花赤，俾決其事，富民遂自縊死。凡授官惟才是選，不用私人，衆稱其有大臣體。已而遽罷相，還知樞密院事。嘗臥病，謂其所知曰：「太平真宰相才也。我疾固不起，而太平亦不能久於位，此可歎也。」朝官至門候疾者，皆謝遣之。二十年正月卒。

元史卷一百三十九

元史卷一百四十

明翰林學士亞中大夫知制誥兼修國史宋　濂等修

列傳第二十七

別兒怯不花

別兒怯不花字大用燕只吉䚟氏曾祖忙怯禿以千戶從憲宗南征有功父阿忽台事成宗爲丞相被誅後贈和寧忠獻王別兒怯不花蚤孤八歲以與聖太后及武宗命侍明宗于藩邸尋入國子學爲諸生會明宗以周王出鎮雲南別兒怯不花從行至大同而還仁宗召入宿衞一日從殿中望見其儀榘奧異即召對慰諭之八番宣撫司長乃其世職英宗遂授懷遠大將軍八番宣撫司達魯花赤既至宣布國家恩信峒民感悅有累歲不服者皆喜曰吾故賢帥子孫也其敢違命率其十四部來受約束別兒怯不花以其事入奏天子嘉而留之泰定三年特授同知太常禮儀院事益從耆老文學之士雍容議論尋拜監察御史明年遷中書右司郎中又明年陞參議中書省事居二年除吏部尚書至

順元年其兄治書侍御史自當諫止明里董阿子闊闊不當爲監察御史弃出別兒怯不花爲廣西兩江道宣慰使司都元帥未幾丁內艱還京起復爲江浙行省參知政事江浙歲漕米由海道達京師別兒怯不花董其事尋除禮部尚書遷徽政院副使擢侍御史特命領宿衞陞榮祿大夫宣徽使加開府儀同三司凡宿衞士有從掌領官薦用者往往所舉多其親暱至別兒怯不花獨推擇歲久者舉之衆論翕服宣徽所造酒橫索者衆歲費陶瓶甚多別兒怯不花奏製銀瓶以貯而索者遂止至元四年拜御史大夫知經筵事尋遷中書平章至正二年拜江浙行省左丞相行至淮東聞杭城大火燒官廨民廬幾盡仰天揮涕曰杭浙省所治吾被命出鎭而火如此是我不德累杭人也疾馳赴鎭即下令錄被災者二萬三千餘戶戶給鈔一錠焚死者亦如之人給月米二斗幼穉給其半又請日減酒課爲錢千二百五十緡織坊減元額之半軍器漆器權停一年泛稅皆停事聞朝廷從之又大作省治民居附其旁者增直買其基募民就役則厚其傭直又請歲減江浙福建鹽課十三萬引或遇淫雨亢旱輒出禱

于神祠所禱無不應在鎮二年雖兒童女婦莫不感其恩召還除翰林學士承旨仍掌宿衛四年拜中書左丞相朝廷議選奉使宣撫使問民疾苦察吏貪廉且選習北藩風土及知典故者俾別兒怯不花周行沙漠洗冤除弊不可勝計又奏發使諭諸王賜以金衣重寶使各撫其民毋踰法制於是內外震肅明年歲大饑流民載道令有司賑之欲還鄉者給路糧又錄在京貧民日糶以糧帝還自上都遣中使數輩趣使迎謁比見帝親酌酒勞之七年進右丞相明年御史劾奏別兒怯不花而徽政院使高龍卜在帝側爲解帝遂不允乃出御史大夫亦憐真班爲江浙左丞相中丞下皆辭職詔復加太保於是兩臺各道言章交至別兒怯不花益不自安尋謫居渤海縣十年正月卒後子達世帖木而用于朝遂贈弘仁輔治秉文守正寅亮同德功臣開府儀同三司上柱國太師追封冀王諡忠宣達世帖木而字原理仕至中書平章政事有學識能世其家

太平

太平字允中初姓賀氏名惟一後賜姓蒙古氏名太平仁傑之孫勝之子也初

勝以非罪死太平年尙幼泰定帝雪其父冤而撫卹之太平資性開朗正大雖在弱齡儼然如老成人嘗受業於趙孟頫又師事雲中呂弼太平始襲父職爲虎賁親軍都指揮使尋擢陝西漢中道廉訪副使文宗召爲工部尙書都主管奎章閣工事又除上都留守同知順帝元統初命爲樞密副使尋陞同知樞密院事還御史中丞時中書有參議佛家閭者憸人也御史劾其罪時宰庇之事寢不行太平辭疾臥家至正二年詔起爲中書參知政事辭進右丞又辭會御史祁君璧復劾佛家閭黜之乃起就職宗室諸王歲賜廩食衣幣不均太平請於帝均其厚薄守令多失職請選臺閣名臣充之仍遣使覈其治行其治最者則增秩賜金幣遼金宋三史久未克修至是太平力贊其事爲總裁官修成之時粟貴而金銀賤太平請出官本委官收市之所得不貲其後兵興卒獲其用四年陞中書平章政事五年還宣徽院使宣徽典飲饍權勢多橫索太平取簿閱之惟太常禮儀使阿剌不花一無所需太平因言於帝請擢居近職且厚賜之六年拜御史大夫故事臺端非國姓不以授太平因辭詔特賜姓而改其名

七年遷中書平章政事班同列上國王朵而只爲左丞相請于帝曰臣藉先臣之蔭叨襲位國王昧於國家之理今備位宰相非得太平不足與共事十一月拜太平左丞相朵而只爲右丞相太平辭帝不允仍詔示天下明年正月詔修后妃功臣傳特命太平同監修國史蓋異數也太平請僧道有妻子者勒爲民以減蠹耗給校官俸以防虛冒請賜經筵講官坐以崇聖學立行都水監以治黃河舉隱士完者篤執禮哈郎董立張樞李孝光是時天下無事朝廷稽古禮文之典有墜必舉平生好訪問人材不問南北必記錄于冊至是多進用之初脫脫既罷相出居西土會其父馬札兒台卒太平力請令脫脫歸葬以全孝道左右以爲難太平曰脫脫乃心王室大義滅親今父歿而不克奔訃爲善者不幾於怠乎爲之固請以故脫脫得還脫脫既得還朝即拜爲太傅然不知太平之有德於己也因汝中柏讒間成隙遽欲中傷之是時中書參政孔思立等皆一時名人太平所拔用者悉誣以罪黜去九年七月罷爲翰林學士承旨既又誣劾其過失而幷論其子也先忽都不宜僭娶宗室女脫脫之母聞之謂脫脫

兄弟曰太平好人也何害於汝而欲去之汝兄弟若違吾言非吾子也侍御史
撒馬篤揚言于朝曰御史欲害正人壞臺綱如天下後世何卽臥病不起故吏
田復勸太平自裁太平曰吾無罪當聽於天若自殺則誠有慊矣遂還奉元杜
門謝客以書史自適河南盜起十五年詔命太平爲江浙行省左丞相未行改
爲淮南行省左丞相兼知行樞密院事總制諸軍駐于濟寧時諸軍久出糧餉
苦不繼太平命有司給牛具以種麥自濟寧達于海州民不擾而兵賴以濟議
立土兵元帥府輪番耕戰十六年移鎭益都未幾除遼陽行省左丞相糴粟以
給京師處置有法所致甚多而民不擾十七年五月召爲中書左丞相時毛貴
據山東明年由河間入寇官軍屢敗漸逼京都中外大駭廷議遷都以避之和
者如出一口太平力爭以爲不可起同知樞密院事劉哈剌不花于彰德引兵
擊之大敗賊衆京城遂安會張士誠以浙西降而晉冀關陝之間察罕鐵木兒
屢以捷奏聞於是中外人心翕然有中興之望矣太平又考求凡死節之臣雖
布衣亦加贈諡有官者就官其子孫人尤感動當時右丞相搠思監家人以造

僞鈔事覺刑部欲連逮搠思監太平力爲解之曰堂堂宰相烏得有此事四海聞之若國體何搠思監既劾罷太平所得俸祿多分饋之二皇后奇氏與皇太子謀欲內禪遣宦者資正院使朴不花諭意於太平太平不答皇后又召太平至宮中舉酒申前意太平依違而已是時皇太子欲盡逐帝近臣又令監察御史劾帝親暱臣御史中丞秃魯鐵木兒未及奏而所劾御史被遷爲他官皇太子疑也先忽都泄其事益決意去太平政柄知樞密院事紐的該聞而歎曰善人國之紀也苟去之國將何賴乎數於帝前左右之以故皇太子之志未及逞會紐的該死皇太子遂令監察御史買住桑哥失理劾左丞成遵參政趙中等下獄死以二人爲太平黨也太平知勢有不可留數以疾辭位二十年二月拜太保俾養疾于家臺臣奏言以謂當時事之艱危政賴賢材之宏濟太平以師保兼相職爲宜帝不能從會陽翟王阿魯輝鐵木兒倡亂騷動北邊勢逼上都皇太子乃言于帝命太平留守上都實欲置之死地太平遂往有同知太常院事脫歡者也先忽都故將也聞陽翟王將至乃引兵縛王至軍前太平不受令

生致闕下北邊以寧太平終不以爲己功未幾詔拜太傅賜田若干頃俾歸奉
元帝欲以伯撒里爲丞相伯撒里辭曰臣老不足以任宰相陛下必以命臣非
得太平同事不可於是密旨令伯撒里留太平毋行太平至沙井聞命而止宿
留久之皇太子惡其既去而復留也二十三年令御史大夫普化劾太平故違
上命當正其罪詔乃悉拘所授宣命及所賜物俾往陝西之西居焉搠思監因
誣奏之安置土蕃尋遣使者逼令自裁太平至東勝賦詩一篇乃自殺年六十
三二十七年監察御史辯其非辜請加褒贈也先忽都名均字公秉少好學有
俊才累遷殿中侍御史治書侍御史翰林侍讀學士皆兼龔虎貢親軍都指揮
使太平之爲相也務廣延才彥而也先忽都以丞相子又傾己下士以故名稱
籍然已而被劾罷從親還奉元居六年召爲兵部尚書同知樞密院事除通政
院使太平再相授知樞密院事遷太子詹事十九年羣盜由開平東屯遼陽冬
詔也先忽都以知樞密院事兼太子詹事率師往討太平以其年少數請改命
不允至則遣將拔懿州省治盜踰遼河東奔而朝廷讒搆日甚罷爲上都留守

尋改宣政院使以丁內艱不起搠思監再相復奏強起之即日監察御史也先帖木爾李好直又劾罷之已而搠思監徇皇太子旨搆成大獄誣老的沙䜌子按難達識理沙加識理也先忽都及脫懽等不軌執脫懽煅鍊其獄連逮不已帝知其無辜欲釋其事特命大赦而搠思監增入條畫內獨不赦前獄惟老的沙逃于孛羅鐵木兒大同軍中䜌子按難達識理等遂皆貶死也先忽都當貶撒思嘉之地道由朵思麻行宣政院使桓州閭素受知太平因留居其地執政知其故奏也先忽都違命杖死之年四十四有詩集十卷

鐵木兒塔識

鐵木兒塔識字九齡國王脫脫之子資禀宏偉補國子學諸生讀書穎悟絕人事明宗於潛邸文宗初由同知都護府事累遷禮部尚書進參議中書省事擢陝西行臺侍御史留爲奎章閣侍書學士除大都留守尋同知樞密院事後至元六年拜中書右丞至正改元陞平章政事伯顏罷相庶務多所更張鐵木兒塔識盡心輔贊每入番直帝爲出宿宣文閣賜坐榻前詢以政道必夜分乃罷

二年郊鐵木兒塔識言大祀竣事必有實惠及民以當天心乃賜民明年田租之半嶺北地寒不任穡事歲募富民和糴爲邊餉民雖稍利而費官鹽爲多鐵木兒塔識乃請別輸京倉米百萬斛儲于和林以爲備日本商百餘人遇風漂入高麗高麗掠其貨表請沒入其人以爲奴鐵木兒塔識持不可曰天子一視同仁豈宜乘人之險以爲利宜資其還已而日本果上表稱謝俄有日本僧告其國遣人刺探國事者鐵木兒塔識曰刺探在敵國固有之今六合一家何以刺探爲設果有之正可令覩中國之盛歸告其主使知嚮化兩浙閩鹽額累增而課愈虧江浙行省請減額鐵木兒塔識奏歲減十三萬引五年拜御史大夫務以靜重持大體不爲苛娆以立聲威建言近歲大臣獲罪重者族滅輕者籍其妻孥祖宗聖訓父子罪不相及請除之著爲令近畿飢民爭赴京城奏出贓罰鈔糴米萬石即近郊寺觀爲糜食之所活不可勝計居歲餘遷平章政事位居第一大駕時巡留鎮大都舊法細民糴於官倉出印券月給之者其直三百文謂之紅帖米賦籌而給之盡三月止者其直五百文謂之散籌米貪民買其

籌貼以爲利鐵木兒塔識請別發米二十萬石遣官坐市肆使人持五十文即得米一升姦弊遂絕七年首相去位帝召鐵木兒塔識諭旨若曰爾先人事我先朝顯有勞績爾實能世其家今命爾爲左丞相鐵木兒塔識扣頭固辭不允乃拜命鐵木兒塔識修飭綱紀立內外通調之法朝官外補許得陛辭親授帝訓責以成效郡邑賢能吏次第甄拔入補朝闕分海漕米四十萬石置沿河諸倉以備凶荒先是僧人與齊民均受役于官其法中變至是奏復其舊孔子後襲封衍聖公階止四品奏陞爲三品歲一再詣國學進諸生而奬勵之中書故事用老臣預議大政久廢不設鐵木兒塔識奏復其規起腆合張元朴等四人爲議事平章曾未半年救偏補弊之政以次興舉中外咸悅從幸上京還入政事堂甫一日俄感暴疾薨年四十六贈開誠濟美同德翊運功臣太師中書右丞相追封冀寧王謚文忠鐵木兒塔識天性忠亮學術正大伊洛諸儒之書深所研究帝嘗問爲治何先對曰法祖宗帝曰王文統奇才也朕恨不得如斯人者用之對曰世祖有堯舜之資文統不以王道告君而乃尙霸術要近利世祖

之罪人也使今有文統正當遠之又何足取乎初伯顏議罷科舉鐵木兒塔識
時在參議府訖不署奏牘及入中書乃議復行之徵用處士待以不次之擢或
疑爲太優鐵木兒塔識曰隱士無求於朝廷朝廷有求於隱士區區名爵奚足
惜哉識者誦之時修遼金宋三史鐵木兒塔識爲總裁官多所協贊云

達識帖睦邇

達識帖睦邇字九成幼與其兄鐵木兒塔識俱入國學爲諸生讀經史悉能通
大義尤好學書初以世胄補官爲太府監提點擢治書侍御史以言罷除樞密
院同知陞中書右丞翰林承旨還大司農至正七年出爲江浙行省平章政事
明年又入爲大司農九年爲湖廣行省平章政事沅靖柳桂等路猺獠竊發朝
廷以溪洞險阻下詔招諭之達識帖睦邇謂寇情不可料請置三分省一治靜
江一治沅靖一治柳桂以左右丞參政分兵鎮其地罷靖州路總管府改立靖
州軍民安撫司設萬戶府益以戍兵朝廷皆如其言已而諸猺獠悉降召還復
爲大司農十一年台州方國珍起海上達識帖睦邇奉詔與江浙行省參知政

事樊執敬往招諭之明年盜起河南拜河南行省平章政事至則修城池飭備禦賊不敢犯其境遷淮南行省平章政事十五年入爲中書平章政事時中書庶務多爲吏胥遲留至則責委提控掾史二人分督左右曹悉爲剖決出爲江浙行省左丞相尋兼知行樞密院事許以便宜行事時江淮盜勢日盛南北阻隔達識帖睦邇獨治方面而任用非人肆通賄賂賣官鬻爵一視貨之輕重以爲高下於是謗議紛然所部郡縣往往淪陷亦恬不以爲意十六年正月張士誠陷平江七月逼杭州達識帖睦邇卽棄城遁于富陽萬戶普賢奴力拒之而苗軍帥楊完者時駐嘉興亦引兵至敗走張士誠達識帖睦邇乃還初達識帖睦邇以完者爲海北宣慰使都元帥尋陞江浙行省參政至是遂陞右丞而苗軍素無紀律肆爲鈔掠所過蕩然無遺達識帖睦邇方倚完者以爲重莫敢禁遏故完者矜驕日肆而不可制明年士誠寇嘉興屢爲完者所敗士誠乃遣蠻子海牙以書詐降蠻子海牙嘗爲南行臺御史中丞以軍結水寨屯采石爲大明兵所敗因走歸士誠故士誠使之來而書詞多不遜完者欲納之達識帖睦

邇不可曰我昔在淮南嘗招安士誠知其反覆其降不可信完者固勸乃許之士誠始要王爵達識帖睦邇不許又請爵爲三公達識帖睦邇曰三公非有司所定今我雖便宜行事然不敢專也完者又力以爲請達識帖睦邇雖外爲正詞然實幸其降又恐忤完者意遂授士誠太尉其弟士德淮南行省平章政事士信同知行樞密院事其黨皆授官有差士德尋爲大明兵所擒復陞士信淮南行省平章政事然士誠雖降而城池府庫甲兵錢穀皆自據如故於是朝廷以招安張士誠爲達識帖睦兒功詔加太尉當是時徽州建德皆已陷完者屢出師不利士誠素欲圖完者而完者時又強娶平章政事慶童女達識帖木兒雖主其婚然亦甚厭之乃陰與士誠定計除完者揚言使士誠出兵復建德完者營在杭城北不爲備遂被圍苗軍悉潰完者與其弟伯顏皆自殺其後事聞于朝贈完者潭國忠愍公伯顏衡國忠烈公完者既死士誠兵遂據杭州十九年朝廷因授士信江浙行省平章政事士信乃大發浙西諸郡民築杭城先是海漕久不通朝廷遣使來徵糧士誠運米十餘萬石達京師方面之權悉歸張

氏達識帖睦邇徒存虛名而已俄而士誠令其部屬自頌功德必欲求王爵達識帖睦邇謂左右曰我承制居此徒藉口舌以馭此輩今張氏復要王爵朝廷雖微終不爲其所脅但我今若逆其意則目前必受害當忍恥含垢以從之耳乃爲具文書聞于朝至再三不報士誠遂自立爲吳王即平江治宮闕立官屬時答蘭帖木兒爲江浙行省右丞真保爲左右司郎中二人諂事士誠多受金帛數媒孽達識帖睦邇之短以故張氏遂有不相容之勢二十四年士信乃使王晟等面數達識帖睦邇過失勒其移咨省院自陳老病願退又言丞相之任非士信不可士信即逼取其諸所掌符印而自爲江浙行省左丞相徙達識帖睦邇至嘉與士信峻其垣牆錮其門闔所以防禁之者甚嚴達識帖睦邇皆不以爲意日對妻妾飲酒放歌自若士誠令有司公牘皆首稱吳王令旨又諷行臺爲請實授于朝行臺御史大夫普化帖木兒皆不從至是既拘達識帖睦邇即使人至紹興從普化帖木兒索行臺印章普化帖木兒封其印置諸庫曰我頭可斷印不可與又迫之登舟曰我可死不可辱也從容沐浴更衣與妻子訣

賦詩二章乃仰藥而死臨死擲杯地上曰我死矣逆賊當踵我亡也後數日達識帖睦邇聞之歎曰大夫且死吾不死何爲遂命左右以藥酒進飲之而死士誠乃使載其柩及妻孥北返于京師普化鐵木兒字兼善答魯乃蠻氏行臺御史大夫帖木哥子也累遷福建行省平章政事時境內皆爲諸豪所據不能有所施設及還南行臺又爲張士誠所逼而死然論者以爲其死視達識帖睦邇爲差勝云

元史卷一百四十

元史卷一百四十一

明翰林學士亞中大夫知制誥兼修國史宋　濂等修

列傳第二十八

太不花

太不花弘吉剌氏世爲外戚官最貴顯太不花沉厚有大度以世冑入官累遷雲南行省右丞歷通政使上都留守遼陽行省平章政事至正八年太平爲丞相力薦太不花可大用召入爲中書平章政事明年太平既罷脫脫復爲相太不花因黨於脫脫謀欲害太平衆由是不平之十二年盜起河南知樞密院事老章出師久無功詔拜太不花河南行省平章政事加太尉將兵往代之未期月平南陽汝寧唐隨又下安陸德安等路招降服叛動合事宜軍聲大振十四年脫脫以太師右丞相總大兵征高郵尋詔奪其兵柄而陞太不花本省左丞相與太尉月闊察兒樞密知院雪雪代總其兵山東河北諸軍悉令太不花節制而太不花乃以軍士乏糧之故頗驕傲不遵朝廷命令軍士又往往剽掠爲

民患十五年監察御史也里忽都等劾其慢功虐民之罪於是天子下詔盡奪
其職俾率領火赤温從平章政事荅失八都魯征進頃之復拜湖廣行省左丞
相節制湖廣荊襄諸軍招捕沔陽湖廣等處水陸賊徒會朝廷復拜太平爲中
書左丞相太不花聞之意不能平歎曰我不負朝廷朝廷負我矣太平漢人今
乃復居中用事安受逸樂我反在外勤苦邪及擊賊賊且退諸將皆欲乘勝渡
江而太不花乃反勒兵而退以養銳爲名其後賊犯汴梁守臣請援兵至十往
反太不花乃始率兵援汴梁而猶按甲不進時睢亳太康俱已陷邊警日急或
諫之曰賊旦夕且至丞相兵不進何也太不花顧左右大言曰我在何物小寇
敢犯境邪若等毋多言我自有神算也既而縱軍出掠百里之內蕩然無遺繼
又渡師河北聲取曹濮遂駐於彰德衛輝俄而曹濮之賊奔竄晉冀大同亦相
繼不守遂蔓延不可制朝廷以爲憂兩遣重臣諭以密旨授之成算而太不花
恬不爲意是時其子壽童以同知樞密院事將兵分討山東久無功嘗以事入
奏語言有驕慢意帝由是惡之十八年山東賊愈充斥且逼近京畿於是詔拜

太不花中書右丞相總其兵討山東既渡河卽上疏以謂賊勢張甚軍行宜以糧餉爲先昔漢韓信行軍蕭何餽糧方今措畫無如丞相太平者如令太平至軍中供給事乃可濟不然兵不能進矣其意實銜太平欲其至軍中卽害之也時參知政事卜顏帖木兒張晉等分省山東二人者嘗劾壽童不進兵太不花至則以其餽運不前斷遣之又以知樞密院事完者帖木兒爲右丞之日嘗劾其非亦加以失誤專制之罪擅改其官徵至軍欲害之事聞廷議喧然而太平與太不花久有隙會其疏來上以其欲害己也遂諷監察御史迷只兒海等劾其緩師拒命之罪而於帝前力譖之於是乃下詔削其官爵奪其兵柄安置于蓋州以知樞密院事悟良哈台總其兵太不花聞有詔夜馳詣劉哈剌不花求救解劉哈剌不花者太不花故部將也以破賊累有功拜淮南行省平章政事時駐兵保定見太不花來因張樂大宴舉酒慷慨言曰丞相國家柱石有大勳勞如此天子終不害丞相是必讒言間之耳我當自往見上言之丞相毋憂也哈剌不花卽走至京首見太平太平問其來何故哈剌不花具以其故告之太

平曰太不花大逆不道今詔已下爾乃敢輒妄言邪不審處禍將及爾矣哈剌不花聞太平言畏懼噤不能發太平度太不花必在哈剌不花所即語之曰爾能致太不花以來吾以爾見上爾功不細矣哈剌不花因許之太平乃引入見帝賜賚良渥初劉哈剌不花之爲部將於太不花也與倪晦者同在幕下太不花每委任晦而哈剌不花計多阻不行哈剌不花心嘗以爲怨及是知事已不可解還縛太不花父子送京師未至皆殺之於路

察罕帖木兒

察罕帖木兒字廷瑞系出北庭曾祖闊闊台元初隨大軍收河南至祖乃蠻台父阿魯温皆家河南爲潁州沈丘人察罕帖木兒幼篤學嘗應進士舉有時名身長七尺修眉覆目左頰有三毫或怒則毫皆直指居常慨然有當世之志至正十一年盜發汝潁焚城邑殺長吏所過殘破不數月江淮諸郡皆陷朝廷徵兵致討卒無成功十二年察罕帖木兒乃奮義起兵沈丘之子弟從者數百人與信陽之羅山人李思齊合兵同設奇計襲破羅山事聞朝廷授察罕帖木兒

中順大夫汝寧府達魯花赤於是所在義士俱將兵來會得萬人自成一軍屯沈丘數與賊戰輒克捷十五年賊勢滋蔓由汴以南陷鄧許嵩洛察罕帖木兒兵日益盛轉戰而北遂戍虎牢以遏賊鋒賊乃北渡盟津焚掠至覃懷河北震動察罕帖木兒進戰大敗之餘黨柵河洲殲之無遺類河北遂定朝廷奇其功除中書刑部侍郎階中議大夫苗軍以滎陽叛察罕帖木兒夜襲之虜其衆幾盡乃結營屯中牟已而淮右賊衆三十萬掠汴以西來擣中牟營察罕帖木兒結陳待之以死生利害諭士卒士卒賈勇決死戰無不一當百會大風揚沙自率猛士鼓譟從中起奮擊賊中堅賊勢遂披靡不能支棄旗鼓遁走追殺十餘里斬首無算軍聲益大振十六年陞中書兵部尚書階嘉議大夫繼而賊西陷陝州斷殽函勢欲趍秦晉知樞密院事答失八都魯方節制河南軍調察罕帖木兒與李思齊往攻之察罕帖木兒卽鼓行而西夜拔殽陵立柵交口陝爲城阻山帶河險且固而賊轉南山粟給食以堅守攻之猝不可拔察罕帖木兒乃焚馬矢營中如炊烟狀以疑賊而夜提兵拔靈寶城守旣備賊始覺不敢動卽

渡河陷平陸掠安邑蹂晉南鄙察罕帖木兒追襲之蹙之以鐵騎賊回扼下陽津赴水死者甚衆相持數月賊勢窮皆遁潰以功加中奉大夫僉河北行樞密院事十七年賊尋出襄樊陷商州攻武關官軍敗走遂直趍長安至灞上分道掠同華諸州三輔震恐陝西省臺來告急察罕帖木兒即領大衆入潼關長驅而前與賊遇戰輒勝殺獲以億萬計賊餘黨皆散潰走南山入興元朝廷嘉其復關陝有大功授資善大夫陝西行省左丞未幾賊出自巴蜀陷秦隴據鞏昌遂窺鳳翔察罕帖木兒即先分兵入守鳳翔城而遣諜者誘賊圍鳳翔賊果來圍之厚凡數十重察罕帖木兒自將鐵騎晝夜馳二百里往赴比去城里所分軍張左右翼掩擊之城中軍亦開門鼓譟而出内外合擊呼聲動天地賊大潰自相踐蹂斬首數萬級伏屍百餘里餘黨皆遁還關中悉定十八年山東賊分道犯京畿朝廷徵四方兵入衛詔察罕帖木兒以兵屯涿州察罕帖木兒即留兵戍清湫義谷屯潼關塞南山口以備他盜而自將銳卒往赴召而曹濮賊方分道踰太行焚上黨掠晉冀陷雲中鴈門代郡烽火數千里復大掠南且還察

罕帖木兒先遣兵伏南山阻隘而自勒重兵屯聞喜絳陽賊果走南山縱伏兵
横擊之賊皆棄輜重走山谷其得南還者無幾乃分兵屯澤州塞碗子城屯上
黨塞吾兒谷屯并州塞井陘口以杜太行諸道賊屢至守將數血戰擊却之河
東悉定進陝西行省右丞兼陝西行臺侍御史同知河南行樞密院事於是天
子乃詔察罕帖木兒守禦關陝晉冀撫鎮漢沔荆襄便宜行閫外事察罕帖木
兒益務練兵訓農以平定四方爲己責是年安豐賊劉福通等陷汴梁造宮闕
易正朔號召羣盜巴蜀荆楚江淮齊魯遼海西至甘肅所在兵起勢相聯結察
罕帖木兒乃北塞太行南守鞏洛而自將中軍軍沔池會叛將周全棄覃懷入
汴城合兵攻洛陽察罕帖木兒下令嚴守備別以奇兵出宜陽而自將精騎發
新安來援賊至城下見堅壁不可犯退引去因追至虎牢塞成皐諸險而還拜
陝西行省平章政事仍兼同知行樞密院事便宜行事十九年察罕帖木兒圖
復汴梁五月以大軍次虎牢先發遊騎南道出汴南略歸亳陳蔡北道出汴東
戰船浮于河水陸並下略曹南據黃陵渡乃大發秦兵出函關過虎牢晉兵出

太行踰黃河俱會汴城下首奪其外城察罕帖木兒自將鐵騎屯杏花營諸將
環城而壘賊屢出戰戰輒敗遂嬰城以守乃夜伏兵城南旦日遣苗軍跳梁者
略城而東賊傾城出追伏兵鼓噪起邀擊敗之又令弱卒立柵外城以餌賊賊
出爭之弱卒佯走薄城西因突鐵騎縱擊悉擒其衆賊自是益不敢出八月諜
知城中計窮食且盡乃與諸將閻思孝李克彝虎林赤賽因赤答忽脫因不花
呂文完哲賀宗哲安童張守禮伯顏孫翥姚守德魏賽因不花楊履信關關等
議各分門而攻至夜將士鼓勇登城斬關而入遂拔之劉福通奉其僞主從數
百騎出東門遁走獲僞后及賊妻子數萬僞官五千符璽印章寶貨無算全居
民二十萬軍不敢私市不易肆不旬日河南悉定獻捷京師歡聲動中外以功
拜河南行省平章政事兼知河南行樞密院事陝西行臺御史中丞仍便宜行
事詔告天下先是中原亂江南海漕不復通京師屢苦饑至是河南既定檄書
達江浙海漕乃復至察罕帖木兒既定河南乃以兵分鎮陝關荊襄河洛江淮
而重兵屯太行營壘旌旗相望數千里乃日修車船繕兵甲務農積穀訓練士

卒謀大舉以復山東先是山西晉冀之地皆察罕帖木兒所平定而答失八都魯之子曰孛羅帖木兒以兵駐大同因欲并據晉冀遂至兵爭天子屢下詔和解之終不聽事見本紀及答失八都魯傳中二十一年諜知山東羣賊自相攻殺而濟寧田豐降于賊六月察罕帖木兒乃輿疾自陝抵洛大會諸將與議師期發并州軍出井陘遼沁軍出邯鄲澤潞軍出磁州懷衞軍出白馬及汴洛軍水陸俱下分道並進而自率鐵騎建大將旗鼓渡孟津踰覃懷鼓行而東復冠州東昌八月師至鹽河遣其子擴廓帖木兒及諸將等以精卒五萬擣東平與東平賊兵遇兩戰皆敗之斬首萬餘級直抵其城下察罕帖木兒以田豐據山東久軍民服之乃遺書諭以逆順之理豐及王士誠皆降遂復東平濟寧時大軍猶未渡羣賊皆聚于濟南而出兵齊河禹城以相抗察罕帖木兒分遣奇兵取間道出賊後南略泰安逼益都北徇濟陽章丘中循瀕海郡邑乃自將大軍渡河與賊將戰于分齊大敗之進逼濟南城而齊河禹城俱來降南道諸將亦報捷再敗益都兵于好石橋東至海濱郡邑聞風皆送款攻圍濟南三月城乃

下詔拜中書平章政事知河南山東行樞密院事陝西行臺中丞如故察罕帖
木兒遂移兵圍益都環城列營凡數十大治攻具百道並進賊悉力拒守復掘
重塹築長圍遏南洋河以灌城中仍分守要害收輯流亡郡縣戶口再歸職方
號令煥然矣二十二年時山東俱平獨益都孤城猶未下六月田豐王士誠陰
結賊復圖叛田豐之降也察罕帖木兒推誠待之不疑數獨入其帳中及豐旣
謀變乃請察罕帖木兒行觀營壘衆以爲不可往察罕帖木兒曰吾推心待人
安得人人而防之左右請以力士從又不許乃從輕騎十有一人行至王信營
又至豐營遂爲王士誠所刺訃聞帝震悼朝廷公卿及京師四方之人不問男
女老幼無不慟哭者先是有白氣如索長五百餘丈起危宿掃太微垣太史奏
山東當大水帝曰不然山東必失一良將卽馳詔戒察罕帖木兒勿輕舉未至
而已及於難詔贈推誠定遠宣忠亮節功臣開府儀同三司上柱國河南行省
左丞相追封忠襄王諡獻武及葬賜賻有加改贈宣忠興運弘仁效節功臣追
封潁川王改諡忠襄食邑沈丘縣所在立祠歲時致祭封其父阿魯溫汝陽王

後又進封梁王於是復起擴廓帖木兒拜銀青榮祿大夫太尉中書平章政事知樞密院事皇太子詹事仍便宜行事襲總其父兵擴廓帖木兒既領兵柄銜哀以討賊攻城益急而城守益固乃穴地通道以入十一月拔其城執其渠魁陳猱頭二百餘人獻闕下而取田豐王士誠之心以祭其父餘黨皆就誅即遣關保以兵取莒州於是山東悉平擴廓帖木兒本察罕帖木兒之甥自幼養以爲子當是時東至淄沂西踰關陝皆晏然無事擴廓帖木兒乃駐兵于汴洛朝廷方倚之以爲安孛羅帖木兒自察罕帖木兒既沒復數以兵爭晉冀帝雖屢解諭之而讎隙日深二十三年御史大夫老的沙與知樞密院事禿堅帖木兒得罪于皇太子皇太子欲誅之皆奔于大同爲孛羅帖木兒所匿老的沙者帝母舅以故帝數爲皇太子寢其事而皇太子不從帝無如之何則傳旨密令孛羅帖木兒隱其迹而丞相搠思監宦者朴不花皆附皇太子必窮竟其事皇太子又方倚重於擴廓帖木兒時擴廓帖木兒駐太原與孛羅帖木兒搆兵勢相持不可解二十四年搠思監朴不花因誣孛羅帖木兒老的沙謀爲不軌而皇

太子亦怒不已三月天子以故下詔數孛羅帖木兒罪削其官職而奪其兵孛羅帖木兒不受詔遂遣兵逼京師必欲得搠思監朴不花乃已天子不得已縛兩人與之語在搠思監孛羅帖木兒傳七月孛羅帖木兒又與老的沙合禿堅帖木兒兵同犯闕時擴廓帖木兒遣部將白鎖住以萬騎衞京師駐于龍虎臺與戰不利遂奉皇太子奔于太原孛羅帖木兒既入朝據相位白鎖住又將二萬騎屯漁陽爲朝廷聲援二十五年擴廓帖木兒以兵擣大同取之皇太子乃趣擴廓帖木兒大舉以討逆發丞相也速丘屯東鄙魏遼齊吳豫豳諸王兵駐西邊而自率擴廓帖木兒兵取中道抵京師亡何孛羅帖木兒既伏誅帝詔白鎖住兵守京城遂詔皇太子還京而擴廓帖木兒亦扈從入朝九月詔拜伯撒里右丞相擴廓帖木兒左丞相伯撒里累朝舊臣而擴廓帖木兒以後生晚出乃與並相居兩月即請南還視師是時中原雖無事而江淮川蜀皆非我所有皇太子累請出督師而帝難之乃詔封擴廓帖木兒河南王俾總天下兵而代之行擴廓帖木兒於是分省以自隨官屬之盛幾與朝廷等而用孫翥趙恆等

爲謀主二十六年二月自京師還河南欲廬墓以終喪左右咸以謂受命出師不可中止乃復北渡居懷慶又移居彰德初李思齊與察罕帖木兒同起義師齒位相等及是擴廓帖木兒總其兵思齊心不能平而張良弼首拒命孔興脫列伯等亦皆以功自恃各懷異見請別爲一軍莫肯統屬釁隙既開遂成讎敵擴廓帖木兒乃遣關保虎林赤以兵西攻良弼于鹿臺而思齊亦與良弼合兵連不能罷擴廓帖木兒始受命南征而顧乃退居彰德又惟務用兵陝西天子之命置而不問朝廷因疑其有異志皇太子之奔太原也欲用唐肅宗靈武故事因而自立擴廓帖木兒與孛蘭奚等不從及還京師皇后奇氏傳旨令擴廓帖木兒以重兵擁太子入城欲脅帝禪之位擴廓帖木兒知其意比至京城三十里即散遣其軍由是皇太子心銜之及是屢趣其出師江淮擴廓帖木兒第遣弟脫因帖木兒及部將完哲貊高以兵往山東而西兵互相勝負終不解帝又下詔和解之顧乃戕殺詔使天下奴等而跋扈之跡成矣二十七年八月帝乃下詔命皇太子親出總天下兵馬而分命擴廓帖木兒以其兵自潼關以東

肅清江淮李思齊以其兵自鳳翔以西進取川蜀禿魯以其兵與張良弼孔興
脫列伯等取襄樊王信以其兵固守山東信地然詔書雖下皇太子亦竟止不
行而分兵之命擴廓帖木兒終扞拒不肯受於是貊高關保等皆叛擴廓帖木
兒關保自察罕帖木兒起兵以來卽爲將勇冠諸軍功最高而貊高善論兵尤
爲察罕帖木兒所信任及是兩人見擴廓帖木兒有不臣之心故皆叛之列其
罪狀聞于朝舉兵共攻之而皇太子用沙藍荅兒帖林沙伯顏帖木兒李國鳳
等計立撫軍院總制天下軍馬專備擴廓帖木兒以貊高等能倡大義賜號忠
義功臣十月詔落擴廓帖木兒太傅中書左丞相依前河南王以汝州爲食邑
與弟脫因帖木兒同居河南府而以河南府爲梁王食邑從行官屬悉令還朝
凡擴廓帖木兒所總諸軍在帳前者白鎖住虎林赤領之在河南者李克彝領
之在山東者也速領之在山西者沙藍荅兒領之在河北者貊高領之擴廓帖
木兒既受詔卽退軍屯澤州詔又命禿魯與李思齊張良弼孔興脫列伯率兵
東向以正天討二十八年朝廷命左丞孫景益分省太原關保以兵爲之守擴

廓帖木兒卽遣兵據太原而盡殺朝廷所置官皇太子乃命魏賽因不花及關保皆以兵與思齊良弼諸軍夾攻澤州而天子又下詔削奪擴廓帖木兒爵邑令諸軍共誅之其將士官吏効順者與免本罪惟孫翥趙恆罪在所不赦二月擴廓帖木兒退守于平陽而關保遂據澤潞二州以與貊高合時李思齊張良弼孔興脫列伯與擴廓帖木兒相持既久大明兵時已及河南思齊良弼皆遣使詣擴廓帖木兒告以出師非本心乃解兵大掠西歸七月貊高關保進攻平陽當是時擴廓帖木兒氣稍沮而關保貊高勢甚振數請戰擴廓帖木兒不應或師出卽復退一日諜知貊高分軍掠祁縣卽夜出師薄其營掩擊之大敗其衆貊高關保皆就擒朝廷聞之遽罷撫軍院而帖林沙伯顏帖木兒李國鳳等以誤國皆受黜既而擴廓帖木兒上疏自陳其情悃帝尋亦悔悟下詔滌其前非於是大明兵已定山東及河洛中原俱不守閏七月帝乃下詔復命擴廓帖木兒仍前河南王太傅中書左丞相孫翥趙恆並復舊職以兵從河北南討也速以兵趣山東禿魯兵出潼關李思齊兵出七盤金商以圖復汴洛未幾也速

兵遂潰禿魯思齊兵亦未嘗出而擴廓帖木兒又自平陽退守太原不復敢南

向事已不可爲矣已而大明兵迫京城帝北奔國遂以亡及大明兵至太原擴

廓帖木兒卽棄城遁領其餘衆西奔于甘肅

元史卷一百四十一

元史卷一百四十二

明翰林學士亞中大夫知制誥兼修國史宋　濂等修

列傳第二十九

答失八都魯

答失八都魯曾祖紐璘祖也速答兒有傳答失八都魯南加台子也以世襲萬戶鎭守羅羅宣慰司土人作亂答先八都魯捕獲有功四川省舉充船橋萬戶出征雲南陞大理宣慰司都元帥至正十一年特除四川行省參知政事撥本部探馬赤軍三千從平章咬住討賊於荊襄九月次安平站時咬住兵旣平江陵答失八都魯請自攻襄陽十二年進次荊門時賊十萬官軍止三千餘遂用宋廷傑計招募襄陽官吏及土豪避兵者得義丁二萬編排部伍申其約束行至蠻河賊守要害兵不得渡卽令屈萬戶率奇兵由間道出其後首尾夾攻賊大敗追至襄陽城南大戰生擒其僞將三十人腰斬之賊自是閉門不復出答失八都魯乃相視形勢內列八翼包絡襄城外置八營軍峴山楚山以截其援

自以中軍四千據虎頭山以瞰城中署從征人李復爲南漳縣尹黎可舉爲宜城縣尹拊循其民以賦軍饋城中之民受圍日久夜半二人縋城叩營門具告虛實願爲內應答失八都魯與之定約以五月朔日四更攻城授之密號而去至期民垂繩以引官軍先登者近千人時賊船百餘艘在城北陰募善水者鑿其底天將明城破賊巷戰不勝走就船船壞皆溺水死僞將王權領千騎西走遇伏兵被擒襄陽遂平加答失八都魯資善大夫賜上尊及黃金束帶以其弟識里木爲襄陽達魯花赤子孛羅帖木兒爲雲南行省理問比賊再犯荊門安陸沔陽答失八都魯輒引兵敗之尋詔益兵五千以烏撒烏蒙元帥成都不花聽其調發十三年定青山荊門諸寨九月率兵略均房平穀城攻開武當山寨數十獲僞將杜將軍十二月趍攻峽州破僞將趙明遠木驢寨陞四川行省右丞賜金繫腰十四年正月復峽州三月陞四川行省平章政事兼知樞密院事總荊襄諸軍五月命玉樞虎兒吐華代答失八都魯守中興荊門且令答失八都魯以兵赴汝寧十月詔與太不花會軍討安豐是月復苗軍所據鄭均許三

州十二月復河陰鞏縣十五年命答失八都魯就管領太不花一應諸王藩將
兵馬許以便宜行事六月拜河南行省平章政事進攻許州長葛與劉福通野
戰爲其所敗將士奔潰九月至中牟收散卒團結屯種賊復來劫營掠其輜重
遂與孛羅帖木兒相失劉哈剌不花進兵來援大破賊兵獲孛羅帖木兒歸之
復駐汴梁東南青堽十二月調兵進討大敗賊于太康遂圍亳州僞宋主小明
王遁十六年加金紫光祿大夫三月朝廷差脫歡知院來督兵答失八都魯父
子親與劉福通對敵自巳至酉大戰數合答失八都魯墜馬孛羅帖木兒扶令
上馬先還自持弓矢連發以斃追者夜三更步回營中十月移駐陳留十一月
攻取夾河劉福通寨十二月庚申次高柴店偪太康三十里是夜二鼓賊五百
餘騎來劫以有備亟遁火而追之比曉督陣力戰自寅至巳四門皆陷壯士緣
城入其郛斬首數萬擒僞將軍張敏孫韓等九人殺僞丞相王羅二人辛酉太
康悉平遣孛羅帖木兒告捷京師帝賜勞內殿王其先臣三世拜河南行省左
丞相仍兼知樞密院事守禦汴梁識里木雲南行省左丞孛羅帖木兒四川行

省左丞將校僚屬賞爵有差十七年三月詔朝京師加開府儀同三司太尉四川行省左丞相九月取溝城東明長垣三縣十月詔遣知院達理麻失理來援分兵雷澤濮州而達理麻失理爲劉福通所殺達達諸軍皆潰答失八都魯力不能支退駐石村朝廷頗疑其玩寇失機使者促戰相踵賊覘知之詐爲答失八都魯通和書遺諸道路使者果得之以進答失八都魯覺知一夕憂憤死十二月庚子也子孛羅帖木兒別有傳

慶童

慶童字明德康里氏祖明里帖木兒父斡羅思皆封益國公慶童早以勳臣子孫受知仁廟給事內廷遂長宿衛授太宗正府掌判三遷爲上都留守又累遷爲江西河南二行省平章政事入爲太府卿復爲上都留守出爲遼陽行省平章政事以寬厚爲政遼人德之至正十年遷平章行省江浙適時承平頗沉湎于宴樂凡遺逸之士舉校官者輒擯斥不用由是不爲物論所與明年盜起汝穎已而蔓延于江浙江東之饒信徽宣鉛山廣德浙西之常湖建德所在不守

慶童分遣僚佐往督師旅曾不踰時以次克復既乃令長吏按視民數凡詿誤者悉置不問招徠流離俾安故業發官粟以振之省治燬于兵則拓其故址俾之一新募貧民爲工役而償之以錢杭民賴以存活者尤衆十四年脫脫以太師右丞相統大兵南征一切軍資衣甲器仗穀粟薪藁之屬咸取具於江浙慶童規措有方陸運川輸千里相屬朝廷賴之明年盜起常之無錫衆議以重兵殲之慶童曰赤子無知迫於有司故弄兵耳苟諭以禍福彼無不降之理盜聞之果投戈解甲請爲良民十六年平江湖州陷義兵元帥方家奴以所部軍屯杭城之北關鈎結同黨相煽爲惡劫掠財貨白晝殺人民以爲患慶童言于丞相達識帖睦邇曰我師無律何以克敵必斬方家奴乃可出師丞相乃與慶童入其軍數其罪斬首以徇民大悅繼而苗軍帥楊完者以其軍守杭城丞相達識帖睦邇既承制授完者江浙行省右丞而完者益以功自驕因求娶慶童女慶童初不許時苗軍勢甚張達識帖睦邇方倚以爲重強爲主婚慶童不得已以女與之明年出鎮海寧州距杭百里地瀕海磽瘠民甚貧居二年盜息而民

皐至是慶童在江浙已七年涉歷險艱勞績甚優著召拜翰林學士承旨改淮南行省平章政事未行仍任江浙十八年遷福建行省平章政事未行拜江南行臺御史大夫賜以御衣上尊時南行臺治紹興所轄諸道皆阻絶不通紹興之東明台諸郡則制於方國珍其西杭蘇諸郡則據於張士誠憲臺綱紀不復可振徒存空名而已二十年召還朝慶童乃由海道趍京師拜中書平章政事俄有譖其子剛僧私通宮人者帝怒殺之慶童因鞅鞅不得志移疾家居久之日飲酒以自遣二十五年詔拜陝西行省左丞相時李思齊擁兵關中慶童至則御之以禮待之以和居三年關陝用寧召還京師二十八年七月大明兵逼京城帝與皇太子及六宮至於宰臣近戚皆北奔而命淮王帖木兒不花監國慶童爲中書左丞相以輔之八月二日京城破淮王與慶童出齊化門皆被殺

也速

也速蒙古人倜儻有能名由宿衛歷尚乘寺提點遷宣政院參議至正十四年河南賊芝麻李據徐州也速從太師脫脫南征徐州城堅不可猝拔脫脫用也

速計以巨石爲礮晝夜攻之不息賊困不能支也速又攻破其南關外城賊遂遁走以功除同知中政院事繼又領軍從父太尉月闊察兒征淮西會賊圍安豐即往援之渡淮無舟因策馬探水深淺浮而過賊大駭撤圍去進攻濠州有詔班師乃還陞將作院使復從太尉征淮東取盱眙遷淮南行樞密院副使陞同知樞密院事討賊淮州大敗之賊走航海襲山東盡有其地也速計賊必乘勝北侵急引兵北還表裏擊之復滕兗二州及費鄒曲阜寧陽泗水五縣賊勢遂衄未幾復泰安州及平陰肥城萊蕪新泰四縣又平安水等五十三寨陞知樞密院事討莆臺賊杜黑兒擒送京師磔之東昌賊將北寇道出陵州也速邀擊於景州斬獲殆盡復阜城縣有詔命也速以軍屯單家橋斷賊北路賊轉攻長蘆也速往與戰流矢貫左手不顧轉鬬無前殺賊五百餘人奪馬三千匹於是分兵下山寨民爭來歸拜中書平章政事改行省淮南雄州蔚州賊繼起也速悉平之知樞密院事劉哈剌不花所部卒掠懷來雲州欲爲亂也速以輕騎擊滅其首禍者降其衆隸麾下賊陷大寧詔也速往討之賊兵次侯家店也速

遇賊卽前與戰自昏抵曙散而復合也速遣別騎繞出賊後賊腹背受敵大敗遂拔大寧擒首賊湯通周成等三十五人磔于都市召入覲賞賚優渥進階金紫光祿大夫知樞密院事旣而賊雷帖木兒不花程思忠等陷永平詔也速出師遂復灤州及遷安縣時遼東郡縣惟永平不被兵儲粟十萬芻藁山積居民殷富賊乘間竊入增土築城因河爲塹堅守不可下也速乃外築大營絕其樵采數與賊戰獲其僞帥二百餘人平山寨數十又復昌黎撫寧二縣擒雷帖木兒不花送京師賊急乃乞降于參政徹力帖木兒爲請命于朝詔許之命也速退師也速度賊必以計怠我師乃嚴備以偵之程思忠果棄城遁去亟追至瑞州殺獲萬計賊遂東走金復州詔還京師拜遼陽行省左丞相知行樞密院事撫安迤東兵農委以便宜開省于永平總兵如故金復海蓋乾王等賊並起西侵與中州陰由海道趨永平聞也速開省乃止也速亟分兵防其衝突賊乃轉攻大寧爲守將王聚所敗斬其渠魁衆潰皆西走也速慮賊窺上都卽調右丞忽林台提兵護上都簡精銳自躡賊後賊果寇上都忽林台擊破之賊衆又大

潰永平大寧於是始平乃分命官屬勞來安輯其民使什伍相保以事耕種民爲立石頌其勳德二十四年孛羅帖木兒與右丞相搠思監宦者朴不花有怨遣兵犯闕執二人以去而也速遂拜中書左丞相七月孛羅帖木兒留兵守大同自率兵復向闕京師大震百官從帝城守皇太子統兵迎於清河命也速軍於昌平而孛羅帖木兒前鋒已度居庸關至昌平也速一軍皆無鬭心不戰而潰皇太子馳入城尋出奔于太原孛羅帖木兒遂入京城爲中書右丞相語具孛羅帖木兒傳二十五年皇太子在太原與擴廓帖木兒謀清內難承制調甘肅嶺北遼陽陝西諸省諸王兵入討孛羅帖木兒孛羅帖木兒乃遣御史大夫禿堅帖木兒率兵攻上都附皇太子者且以禦嶺北之兵又調也速率兵南禦擴廓帖木兒部將竹真貊高等也速軍次良鄉不進謀之於衆皆以謂孛羅帖木兒所行狂悖圖危宗社中外同憤遂勒兵歸永平西連太原擴廓帖木兒東連遼陽也先不花國王軍聲大振孛羅帖木兒患之遣其將同知樞密院事姚伯顏不花以兵往討軍過通州白河水溢不能進駐虹橋築壘以待姚伯顏不

花素輕也速無謀不設備也速晛知之襲破其軍擒姚伯顏不花孛羅帖木兒大恐自將討也速至通州大雨三日乃還孛羅帖木兒先以部將保安不附己殺之至是又失姚伯顏不花二人皆驍將也如失左右手鬱鬱不樂事敗遂伏誅二十七年詔以也速爲中書右丞相分省山東二十八年大明兵取山東閏七月也速與部將哈剌章田勝周逵等禦於莫州衆敗潰乃盡掠莫州殘民北遁

徹里帖木兒

徹里帖木兒阿魯温氏祖父累立戰功爲西域大族徹里帖木兒幼沉毅有大志早備宿衞擢中書直省舍人遂拜監察御史時右丞相帖木迭兒用事生殺予奪皆出其意道路側目徹里帖木兒抗言歷詆其姦帖木迭兒欲中傷之會山東水鹽課大損除山東轉運司副使甫浹月補其虧數皆足轉刑部尚書京師豪右憚之不敢犯法而以非罪麗法者多所全脫天曆二年拜中書右丞尋陞中書平章政事出爲河南行省平章政事黄河清有司以爲瑞請聞于朝徹

里帖木兒曰吾知爲臣忠爲子孝天下治百姓安爲瑞餘何益于治歲大饑徹里帖木兒議賑之其屬以爲必自縣上之府府上之省然後以聞徹里帖木兒慨然曰民饑死者已衆乃欲拘以常格耶往復累月民存無幾矣此蓋有司畏罪將歸怨于朝廷吾不爲也大發倉廩賑之乃請專擅之罪文宗聞而悅之賜龍衣上尊至順元年雲南伯忽叛以知行樞密院事總兵討之治軍有紀律所過秋毫無犯賊平賞賚甚厚悉分賜將士師旋囊裝惟巾櫛而已除留守上都先是上都官買商旅之貨其直不即酬給以故商旅不得歸至有饑寒死者徹里帖木兒爲之請有旨出鈔四百萬貫償之遷江浙行省平章政事以嚴厲爲政部內肅然尋召拜御史中丞朝廷憚之風紀大振至元元年拜中書平章政事首議罷科舉又欲損太廟四祭爲一祭監察御史呂思誠等列其罪狀劾之帝不允詔徹里帖木兒仍出署事時罷科舉詔已書而未用寶參政許有壬入爭之太師伯顏怒曰汝風臺臣言徹里帖木兒邪有壬曰太師以徹里帖木兒宣力之故擢寘中書御史三十人不畏太師而聽有壬豈有壬權重于太師耶

伯顏意解有壬乃曰科舉若罷天下人才觖望伯顏曰舉子多以贓敗又有假
蒙古色目名者有壬曰科舉未行之先臺中贓罰無算豈盡出於舉子舉子不
可謂無過較之於彼則少矣伯顏因曰舉子中可任用者唯參政耳有壬曰若
張夢臣馬伯庸丁文苑輩皆可任大事又如歐陽元功之文章豈易及邪伯顏
曰科舉雖罷士之欲求美衣美食者皆能自向學豈有不至大官者邪有壬曰
所謂士者初不以衣食爲事其事在治國平天下耳伯顏又曰今科舉取人實
妨選法有壬曰古人有言立賢無方科舉取士豈不愈於通事知印等出身者
今通事等天下凡三千三百二十五名歲餘四百五十六人玉典赤太醫控鶴
皆入流品又路吏及任子其途非一今歲自四月至九月白身補官受宣者七
十二人而科舉一歲僅三十餘人太師試思之科舉於選法果相妨邪伯顏心
然其言然其議已定不可中輟乃爲溫言慰解之且謂有壬爲能言有壬聞之
曰能言何益於事徹里帖木兒時在座曰參政坐無多言也有壬曰太師謂我
風人劾平章可共坐邪徹里帖木兒笑曰吾固未嘗信此語也有壬曰宜平章

之不信也設有壬果風人言平章則言之必中矣豈止如此而已衆皆笑而罷翌日崇天門宣詔特令有壬爲班首以折辱之有壬懼及禍勉從之治書侍御史普化誚有壬曰參政可謂過河拆橋者矣有壬以爲大恥遂移疾不出初徹里帖木兒之在江浙也會行科舉驛請考官供張甚盛心頗不平故其入中書以罷科舉爲第一事先論學校貢士莊田租可給怯薛衣糧動當國者以發其機至是遂論罷之徹里帖木兒嘗指斥武宗爲那壁那壁者猶謂之彼也又嘗以妻弟阿魯渾沙女爲己女冒請珠袍等物於是臺臣復劾其罪而伯顏亦惡其忤己欲斥之詔貶徹里帖木兒于南安人皆快之久之卒于貶所至正二十三年監察御史野仙帖木兒等辯其罪可依寒食國公追封王爵定謚加功臣之號事不行

納麟

納麟智曜之孫睿之子也大德六年納麟以名臣子用丞相哈剌哈孫答剌罕薦入備宿衞十年除中書舍人至大四年還宗正府郎中皇慶元年擢僉河南

廉訪司事延祐初拜監察御史以言事忤旨仁宗怒叵測中丞朶兒只力救之
乃解又言風憲恃糾劾之權而受人賂者宜刑而加流四年遷刑部員外郎六
年出爲河南行省郎中至治三年入爲都漕運使泰定中擢湖南湖北兩道廉
訪使天曆元年除杭州路總管鋤姦去蠹吏畏民悅明年改江西廉訪使南昌
歲饑江西行省難於發粟納麟曰朝廷如不允我當以家資償之乃出粟以賑
民全活甚衆平章政事把失忽都貪縱不法納麟劾罷之至順元年拜湖廣行
省參知政事元統初召爲刑部尚書未至改江南行臺治書侍御史尋陞中丞
至元元年召拜中書參知政事遷同知樞密院事尋出爲江浙行省右丞乞致
仕不允除浙西廉訪使力辭不赴至正二年除行宣政院使上天竺耆舊僧彌
戒徑山耆舊僧惠洲恣縱犯法納麟皆坐以重罪請行宣政院設崇教所擬行
省理問官秩四品以治僧獄訟從之尋爲江浙行省平章政事三年遷河南行
省平章政事明年入爲中書平章政事七年出爲江南行臺御史大夫尋召拜
御史大夫所薦用御史必老成更事者八年進金紫光祿大夫請老不許加太

尉御史劾罷之退居姑蘇十二年江淮盜起帝命爲南臺御史大夫納麟承詔即起仍命兼太尉設僚屬總制江浙江西湖廣三省軍馬詔遣直省舍人海玉傳旨慰諭之納麟北面再拜曰臣雖耄老敢不黽勉從事盡餘生以報陛下至則修築集慶城郭會江浙杭城失守淮南行省平章政事失列門引兵往援次于采石納麟使止之曰聞杭賊易破不足憂今宣城危急先宜以兵救宣城乃調典瑞院使脫火赤率蒙古軍應之大破賊于坰下門宣州以安已而賊陷徽州廣德常州宜興溧水溧陽蔓延丹陽金壇句容略上元江寧游兵至鍾山集慶勢甚危納麟乃力疾治兵部署士卒命治書侍御史左答納失理守城中中丞伯家奴戍東郊是時湖廣行省平章政事也先帖木兒軍和州納麟遣使求援也先帖木兒曰我奉命鎮江北不敢往援江東納麟復遣監察御史鄭鄈力促其行也先帖木兒引步騎度采石至臺城入候納麟疾納麟喜卽以其故聞于朝已而也先帖木兒兵東趍秣陵殺賊二千餘人平湖熟鎮盡復上元江寧境乘勝入溧陽溧水賊潰奔廣德其據龍潭方山者奔常州時江浙行省平章

政事三旦八右丞佛家閭亦引兵來會所在羣賊皆敗北州郡悉平十三年納麟固請謝事從之命太尉如故乃退居慶元十六年九月詔以江南行臺移置紹興復以納麟爲御史大夫仍太尉明年移治紹興十八年赴召由海道入朝至黑水洋阻風而還十九年復由海道趍直沽山東俞寶率戰艦斷糧道納麟命其子安安及同舟人拒之破其衆於海口八月抵京師帝遣使勞以上尊皇太子亦饋酒脯而納麟感疾日亟卒于通州年七十有九

元史卷一百四十二

元史卷一百四十三

明翰林學士亞中大夫知制誥兼修國史宋　濂等修

列傳第三十

馬祖常

馬祖常字伯庸世爲雍古部居靖州天山有錫里吉思者於祖常爲高祖金季爲鳳翔兵馬判官以節死贈恆州刺史子孫因其官以馬爲氏曾祖月合乃從世祖征宋留汴掌饋餉累官禮部尚書父潤同知漳州路總管府事家于光州祖常七歲知學得錢卽以市書十歲時見燭欹燒屋解衣沃水以滅火咸嗟異之既長益篤于學蜀儒張𩑔講道儀真往受業其門質以疑義數十𩑔甚器之延祐初科舉法行鄉貢會試皆中第一廷試爲第二人授應奉翰林文字拜監察御史是時仁宗在御已久猶居東宮飲酒常過度祖常上書請御正衙立朝儀御史執簡太史執筆則雖有懷姦利己乞官求賞者不敢出諸口天子承天地祖宗之重當極調攝至於酒醴近侍進御當思一獻百拜之義英宗爲皇太

子又上書請愼簡師傅於是姦臣鐵木迭兒爲丞相威權自恣祖常知其盜觀
國史率同列劾奏其十罪仁宗震怒黜罷之秦州山移祖常言山不動之物今
而動焉由在野有當用不用之賢在官有當言不言之佞故致然爾疏聞大臣
皆家居待罪祖常薦賢拔滯知無不言俄改宣政院經歷月餘辭歸起爲社稷
署令亡何姦臣復相左遷開平縣尹因欲中傷之遂退居光州久之姦臣旣死
乃除翰林待制泰定建儲擢典寶少監太子左贊善尋兼翰林直學士除禮部
尙書丁祖母憂起爲右贊善復除禮部尙書尋辭歸天曆元年召爲燕王內尉
仍入禮部兩知貢舉一爲讀卷官時稱得人陞參議中書省事參定親郊禮儀
充讀冊祝官拜治書侍御史歷徽政副使遷江南行臺中丞元統元年召議新
政賜白金二百兩鈔萬貫又歷同知徽政院事遂拜御史中丞帝以其有疾詔
特免朝禮光祿日給上尊祖常持憲務存大體西臺御史劾其僚禁酤時面有
酒容以苛細黜之山東廉訪司言孔氏訟事以事關名教不行按者亦引去除
樞密副使頃之辭職歸光州復除江南行臺中丞又遷陝西行臺中丞皆以疾

不赴至元四年卒年六十贈攄忠宣憲協正功臣河南行省右丞上護軍魏郡公諡文貞祖常立朝既久多所建明嘗議今國族及諸部既誦聖賢之書當知尊諸母以厚彝倫又議將家子弟驕脆有孤任使而庶民有挽強蹶張老死草野者當建武學武舉儲材以備非常時雖弗用識者韙之祖常工於文章宏贍而精核務去陳言專以先秦兩漢爲法而自成一家之言尤致力於詩圓密清麗大篇短章無不可傳者有文集行于世嘗預修英宗實錄又譯潤皇圖大訓承華事略又編集列后金鑑千秋記略以進受賜優渥文宗嘗駐蹕龍虎臺祖常應制賦詩尤被歎賞謂中原碩儒唯祖常云

巙巙

巙巙字子山康里氏父不忽木自有傳祖燕真事世祖從征有功巙巙幼肄業國學博通羣書其正心修身之要得諸許衡及父兄家傳長襲宿衛風神凝遠制行峻潔望而知其爲貴介公子其遇事英發掀髯論辨法家拂士不能過之始授承直郎集賢待制遷兵部郎中轉祕書監丞奉命往覈泉舶芥視珠犀不

少留目改同僉太常禮儀院事拜監察御史陞河東廉訪副使未上遷祕書太監陞侍儀使尋擢中書右司郎中遷集賢直學士轉江南行臺治書侍御史拜禮部尙書監羣玉內司巙巙正色率下國制大樂諸坊咸隸本部遇公讌衆伎畢陳巙巙視之泊如僚佐以下皆肅然遷領會同館事尙書監羣玉內司如故尋兼經筵官復除江南行臺治書侍御史未行留爲奎章閣學士院承制學士仍兼經筵官陞侍書學士同知經筵事復陞奎章閣學士院大學士知經筵事除浙西廉訪使復留爲大學士知經筵事尋拜翰林學士承旨知制誥兼修國史知經筵事提調宣文閣崇文監先是文宗勵精圖治巙巙嘗以聖賢格言講誦帝側裨益良多順帝卽位之後翦除權姦思更治化巙巙侍經筵日勸帝務學帝輒就之習授欲寵以師禮巙巙力辭不可凡四書六經所載治道爲帝紬繹而言必使辭達感動帝衷敷暢旨意而後已若柳宗元梓人傳張商英七臣論尤喜誦說嘗於經筵力陳商英所言七臣之狀左右錯愕有嫉之之色然素知其賢不復肆惱帝暇日欲觀古名畫巙巙卽取郭忠恕比干圖以進因言商

王受不聽忠臣之諫遂亡其國帝一日覽宋徽宗畫稱善巎巎進言徽宗多能惟一事不能帝問何謂一事對曰獨不能爲君爾身辱國破皆由不能爲君所致人君貴能爲君它非所尙也或遇天變民災必憂見於色乘閒則進言于帝曰天心仁愛人君故以變示儆譬如慈父於子愛則教之戒之子能起敬起孝則父怒必釋人君側身修行則天意必回帝察其眞誠虛己以聽特賜只孫燕服九襲及玉帶楮幣以旌其言巎巎嘗謂人曰天下事在宰相當言宰相不得言則臺諫言之臺諫不敢言則經筵言之備位經筵得言人所不敢言於天子之前志願足矣故於時政得失有當匡救者未嘗緘默大臣議罷先朝所置奎章閣學士院及藝文監諸屬官巎巎進曰民有千金之產猶設家塾延館客豈有堂堂天朝富有四海一學房乃不能容耶帝聞而深然之卽日改奎章閣爲宣文閣藝文監爲崇文監存設如初就命巎巎董治又請置檢討等職十六員以備進講帝皆俞允時科舉旣輟巎巎從容爲帝言古昔取人材以濟世用必有科舉何可廢也帝采其論尋復舊制一日進讀司馬光資治通鑑因言國家

當及斯時修遼金宋三史歲久恐致闕逸後置局纂修實由巙巙發其端又請行鄉飲酒于國學使民知遜悌及請褒贈唐劉蕡宋邵雍以旌道德正直帝從其請爲之下詔巙巙以重望居高位而雅愛儒士甚於饑渴以故四方士大夫翕然宗之萃於其門達官有怙勢者言曰儒有何好君酷愛之巙巙曰世祖以儒足以致治命裕宗學於贊善王恂今祕書所藏裕宗倣書當時御筆於學生之下親署御名習書謹呈其敬慎若此世祖嘗暮召我先人坐寢榻下陳說四書及古史治亂至丙夜不寐世祖喜曰朕所以令卿從許仲平學正欲卿以嘉言入告朕耳卿益加懋敬以副朕志今汝言不愛儒寧不念聖祖神宗篤好之意乎且儒者之道從之則君仁臣忠父慈子孝人倫咸得國家咸治違之則人倫咸失家國咸亂汝欲亂而家吾弗能禦汝慎勿以斯言亂我國也儒者或身若不勝衣言若不出口然腹中貯儲有過人者何可易視也達官色慚既而出拜江浙行省平章政事明年復以翰林學士承旨召還時中書平章闕員近臣欲有所薦用以言覘帝意帝曰平章已有其人今行半途矣近臣知帝意在巙

巙不復薦人至京七日感熱疾卒寔至正五年五月辛卯也年五十一家貧幾無以爲斂帝聞爲震悼賜賻銀五錠其所負官中營運錢臺臣奏以罰布爲之代償巙巙善眞行草書識者謂得晉人筆意單牘片紙人爭寶之不翅金玉謚文忠兄回回字子淵敦默寡言嗜學能文在成宗朝宿衞擢太常寺少卿寺改爲院爲太常院使武宗正位以藩邸舊臣出使稱旨至大間調大司農卿除山南廉訪使改江南行臺治書侍御史遷淮西廉訪使皆有政聲再改河南廉訪使行省丞相行事多不法太尉納璘爲郎中每格不下丞相怒欲出之回回察其賢抗章舉任風憲後歷三臺爲名臣駙馬平章家奴強市人物按之無所貸英宗卽位丞相拜住首薦爲戶部尚書尋拜南臺侍御史改參議中書以議定刑書如法帝嘉納其奏泰定初廷議漕運事奏減糧數以紓東南民力授太子詹事丞改山東廉訪使未上陞翰林侍講學士遷江浙行省右丞文宗立除宣政院使上言乞沙汰僧道其所有田宜同民間徵輸擢中書右丞力辭還第聞明宗崩流涕不能食自是杜門不出者數年以疾卒與弟巙巙皆爲時之名臣

世號爲雙璧云巙巙子維山材質清劭侍禁廷起崇文監丞擢給事中遷同僉
太常禮儀院事調崇文太監

自當

自當蒙古人也英宗時由速古兒赤擢監察御史錄囚大興縣有以冤事繫獄者其人嘗見有槖駝死道傍因舁至其家臠之置數甕中會官槖駝被盜捕索甚亟乃執而勘之其人自誣服自當審其獄辭疑爲冤即以上御史臺臺臣以爲贓既具是特御史畏殺人耳不聽改委他御史讞之竟處死後數日遼陽行省以獲盜聞冤始白人以是服其明泰定二年扈從至上都糾言參知政事楊庭玉贓罪不報即納印還京師帝遣使追之俾復任即再上章劾庭玉竟如其言又劾奏平章政事禿滿迭兒入怯薛之日英宗被弒必預聞其謀不省乃賜禿滿迭兒黃金繫腰自當遂辭職改工部員外郎中書省委開混河自當往視之以爲水性不常民力亦瘁難以成功言于朝河役乃罷會次三皇后殂命工部撤行殿車帳皆新作之自當未即與工尚書曰此奉特旨員外有誤則罪歸

於衆矣自當曰卽有罪我獨任之未幾帝果問成否省臣乃召自當責問之自當請自入對既見帝奏曰皇后行殿車帳尚新若改作之恐勞民費財且先皇后無惡疾居之何嫌必欲捨舊更新則大明殿乃自世祖所御列聖嗣位豈皆改作乎帝大悅語省臣曰國家用人當擇如自當者庶不誤大事特賜上尊金幣遷吏部員外郎帝欲加號太后曰太皇太后命朝堂議之自當獨曰太后稱太皇太后於典禮不合衆皆曰英宗何以加皇太后號曰太皇太后自當曰英宗孫也今上子也太皇太后之號孫可以稱之子不可以稱之也議遂定遷中書客省使俄改同僉宣政院事文宗卽位除中書左司郎中有使持詔自江浙還言行省臣意若有不服者帝怒命遣使問不敬狀將悉誅之自當言於丞相燕帖木兒曰皇帝新卽位雲南四川且猶未定乃以使臣一言殺行省大臣恐非盛德事況江浙豪奢之地使臣或不得厭其所需則造言以陷之耳燕帖木兒以言于帝事乃止既而陞參議中書省事燕帖木兒議封太保伯顏王爵衆論附之自當獨不言燕帖木兒問故自當曰太保位列三公而復加王封後再

有大功將何以處之且丞相封王出自上意今欲加太保王封丞相宜請于上王爵非中書選法也遂罷其議拜治書侍御史初文宗在集慶潛邸欲創天靈寺令有司起民夫江南行臺監察御史亦乞剌台言曰太子爲好事宜出錢募夫若欲役民則朝廷聞之非便也至是文宗悉召江南行臺監察御史俾皆入爲監察御史而欲黜亦乞剌台自當諫曰當陛下在潛邸時御史盡心爲陛下言乃忠臣也今無罪而黜之非所以示天下乃除亦乞剌台僉憲湖南文宗嘗欲游西湖自當諫曰陛下以萬乘之尊而汎舟自樂如天下何不聽自當遂稱疾不從行文宗在舟中顧謂臺臣曰自當終不滿朕此游耶臺臣嘗奏除目文宗以筆塗一人姓名而綴將作院官閭閻之名自當言閭閻爲人詼諧惟可任教坊司若以居風紀則臺綱掃地矣文宗乃止已而出爲陝西行臺侍御史順帝初除福建都轉運鹽使先是自當爲左司郎中時泰定帝嘗欲以河間江浙福建鹽引六萬賜中書參議撒迪自當執不可僅以福建鹽引二萬賜之至是自當復建言鹽引宜盡資國用以紓民力時撒迪方爲御史大夫不以爲怨數

遣人省自當母于京師所居既而丁母憂居閒久之復起爲浙西肅政廉訪使時有以駙馬爲江浙行省丞相者其宦豎恃公主勢坐杭州達魯花赤位令有司強買民間物不從輒毆之有司來白自當自當即逮之械以令衆自是丞相府無敢爲民害者尋召爲同僉樞密院事尋復爲治書侍御史同知經筵事寧夏人有告買買等謀害太師伯顏者伯顏委自當與中書樞密等官往寧夏鞫問無其情乃以誣罔坐告者罪伯顏怒自當前曰太師所以令吾三人鞫之者以國法所在也必以罪吾三人則自當實主其事宜獨當之伯顏乃左遷自當同知徽政院事自當歷事四朝官自從仕郎累轉至通奉大夫常衎衎在位剛介弗回終始一節有古遺直之風然卒以是忤權貴而不復柄用君子皆惜焉

阿榮

阿榮字存初怯烈氏父按攤中書右丞阿榮幼事武宗備宿衞累遷官爲湖南道宣慰副使溫迪罕奉使宣撫湖南事無大小悉以委之會列郡歲饑阿榮分其廩祿爲粥以食餓者仍發粟賑之所活甚衆廣西寇起衆皆洶懼阿榮鎮之

以靜督有司治兵守其境寇不敢入遷湖廣行省左右司郎中召僉會福院事尋除吏部尚書泰定初出爲湖南宣慰使改浙東道宣慰使都元帥以疾辭天曆初復起爲吏部尚書尋參議中書省事二年拜中書參知政事知經筵事進奎章閣大學士榮祿大夫太禧宗禋院使都典制神御殿事文宗眷遇之甚而阿榮亦盡心國政知無不言久之心忽鬱鬱不樂謁告南歸武昌至元元年卒初阿榮閑居以文翰自娛博究前代治亂得失見其會心者則扼腕曰忠臣孝子國家之寶爲奇男子烈丈夫者固不當如是耶日與韋布之士游所至山水佳處鳴琴賦詩日夕忘返尤深於數學逆推事成敗利不利及人禍福壽夭貴賤多奇中天曆三年春策士于廷阿榮與虞集會于直廬慨然與歎語集曰更一科後科舉當輟輟兩科而復復則人材彬彬大出矣又歎曰榮不復見之矣君猶及見之集應曰得士之多幸如存初言今文治方興未必有中輟之理存初國家世臣妙於文學以盛年登朝在上左右斯文屬望集老且衰見亦何補耶阿榮又歎曰數當然耳集問何以知之弗答後三年卒元統三年科舉果罷

至正元年始復如其言

小雲石海涯

小雲石海涯家世見其祖阿里海涯傳其父楚國忠惠公名貫只哥小雲石海涯遂以貫爲氏復以酸齋自號母廉氏夜夢神人授以大星使呑之已而有妊及生神彩秀異年十二三膂力絶人使健兒驅三惡馬疾馳持槊立而待馬至騰上之越二而跨三運槊生風觀者辟易或挽彊射生逐猛獸上下峻阪如飛諸將咸服其趫捷稍長折節讀書目五行下吐辭爲文不蹈襲故常其旨皆出人意表初襲父官爲兩淮萬戸府達魯花赤鎭永州御軍極嚴猛行伍肅然稍暇輒投壺雅歌意所暢適不爲形跡所拘一日呼弟忽都海涯語之曰吾生宦情素薄顧祖父之爵不敢不襲今已數年矣願以讓弟弟幸勿辭語已卽解所綰黃金虎符佩之比從姚燧學燧見其古文峭厲有法及歌行古樂府慷慨激烈大奇之仁宗在東宮聞其以爵位讓弟謂宮臣曰將相家子弟其有如是賢者邪俄選爲英宗潛邸說書秀才宿衞禁中仁宗踐祚上疏條六事一曰釋邊

戍以修文德二曰教太子以正國本三曰設諫官以輔聖德四曰表姓氏以旌
勳冑五曰定服色以變風俗六曰舉賢才以恢至道書凡萬餘言未報拜翰林
侍讀學士中奉大夫知制誥同修國史會議科舉事多所建明忽喟然嘆曰辭
尊居卑昔賢所尚也今禁林清選與所讓軍資孰高人將議吾後矣乃稱疾辭
還江南賣藥於錢唐市中詭姓名易服色人無有識之者偶過梁山濼見漁父
織蘆花爲被欲易之以紬漁父疑其爲人陽曰君欲吾被當更賦詩遂援筆立
成竟持被去人間喧傳蘆花被詩其依隱玩世多類此晚年爲文日邃詩亦沖
澹草隸等書稍取古人之所長變化自成一家所至士大夫從之若雲得其片
言尺牘如獲拱璧其視死生若晝夜絕不入念慮脩脩若欲遺世而獨立云泰
定元年五月八日卒年三十九贈集賢學士中奉大夫護軍追封京兆郡公謚
文靖有文集若干卷直解孝經一卷行于世子男二人阿思蘭海牙慈利州達
魯花赤次八三海涯孫女一人有學識能詞章歸懷慶路總管段謙云

泰不華

泰不華字兼善伯牙吾台氏初名達普化文宗賜以今名世居白野山父塔不台入直宿衞歷仕台州錄事判官遂居於台家貧好讀書能記問集賢待制周仁榮養而教之年十七江浙鄉試第一明年對策大廷賜進士及第授集賢修撰轉祕書監著作郎拜江南行臺監察御史時御史大夫脫歡怙勢貪暴泰不華劾罷之文宗建奎章閣學士院擢爲典籤拜中臺監察御史順帝卽位加文宗后太皇太后之號大臣燕鐵木兒伯顏皆列地封王泰不華率同列上章言嬸母不宜加徽稱相臣不當受王土太后怒欲殺言者泰不華語衆曰此事自我發之甘受誅戮決不敢累諸公也已而太后怒解曰風憲有臣如此豈不能守祖宗之法乎賜金幣二以旌其直出僉河南廉訪司事俄移淮西繼遷江南行御史臺經歷辭不赴轉江浙行省左右司郎中浙西大水害稼會泰不華入朝力言於中書免其租擢祕書監改禮部侍郎至正元年除紹興路總管革吏弊除沒官牛租令民自實田以均賦役行鄉飲酒禮教民興讓越俗大化召入史館與修遼宋金三史書成授祕書卿陞禮部尙書兼會同館事黃河決奉詔

以珪玉白馬致祭河神竣事上言淮安以東河入海處宜倣宋置撩清夫用輥江龍鐵掃撼蕩沙泥隨潮入海朝廷從其言會用夫屯田其事中廢八年台州黄巖民方國珍爲蔡亂頭王伏之讎逼遂入海爲亂劫掠漕運糧執海道千戶德流于實事聞詔江浙參政朶兒只班總舟師捕之追至福州五虎門國珍知事危焚舟將遁官軍自相驚潰朶兒只班遂被執國珍迫其上招降之狀朝廷從之國珍兄弟皆授之以官國珍不肯赴勢益暴橫九年詔泰不華察實以聞既得其狀遂上招捕之策不聽尋除江東廉訪使改翰林侍讀學士知制誥同修國史已而出爲都水庸田使十年十二月國珍復入海燒掠沿海州郡十一年二月詔孛羅帖木兒爲江浙行省左丞總兵至慶元以泰不華諳知賊情狀遷浙東道宣慰使都元帥分兵于温州使夾攻之未幾國珍寇温泰不華縱火筏焚之一夕遁去既而孛羅帖木兒密與泰不華約以六月乙未合兵進討孛羅帖木兒乃以壬辰先期至大閭洋國珍夜率勁卒縱火鼓譟官軍不戰皆潰赴水死者過半孛羅帖木兒被執反爲國珍飾辭上聞泰不華聞之痛憤輟食

數日朝廷弗之知復遣大司農達識帖木邇等至黄巖招之國珍兄弟皆登岸羅琴退止民間小樓是夕中秋月明泰不華欲命壯士襲殺之達識帖木邇適夜過泰不華密以事白之達識帖木邇曰我受詔招降耳公欲擅命耶事乃止檄泰不華親至海濱散其徒衆拘其海舟兵器國珍兄弟復授官有差既而遷泰不華台州路達魯花赤十二年朝廷征徐州命江浙省臣募舟師守大江國珍懷疑復入海以叛泰不華自分以死報國發兵扼黄巖之澄江而遣義士王大用抵國珍示約信使之來歸國珍益疑拘大用不遣以小舸二百突海門入州港犯馬鞍諸山泰不華語衆曰吾以書生登顯要誠慮負所學今守海隅賊甫招徠又復爲變君輩助我擊之其克則汝衆功也不克則我盡死以報國耳衆皆踴躍願行時國珍戚黨陳仲達往來計議陳其可降狀泰不華率部衆張受降旗乘潮而前船觸沙不能行垂與國珍遇呼仲達申前議仲達目動氣索泰不華覺其心異手斬之即前搏賊船射死五人賊躍入船復斫死二人賊舉槊來刺輒斫折之賊羣至欲抱持過國珍船泰不華嗔目叱之脫起奪賊刀又

殺二人賊攢槊刺之中頸死猶植立不仆投其屍海中年四十九時十二年三月庚子也僮名抱琴及臨海尉李輔德千戶赤盞義士張君璧皆死之泰不華旣沒除江浙行省參知政事行台州路達魯花赤事不及聞命已後三年追贈榮祿大夫江浙行省平章政事柱國封魏國公謚忠介立廟台州賜額崇節泰不華尚氣節不隨俗浮沉太平爲臺臣劾去相位泰不華獨餞送都門外太平曰公且止勿以我累公泰不華曰士爲知己死寧畏禍耶後雖爲時相擯斥人莫不韙之善篆隸溫潤遒勁嘗重類復古編十卷攷正譌字於經史多有據云

余闕

余闕字廷心一字天心唐兀氏世家河西武威父沙剌臧卜官廬州遂爲廬州人少喪父授徒以養母與吳澄弟子張恆游文學日進元統元年賜進士及第授同知泗州事爲政嚴明宿吏皆憚之俄召入應奉翰林文字轉中書刑部主事以不阿權貴棄官歸尋以修遼金宋三史召復入翰林爲修撰拜監察御史改中書禮部員外郎出爲湖廣行省左右司郎中會莫徭蠻反右丞沙班當帥

師堅不往無敢讓之者闕曰右丞當往受天子命爲方嶽重臣不思執弓矢討賊乃欲自逸邪右丞當往沙班曰郎中語固是如芻餉不足何闕曰右丞第往此不難致也闕下令趣之三日皆集沙班行復以集賢經歷召入還翰林待制出僉浙東道廉訪司事丁母憂歸廬州盜起河南陷郡縣至正十二年行中書於淮東改宣慰司爲都元帥府治淮西起闕副使僉都元帥府事分兵守安慶于時南北音問隔絶兵食俱乏抵官十日而寇至拒却之乃集有司與諸將議屯田戰守計環境築堡砦選精甲外扞而耕稼于中屬縣灊山八社土壤沃饒悉以爲屯明年春夏大饑人相食乃捐俸爲粥以食之得活者甚衆民失業者數萬咸安集之請于中書得鈔三萬錠以賑民陞同知副元帥又明年秋大旱爲文祈灊山神三日雨歲以不饑盜方據石蕩湖出兵平之令民取湖魚而輸魚租十五年夏大雨江漲屯田禾半没城下水湧有物吼聲如雷闕祠以少牢水輒縮秋稼登得糧三萬斛闕度軍有餘力乃浚隍增陴隍外環以大防深塹三重南引江水注之環植木爲柵城上四面起飛樓表裏完固俄陞都元帥廣

西猫軍五萬從元帥阿思蘭沿江下抵廬州闕移文謂猫蠻不當使之窺中國
詔阿思蘭還軍猫軍有暴於境者卽收殺之凜凜莫敢犯時羣盜環布四外闕
居其中左提右挈屹爲江淮一保障論功拜江淮行省參知政事仍守安慶通
道于江右商旅四集池州趙普勝帥衆攻城連戰三日敗去未幾又至相拒二
旬始退懷寧縣達魯花赤伯家奴戰死十七年趙普勝同青軍兩道攻我拒戰
一月餘竟敗而走秋拜淮南行省右丞安慶倚小孤山爲藩蔽命義兵元帥胡
伯顏統水軍戍焉十月沔陽陳友諒自上游直擣小孤山伯顏與戰四日夜不
勝急趣安慶賊追至山口鎮明日癸亥遂薄城下闕遣兵扼於觀音橋俄饒州
祝寇攻西門闕斬却之乙巳賊乘東門紅旗登城闕簡死士力擊賊復敗去戊
申賊幷軍攻東西二門又却之賊恚甚乃樹柵起飛樓庚戌復來攻我金鼓聲
震地闕分諸將各以兵扞賊晝夜不得息癸卯賊益生兵攻東門丙午普勝軍
東門友諒軍西門祝寇軍南門羣盜四面蟻集外無一甲之援西門勢尤急闕
身當之徒步提戈爲士卒先士卒號哭止之揮戈愈力仍分麾下將督三門之

兵自以孤軍血戰斬首無算而闕亦被十餘創日中城陷城中火起闕知不可
爲引刀自剄墮清水塘中闕妻耶卜氏及子德生女福童皆赴井死同時死者
守臣韓建一家被害建方臥疾罵賊不屈賊執之以去不知所終城中民相率
登城樓自捐其梯曰寧俱死此誓不從賊焚死者以千計其知名者萬戶李宗
可紀守仁陳彬金承宗元帥府都事帖木補化萬戶府經歷段桂芳千戶火失
不花新李盧廷玉葛延齡丘醜許元琰奏差兀都蠻百戶黃寅孫安慶推官黃
禿倫歹經歷楊恆知事余中懷寧尹陳巨濟凡十八人其城陷之日則至正十
八年正月丙午也闕號令嚴信與下同甘苦然稍有違令即斬以徇闕嘗病不
視事將士皆籲天求以身代闕聞強衣冠而出當出戰矢石亂下如雨士以盾
蔽闕闕却之曰汝輩亦有命何蔽我爲故人爭用命稍暇即注周易帥諸生謁
郡學會講立軍士門外以聽使知尊君親上之義有古良將風烈或欲挽闕入
翰林闕以國步危蹙辭不往其忠國之心蓋素定也卒時年五十六事聞贈闕
攄誠守正清忠諒節功臣榮祿大夫淮南江北等處行中書省平章政事柱國

追封豳國公諡忠宣議者謂自兵興以來死節之臣闕與褚不華爲第一云闕
留意經術五經皆有傳注爲文有氣魄能達其所欲言詩體尚江左高視鮑謝
徐庾以下不論也篆隸亦古雅可傳初闕既死賊義之求屍塘中具棺斂葬於
西門外及安慶內附大明皇帝嘉闕之忠詔立廟於忠節坊命有司歲時致祭
云

元史卷一百四十三

元史卷一百四十三考證

巙巙傳○臣祖庚按字典云巙音撓俗作巎者誤

元史卷一百四十三考證

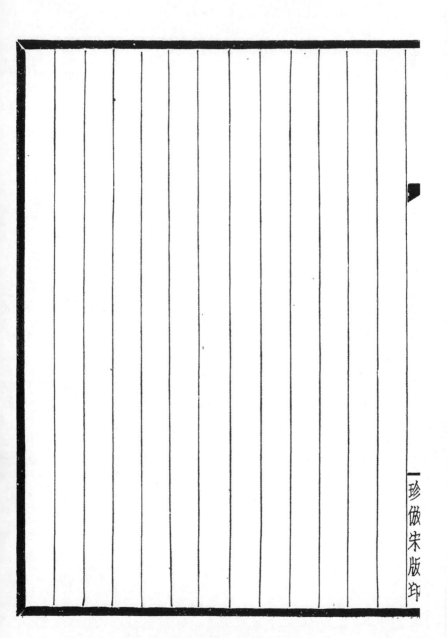

明翰林學士亞中大夫知制誥兼修國史宋　濂等修

列傳第三十一

答里麻

答里麻高昌人大父撒吉斯爲遼王傅世祖稱其賢從討李璮以勳授山東行省大都督答里麻弱冠入宿衞大德十一年授御藥院達魯花赤遷回回藥物院尋出僉湖北山南兩道廉訪司事召拜監察御史時丞相帖木迭兒專權貪肆答里麻帥同寅亦憐真馬祖常劾其罪高昌僧恃丞相威違法娶婦南城答里麻詰問之奮不顧利害風紀由是大振擢河東道廉訪副使隰州村民賽神因醉毆殺姚甲爲首者乘鬧逃去有司逮同會者繫獄歷歲不決答里麻曰殺人者既逃存亡不可知此輩皆詿誤無罪而反桎梏耶悉縱之至治元年帖木迭兒復相以復讎爲事答里麻辭去明年改燕南道廉訪副使開州達魯花赤石不花歹頗著政績同僚忌之嗾民誣其與民妻俞氏飲答里麻察知俞氏乃

八十老嫗石不花歹實不與飲酒於是抵誣告者罪石不花歹復還職行堂縣民砍桑道側偶有人借斧削其杖其人夜持杖劫民財事覺幷逮斧主與盜同下獄答里麻原其未嘗知情卽縱之深州民媼怒毆兒婦死婦方抱其子子亦誤觸死媼年七十同僚議免刑答里麻不可曰國制罪人七十免刑爲其血氣已衰不任刑也媼旣能殺二人何謂衰老卒死獄中至治元年除濟寧路總管興學勸農百廢具修府無停事濟陽縣有牧童持鐵連結擊野雀誤殺同牧者繫獄數歲答里麻曰小兒誤殺同牧者實無殺人意難以定罪罰銅遣之泰定元年陞福建廉訪使朝廷遣宦官伯顏催督繡段橫取民財宣政院判官朮鄰亦取賂于富僧答里麻皆劾之遷浙西廉訪使會文宗發江陵阿兒哈禿來諭旨求賂不獲還譖于朝召至京處以重罪比至帝怒解遷上都同知留守天曆元年八月明宗崩文宗入正大統使者旁午答里麻朝暮盡力事無缺失帝特賜錦衣以嘉之天曆三年遷淮東廉訪使明年召拜刑部尚書國制新君卽位必賜諸王駙馬妃主及宿衛官吏金帛答里麻曰必唱名給散無虛增之數國

賚大省帝復賜黃金腰帶以旌其能元統元年陞遼陽行省參知政事高麗國使朝京道過遼陽謁省官各奉布四疋書一幅用征東省印封之答里麻詰其使曰國制設印以署公牘防姦僞何爲封私書況汝出國時我尚在京未爲遼陽省官今何故有書遺我汝君臣何欺詐如是耶使辭屈還其書與布元統三年遷山東廉訪使時山東盜起陳馬騾及新李白晝殺掠答里麻以爲官吏貪污所致先劾去之而後上擒賊方略朝廷嘉納之卽遣兵擒獲齊魯以安除太都路留守帝宴大臣於延春閣特賜答里麻白鷹以表其貞廉帝嘗命答里麻修七星堂先是修繕必用赤綠金銀裝飾答里麻獨務樸素令畫工圖山林景物左右年少皆不然是歲秋車駕自上京還入觀之乃大喜以手撫壁歎曰有心哉留守也賜白金五十兩錦衣一襲至正六年陞河南行省右丞改翰林學士承旨至正七年遷陝西行臺中丞時年六十九致事後召商議中書平章政事不拜全俸優養終身

月魯帖木兒

月魯帖木兒卜領勤多禮伯臺氏曾祖貴裕事太祖爲管領怯憐口怯薛官祖
合剌襲父職事世祖父普蘭奚由宿衛爲中書右司員外郎與丞相哈剌哈孫
建議迎立武宗累遷至山北遼東道肅政廉訪使月魯帖木兒幼警穎讀書強
記俶儻有大志年十二成宗命與哈剌哈孫之子脫歡同入國學仁宗時入宿
衛一日帝顧問左右曰斯人容貌不凡誰之子耶左右忘其父名月魯帖木兒
即對曰臣父普蘭奚也帝曰汝父贊謀以定國難朕未嘗忘因命脫忽台傳旨
四怯薛扎撒火孫令常侍禁廷毋止其入哈剌哈孫欲用爲中書蒙古必闍赤
輒辭焉哈剌哈孫曰汝年幼欲何爲乎對曰欲爲御史爾人壯其志久之遂拜
監察御史巡按上都劾奏太師右丞相帖木迭兒受張弼賕六萬貫貸死帝怒
碎太師印賜月魯帖木兒鈔萬貫除兵部郎中拜殿中侍御史還給事中左侍
儀同修起居注尋爲右司郎中賜坐便殿帝顧左右謂曰月魯帖木兒識量明
遠可大用者也他日帝語近臣曰朕聞前代皆有太上皇之號今皇太子且長
可居大位朕欲爲太上皇與若等遊觀西山以終天年御史中丞蠻子翰林學

士明里董阿皆稱善月魯帖木兒獨起拜曰臣聞昔之所謂太上皇若唐玄宗宋徽宗皆當禍亂不得已而爲之者也願陛下正大位以保萬世無疆之業前代虛名何足慕哉帝善其對仁宗崩帖木迭兒復入中書據相位參議乞失監以受人金帶繫獄帖木迭兒乃使乞失監愬月魯帖木兒爲御史時誣丞相受賕皇太后命丞相哈散等即徽政院推問不實事遂釋帖木迭兒乃奏以月魯帖木兒爲山東鹽運司副使降亞中大夫爲承事郎期月閒鹽課增以萬計丁外艱扶喪西還擢山南江北道肅政廉訪副使泰定初還汴梁路總管再調總管武昌以養親不赴致和元年河南行省平章伯顏矯制起月魯帖木兒爲本省參知政事共議起兵月魯帖木兒固辭曰皇子北還問參政受命何人則將何辭以對伯顏怒會明里董阿迓皇子過河南而月魯帖木兒爲御史時嘗劾其娶娼女冒受封明里董阿因說伯顏收之丞相別不花亦與之有隙乃謫月魯帖木兒乾寧安撫司安置至順四年移置雷州至元六年順帝召之還至正二年入覲帝欲留之以母喪未葬辭四年乃起同知將作院事尋除大宗正府

也可扎魯花赤九年由太醫院使拜翰林學士承旨知經筵事進讀之際引援經史壹本於王道帝嘉納焉十二年江南諸郡盜賊充斥詔拜月魯帖木兒平章政事行省江浙因言于丞相脫脫曰守禦江南爲計已緩若得從權行事猶有可爲不從陛辭賜尚醞御衣弓矢甲冑衛卒十人鈔萬五千貫以行比至鎮引僚屬集父老詢守備之方招募民兵數千人號令明肅統師次建德獲首賊何福斬于市遂復淳安等縣俘獲萬餘人復業者三百餘家是年七月次徽州以疾卒于軍中

卜顏鐵木兒

卜顏鐵木兒字珍卿唐兀吾密氏性明銳倜儻早備宿衛歷事武宗仁宗英宗天曆初由太常署丞拜監察御史陞殿中侍御史累除大都路達魯花赤都轉運鹽使肅政廉訪使由行中書省參知政事陞左右丞擢行御史臺中丞遂拜江浙行省平章政事至正十二年春蘄黃賊徐壽輝遣兵陷湖廣侵江東西詔卜顏鐵木兒率軍討之卜顏鐵木兒益募壯健爲兵得驍勇士三千人戰艦三

百艘時湖廣平章政事也先帖木兒江西平章政事星吉江南行臺御史中丞蠻子海牙皆以兵駐太平宿留不進卜顏鐵木兒至乃與俱前賊方聚丁家洲官軍猝與遇奮擊敗之遂復銅陵縣擒其賊帥復池州遂分遣萬戶普賢奴屯陽陵王建中屯白面渡闍兒討無爲州而自率鎮撫不花萬戶明安駐池口以防遏上流爲之節度已而江州再陷星吉死之蠻子海牙及威順王寬徹普化軍俱潰而東安慶被圍益急遣使來求援諸將皆欲自守信地卜顏鐵木兒曰何言之不忠耶安慶與池止隔一水今安慶固守是其節也而救患之義我其可緩且上流官軍雖潰然皆百戰之餘所乏者錢穀器具而已吾受命總兵其可視之而不恤哉卽大發帑藏以周之潰軍皆大集而兩軍之勢復振安慶之圍遂解十三年三月賊衆復來攻池州衆且十萬諸縣皆應之卜顏鐵木兒會諸將謀曰賊表裏連結若俟其築壘成而坐食諸縣之粟破之實難今新至疲弊如乘其驕惰盡銳攻之則頃刻之間功可成矣衆曰諾遂分番與戰果大敗之擒其僞帥俘斬無算諸縣復平遂乘勝率舟師以進五月與戰于望江又戰

小孤山及彭澤又戰龍開河皆破走之進復江州留兵守之七月進兵攻蘄州擒其僞帥鄒普泰遂克其城進兵道士洑焚其柵抵蘭溪口賊之巢曰黃連砦又克而殲之分兵平兩巴河於是江路始通十一月與蠻子海牙四川行省參知政事哈臨禿左丞桑禿失里西寧王牙罕沙軍合而湖廣左丞伯顏不花等軍皆會十二月分道進攻蘄水縣拔其僞都獲僞將相而下四百餘人徐壽輝僅以身免以功詔賜上尊黃金帶時丞相脫脫方總戎南征聞諸賊皆已破乃檄伯顏不花征淮東蠻子海牙守裕溪口威順王還武昌而卜顏鐵木兒獨控長江十六年六月復以軍守池州十一月卒卜顏鐵木兒持身廉介人不敢干以私其爲將所過不受禮遺宴犒民不知有兵性至孝幼養於叔父阿朮事之如親父常乘花馬時稱爲花馬兒平章云

星吉

星吉字吉甫河西人曾祖朵吉祖搠思吉朵而只父搠思吉世事太祖憲宗世祖爲怯里馬赤星吉少給事仁宗潛邸以精敏稱至治初授中尚監改右侍儀

兼修起居注拜監察御史有直聲自是十五遷爲宣政院使出爲江南行御史臺御史大夫時承平日久內外方以觀望爲政星吉獨持風裁御史行部必勑厲而遣之湖東僉事三寶住儒者也性廉介所至搏貪猾無所貸御史有以自私請者拒不納則誣以事劾之章至星吉怒曰若人之廉孰不知之乃敢爲是言耶卽奏杖御史而白其誣執政者惡之移湖廣行省平章政事湖廣地連江北威順王歲嘗出獵民病之又起廣樂園多萃名倡巨賈以網大利有司莫敢忤星吉至謁王王閽中門啓左扉召以入星吉引繩牀坐王中門西言曰吾受天子命來作牧非王私臣也焉得由不正之道入乎閽者懼入告王王命啓中門星吉入責王曰王帝室之懿古之所謂伯父叔父者也今德音不聞而騁獵宣淫賈怨於下恐非所以自貽多福也王急握星吉手謝之爲悉罷其所爲有胡僧曰小住持者服三品命恃寵橫甚數以事淩轢官府星吉命掩捕之得妻妾女樂婦女十有八人獄具罪而籍之由是豪強斂手貧弱稱快至正十一年汝頴妖賊起會僚屬議之或曰有鄭萬戶老將也宜起而用之星吉乃命募土

兵完城池修器械嚴巡警悉以其事屬鄭賊聞之遣其黨二千來約降星吉與鄭謀曰此詐也然降而卻之於是爲不宜宜受而審之可也果得其情乃殲之械其渠魁數十人以俟命適有旨召爲大司農同僚受賊賂且嫉其功乃誣鄭罪釋其所械者明日賊大至內外響應城遂陷武昌之人駢首夜泣曰大夫不去吾豈爲俘因乎星吉既入見具陳賊本末帝大喜命賜食時宰不悅奏爲江西行省平章政事員外置星吉至江東詔令守江州時江州已陷賊據池陽太平官軍止有三百人賊號百萬衆皆欲走星吉曰畏賊而逃非勇也坐而待攻非智也汝等皆有妻子財物縱逃其可免乎乃貸富人錢募人爲兵先是行臺募兵人給百五十千無應者至是星吉募兵人五十千衆爭赴之一日得三千人乃具舟楫直趨銅陵克之又破賊白馬灣賊敗走分兵躡之抵白湄賊窮急回拒官軍官軍乘勝奮擊賊盡殪擒其渠魁周驢奪船六百艘軍聲大振遂復池州乃命諸將分道討賊復石埭諸縣賊復來攻命王惟恭列陣當之鋒始交出小艦從旁橫擊大破走之進據清水灣伺者告賊艦至自上流順風舉帆衆

且數十倍諸將失色星吉曰無傷也風勢盛彼倉卒必不得泊但伏橫港中偃旗以待俟過而擊之無不勝矣風怒水駛賊奄忽而過乃命舉旗張帆鼓譟而薄之官軍殊死戰風反爲我用又大破之時賊久圍安慶捷聞遽燒營走進復湖口縣克江州留兵守之命王惟恭柵小孤山而星吉自據番陽口綴江湖要衝以圖恢復時湖廣已陷江西被圍淮浙亦多故卒無繼援之者日久糧益乏士卒咸困或曰東南完實盍因糧以圖再舉乎星吉曰吾受命守江西必死於此衆莫敢復言有頃賊乘大船四集來攻我軍取蒹葦編爲大筏塞上下流火之我軍力戰衆死且盡星吉之從子伯不華與親兵數十人死之星吉猶堅坐不動賊發矢射星吉乃昏仆賊素聞星吉名不忍害舁置密室中至旦乃蘇賊羅拜爭饋以食星吉斥之遂不復食凡七日乃自力而起北面再拜曰臣力竭矣遂絶年五十七星吉爲人公廉明決及在軍中能與將士同甘苦以忠義感激人心故能以少擊衆得人死力云

福壽

福壽唐兀人幼俊茂知讀書尤善應對旣長入備環衞用年勞授長寧寺少卿
改引進使陞知侍儀使進正使出爲饒州路達魯花赤擢淮西廉訪副使入爲
工部侍郎僉太常禮儀院事拜監察御史改戶部侍郎陞尚書出爲燕南廉訪
使又五遷爲同知樞密院事至正十一年頴州以賊反告時車駕在上都朝堂
皆猶豫未決欲驛奏以待命福壽獨以謂比使得請還則事有弗及矣於是決
議調兵五百遣衞官哈剌章忻都怯來討之而後以聞順帝善其處事得宜明
年改也可札魯忽赤未幾出爲淮南行省平章政事是時濠泗俱已陷師久無
功福壽至督戰甚急而上游賊勢甚洶湧福壽乃議築石頭斷江面守禦有方
衆恃以爲固十五年遷江南行臺御史大夫先是集慶嘗有警阿魯灰以湖廣
平章政事將苗軍來援事平其軍鎭揚州而阿魯灰御軍無紀律苗蠻素獷悍
日事殺虜莫能治俄而苗軍殺阿魯灰以叛而集慶之援遂絕及高郵廬和等
州相繼淪陷而集慶勢益孤人心益震恐且倉庫無積蓄計未知所出於是民
乃願爲兵以自守福壽因下令民多貲者皆助以糧餉激厲士衆爲完守計朝

廷知其勞數賞賚焉十六年三月大明兵圍集慶福壽數督兵出戰盡閉諸城門獨開東門以通出入而城中勢不復能支城遂破百司皆奔潰福壽乃獨據胡牀坐鳳凰臺下指麾左右或勸之去叱之曰吾爲國家重臣城存則生城破則死尚安往哉達魯花赤達尼達思見其獨坐若有所爲者從問所決留弗去俄而亂兵四集福壽遂遇害不知所在達尼達思亦死之又同時死者有治書侍御史賀方達尼達思字思明賀方字伯京晉寧人以文學名事聞朝廷贈福壽金紫光祿大夫江浙行省左丞相上柱國追封衛國公諡忠肅

道童

道童高昌人自號石巖性深沉寡言以世胄入官授直省舍人歷官清顯素負能名調信州路總管移平江皆以善政稱至正元年遷大都路達魯花赤出爲江浙行省參知政事尋召參政中書頃之又出爲江浙行省右丞遂陞本省平章政事十一年詔仍以平章政事行省江西是年賊起蘄黃平章政事禿堅理不花將兵捍江州既而土寇蠭起道童素不知兵事倉皇無所措左右司郎中

普顏不花曰今賊勢衝突城中無備萬一失守奈何有章伯顏左丞者致仕居撫州其人熟知軍務宜以便宜禮請之使署本省左丞事專任調遣軍旅庶幾事有可濟道童從其言而伯顏亦欣然爲起曰此正我報國之秋也至則與普顏不花設禦敵計甚悉明年正月湖廣陷禿堅里不花由江州遁還二月普顏不花將兵往江州至石頭渡遇賊戰敗道童聞之大恐卽懷省印遁走普顏不花還與伯顏定爲城守之計後數日道童始自南昌民家來歸遂議分門各守以備敵三月賊衆來圍城城中置各廂官及各巷長晝夕堅守衆心翕然而道童素恤民能任人有功者必賞無功或不加罪故多爲之用賊圍城凡兩月而民無離志道童密召死士數千人面塗以青額抹黃布衣黃衣爲前鋒又別選精銳數千爲中軍而募助陣者殿後命萬戶章妥曰卜魯哈歹領之夜半開門伏兵柵下黎明鉦鼓大震因奮擊賊賊驚以爲神敗走遂乘勝擣其營復分兵掃其餘黨是時章伯顏普顏不花之功居多伯顏尋以疾卒朝廷以道童捍城有功加大司徒開府仍賜龍衣御酒及秋朝廷命亦憐真班爲江西行省左丞

相火你赤爲左丞同將兵來江西未幾亦憐真班卒道童屬火你赤平富瑞二州分鎮其地適歲大旱公私匱乏道童乃移咨江浙行省借米數十萬石鹽數十萬引凡軍民約三日人糴官米一斗入昏鈔貳貫又三日買官鹽十觔入昏鈔貳貫民皆便之由是按堵如故而賊亦不敢犯其境十八年夏四月陳友諒復攻江西城時火你赤已陞平章政事加營國公行便宜事任專兵柄而素與道童不相能且貪忍不得將士心見城且陷遂夜遁去道童亦棄城退保撫州路欲集諸縣義兵以圖克復而勢已不可爲因嘆曰我爲元朝大臣官至極品今城陷不守尚何面目復見人乎適賊追者至道童欲迎敵渡水未登岸賊衆乘之遂爲所害事聞賜謚忠烈

元史卷一百四十四

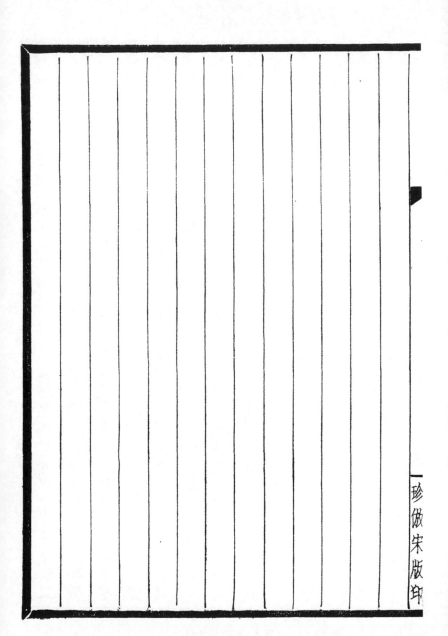

元史卷一百四十五

明翰林學士亞中大夫知制誥兼修國史宋　濂等修

列傳第三十二

亦憐真班

亦憐真班西夏人父俺伯以忠勤事世祖爲知樞密院事亦憐真班性剛正動有禮法仁宗召見令入宿衞延祐六年超拜翰林侍講學士中奉大夫至治二年調同知通政院事擢虎符唐兀親軍都指揮使泰定初遷資善大夫典瑞院使大曆二年以選爲太子家令尋陞資政大夫同知樞密院事擢侍御史仍兼指揮使至順初拜翰林學士承旨榮祿大夫遷功德使指揮使如故尋出爲陝西行省平章政事未行復爲翰林學士承旨元統至元之間伯顏爲丞相專權擅政嫉其論事不阿出爲江南行臺御史大夫尋殺其子答里麻而謫置海南及伯顏敗乃得召還朝至正六年拜光祿大夫御史大夫盡選中外廉能之官置諸風憲一時號稱得人遷宣政院使出爲甘肅行省平章政事設法弭西羌

之寇民賴以安立石頌之召還爲銀青榮祿大夫知樞密院事提調太醫院尋加金紫光祿大夫復爲御史大夫知經筵事兼宣忠斡羅思扈衛親軍指揮使嘗奏言風俗人心日趨於薄請禁故吏不許彈劾所事官長太師馬扎兒台與子丞相脫脫既謫居在外時相欲傾之嗾人告變且扳臺臣同上奏亦憐真班曰凡爲相者孰無閑退之日況脫脫父子在官無大咎過奈何迫之於險終不從經筵進講必詳必慎故每讀譯文必被嘉納監察御史劾奏時相帝不聽亦憐真班反復論奏不已由是忤上意出爲江浙行省平章政事遷拜湖廣行省左丞相復召知樞密院事十一年潁亳兵起朝廷命將出師多失律致敗數進言于時相不見聽復出爲江浙行省左丞相十二年移江西行省左丞相於是妖寇由蘄黃陷饒州饒之屬邑安仁與龍興相接境其民皆相挻爲亂亦憐真班道出安仁因駐兵招之來者厚加賞賚不從者命子哈藍朵兒只與江西左丞火你赤等乘高縱火攻散之餘干久爲盜區亦聞風順服先是江西行省平章政事道童以寬容爲政軍民懈弛亦憐真班既至風采一新威聲大振所在

羣盜咸謀歸款矣十四年八月以疾卒于官所部爲之喪氣事聞贈推忠佐運正憲秉義同德功臣追封齊王謚忠獻子九人長答里麻次普達失理翰林學士承旨知制誥兼修國史桑哥八剌同知青海宣慰司事哈藍朵兒只宣政院使桑哥答思嶺北行省平章沙嘉室理嶺北行省參政易納室理大宗正也可扎魯火赤馬的室理簽書樞密院事馬剌室理內八府宰相

廉惠山海牙

廉惠山海牙字公亮布魯海牙之孫希憲之從子也父阿魯渾海牙廣德路達魯花赤惠山海牙幼孤言及父輒泣下獨養母而家日不給垢衣糲食不以爲恥母喪哀毀踰禮負喪渡江而風濤作舟人以神龍忌屍爲言即仰天大呼曰吾將祔母于先人神奈何阨我也風遂止年弱冠大臣欲俾入宿衛辭曰吾大父事世祖以通經號廉孟子今方設科取士願讀書以科第進乃入國學積分至治元年登進士第授承事郎同知順州事有弓匠提舉馬都剌者怙勢奪州民田同列畏之惠山海牙至即治其事在官期年用薦者召入史館預修英宗

仁宗實錄尋拜監察御史時中書省有大臣貪猥狠藉卽抗章劾之語同列曰儻以言責獲罪吾之職也既又劾奏明里董阿不當攝祭太廟遷都水監疏會通河隄灤漆二水又修京東閘歷祕書丞會福總管府治中上疏言二月迎佛費財蠹俗時論韙之出僉淮東廉訪司事遷江浙行省左右司員外郎既而歷僉河東河南江西廉訪司事陞江南行御史臺經歷時山東鹽法大壞以選除都轉運使會未朞月用課最賞賚金幣上尊至正三年初行郊禮召拜侍儀使明年預修遼金宋三史遷崇文太監自是累遷爲河南行省右丞時有詔發民治決河徧騷屬郡亟以不便上言而時宰不用遷湖廣行省右丞以武昌失守連坐既而事白遷江西行省右丞時所隸郡縣多陷于賊乃與平章政事司徒道童協謀殫力以定守禦招捕之策就除本道廉訪使未幾江西省治亦陷惠山海牙遁往福建久之除僉江浙行樞密院事改拜福建行省右丞以兵鎮延平邵武境內以寧居歲餘奉詔還治省事總備禦事且督賦稅由海道供京師朝廷賴焉還行宣政院使明年拜翰林學士承旨知制誥兼修國史卒年七十

有一

月魯不花

月魯不花字彥明蒙古遜都思氏生而容貌魁偉咸以令器期之未冠父脫帖穆耳以千戶職戍越因受業于韓性先生爲文下筆立就粲然成章就試江浙鄉闈中其選居右榜第一方揭曉試官夢月中有花象已而果符其名人以爲異遂登元統元年進士第授將仕郎台州路錄事司達魯花赤縣未有學乃首建孔子廟既又延儒士爲之師以教後進丁外艱至正元年朝廷立行都水監以選爲其監經歷尋擢廣東廉訪司經歷會廷議將治河決以行都水監丞召之比至改集賢待制除吏部員外郎奉命至江浙糴粟二十四萬石至則第戶產之高下以爲糴之多寡不擾而事集既而軍餉不給又奉命出糴于江浙召父老諭曰今天子宵衣旰食惟恐澤不下民而民不得其所耳然奈盜賊何夫討賊者必先糧餉以我不汝擾故命我復來蓋討賊卽所以安民耳父老其謂何衆咸應曰公言是也不踰月糧事以畢丁母憂中書遣驛且起復不應未幾

太師右丞相脫脫南征辟從軍事督饋餉饋餉用舒陞吏部郎中尋拜監察御史首上疏言郊廟禮甚缺天子宜躬祀南郊殷祭太室繼又上疏言皇太子天下之本當簡老成重臣爲輔導以成其德帝皆嘉納之陞吏部侍郎銓選於江浙時稱其公允適朝廷有建議欲於河間長蘆置局造海船三百艘者月魯不花卽爲書具言其非便言入中書忤議者遷工部侍郎後分部彰德道過河間民遮擁拜謝曰微公言吾民其斃矣會方重選守令以保定密邇京畿除保定路達魯花赤陛辭詔諭諄切保定歲輸糧數十萬石於新鄉苦弗便月魯不花請輸京倉以便之俄除吏部尚書保定父老百數詣闕言乞留監郡以撫吾民遂以尙書仍知郡事會賊北渡河日修城浚濠爲戰守具廷議發五省八衞軍出戍外鎭月魯不花疏願留其兵護本郡遂兼統黑軍數千人及團結西山八十二寨民義軍勢大張賊再侵境皆不利遁去陞中奉大夫錫上尊四馬百疋僚佐增秩有差别降宣勅俾賞有功者召還爲詳定使保定民不忍其去繪像以祀之去保定一月而城陷矣朝廷以月魯不花夙負民望令入城招諭之抵

城賊堅壁不出民多竊出謁拜者改大都路達魯花赤有執政以故中書令耶律楚材先塋地冒奏與蕃僧爲業者月魯不花格之卒弗與轉吏部尚書會劇賊程思忠據永平其佐雷帖木兒不花僞降事覺被擒殺之思忠壁守遂益堅詔令月魯不花招撫之衆悉難其行月魯不花毅然曰臣死君命分也奈何先計禍福哉竟入城諭賊賊皆感泣羅拜納降還遷翰林侍講學士俄復爲大都路達魯花赤入見帝宣文閣有旨若曰朕以畿甸之民疲敝特選爾撫吾民爾毋峻威毋弛法或挾權以干汝於非法其卽以聞視事之初帝及皇后皇太子皆遣使賜之酒有權臣以免役事來謁月魯不花面斥曰聖訓在耳不敢違轉資善大夫拜江南行御史臺中丞陛辭之日帝御嘉禧殿慰勞之且賜以上尊金幣皇太子亦書成德誠明四大字賜之月魯不花乃由海道趨紹興爲政寬猛不頗詔進階一品爲榮祿大夫既而除浙西肅政廉訪使會張士誠據浙西僭王號度弗可與並處謂姪同壽曰吾家世受國恩恨不能刺賊以報國矧乃與賊同處邪令同壽具舟載妻子而匿身木櫃中蔽以藁秸脫走至慶元士誠

部下察知之遣鐵騎百餘追至曹娥江不及而返俄改山南道廉訪使浮海北
而往道阻還抵鐵山遇倭賊船甚衆乃挾同舟人力戰拒之倭賊紿言投降弗
納於是賊即登舟擾月魯不花令拜伏月魯不花罵曰吾朝廷重臣寧爲賊拜
邪遂遇害當遇害時麾家奴那海剌殺首賊次子樞密院判官老安姪百家奴
扞敵亦死之同舟死事者八十餘人事聞朝廷贈攄忠宣武正憲徇義功臣銀
青榮祿大夫遼陽等處行中書省平章政事上柱國諡忠肅

達禮麻識理

達禮麻識理字遵道怯烈台氏其先北方大族六世祖始居開平父曰阿剌不
花江西行省參知政事追封趙國公諡襄惠達禮麻識理幼穎敏從師授經史
過目輒領解至正五年經筵選充譯史益自砥礪于學搢紳先生皆以遠大期
之轉補御史臺譯史遂除御史臺照磨十五年拜監察御史出僉山北道肅政
廉訪司事未行留爲詹事院長史俄遷工部員外郎復留爲長史明年除中議
尋陞參議詹事院事十七年爲太子家令十八年歷祕書太監吏部侍郎御史

臺經歷中書右司郎中十九年除刑部尚書提調南北兵馬司巡綽事盜逼畿甸人心大恐達禮麻識理能鎭之以靜民恃以爲安二十一年由中書參議陞中書參知政事同知經筵事二十三年冬遷上都留守兼開平府尹加榮祿大夫分司土嶺東鎭三州以督轉輸二十四年朝廷以前中書平章政事塔失帖木兒來爲留守時孛羅帖木兒擁兵京師而皇太子出居于外達禮麻識理與塔世帖木兒皆以忠義許國相與結人心以觀時變未幾改授塔世帖木兒爲大司農塔世帖木兒謂達禮麻識理曰我至京師則制於強臣未易圖也因留不行適脫吉兒以孛羅帖木兒命屯兵蓋里泊託腹心於宗王也速也不堅授以金印俾駐上都之東郊而以留守善安集兵於瓦吉剌部落達禮麻識理遇之有禮善安辭去孛羅帖木兒復調帖木兒託忽速哥至上都以守禦爲名事益矛盾達禮麻識理與之周旋略無幾微見於外而密遣前宗正扎魯忽赤月魯帖木兒潛通音問于罕哈哈剌海行樞密知院益老答兒請亟調兵南行又遣留守司照磨陳恭取兵興州訪求在閑官吏之有才者約束東西手八剌哈

赤虎賁司糺集丁壯苗軍火銃什伍相聯一旦布列鐵旛竿山下揚言四方勤
王之師皆至帖木兒等大駭一夕東走其所將兵盡潰由是達禮麻識理增修
武備城守益嚴二十五年皇太子在冀寧命立上都分省達世帖木兒爲平章
政事達禮麻識理爲右丞便宜行事以固護根本七月禿堅帖木兒用孛羅帖
木兒命以兵犯上都先遣利用少監帖里哥赤至上都令廣備糧餼遠迓大軍
達禮麻識理開陳大義戮之於市民情乃定已而禿堅帖木兒帥鐵甲馬步軍
蔽野而至呼聲動天達禮麻識理飭軍士城守申明逆順之理以安人心巡視
城壁晝夜不少息夜遣死士縋城而下焚其攻具而調副留守禿魯迷失海牙
引兵由小東門出與之大戰臥龍岡敗之未幾孛羅帖木兒伏誅禿堅帖木兒
皆奔潰而上都以安拜中書右丞兼上都留守提調虎賁司加光祿大夫賜黃
金繫腰仍命提調東西手八剌哈赤既而上都分省罷遙授中書平章政事上
都留守位居第一力辭不允明年召爲大宗正府也可扎魯忽赤又明年拜太
子詹事奉詔至軍中宣明大義藩將感悅還翰林學士承旨秋除知樞密院事

大撫軍院事初大撫軍院之立皇太子用完者帖木兒答爾麻帖林沙伯顏帖木兒李國鳳等計專以備禦擴廓帖木兒既而政權不一事務益乖各復引去而達禮麻識理之至事且無可爲者達禮麻識理之卒也先一夕怯薛官哈剌章者阿兒剌氏阿魯圖孫也夜夢太祖召見語之曰我以勤勞取天下以傳于孥歡帖睦爾而愛猷識理達臘不克肖似廢壞我家法苟不即改圖天命不可保矣爾吾功臣之後且誠實故召汝語汝明旦亟以吾言告而主及愛猷識理達臘汝不以告吾即殛汝告而不改則吾宅有處之達禮麻識理其人庶幾識事宜者然知而不言將焉用之吾其先殛之矣明旦哈剌章入見帝具以夢告帝令以告皇太子比出則達禮麻識理已無疾而卒矣

元史卷一百四十五

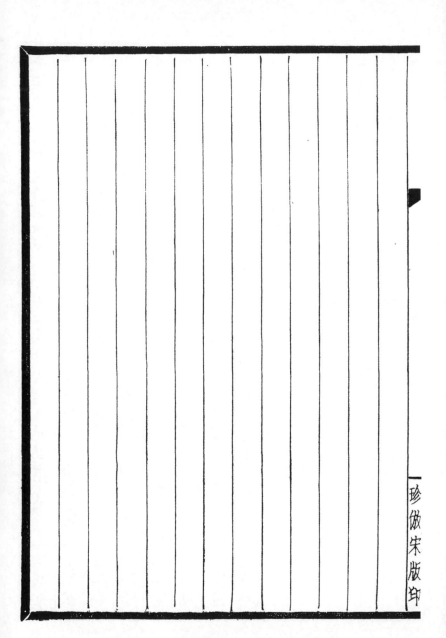

元史卷一百四十六

明翰林學士亞中大夫知制誥兼修國史宋　濂等修

列傳第三十三

耶律楚材子鑄附

耶律楚材字晉卿遼東丹王突欲八世孫父履以學行事金世宗特見親任終尚書右丞楚材生三歲而孤母楊氏教之學及長博極羣書旁通天文地理律曆術數及釋老醫卜之說下筆爲文若宿構者金制宰相子例試補省掾楚材欲試進士科章宗詔如舊制問以疑獄數事時同試者十七人楚材所對獨優遂辟爲掾後仕爲開州同知貞祐二年宣宗遷汴完顏復興行中書事留守燕辟爲左右司員外郎太祖定燕聞其名召見之楚材身長八尺美髯宏聲帝偉之曰遼金世讎朕爲汝雪之對曰臣父祖嘗委質事之旣爲之臣敢讎君耶帝重其言處之左右遂呼楚材曰吾圖撒合里而不名吾圖撒合里蓋國語長髯人也己卯夏六月帝西討回回國禡旗之日雨雪三尺帝疑之楚材曰玄冥之

氣見於盛夏克敵之徵也庚辰冬大雷復問之對曰回回國主當死于野後皆驗夏人常八斤以善造弓見知於帝因每自矜曰國家方用武耶律儒者何用楚材曰治弓尚須用弓匠爲天下者豈可不用治天下匠耶帝聞之甚喜日見親用西域曆人奏五月望夜月當蝕楚材曰否卒不蝕明年十月楚材言月當蝕西域人曰不蝕至期果蝕八分壬午八月長星見西方楚材曰女直將易主矣明年金宣宗果死帝每征討必命楚材卜帝亦自灼羊胛以相符應指楚材謂太宗曰此人天賜我家爾後軍國庶政當悉委之甲申帝至東印度駐鐵門關有一角獸形如鹿而馬尾其色綠作人言謂侍衛者曰汝主宜早還帝以問楚材對曰此瑞獸也其名角端能言四方語好生惡殺此天降符以告陛下陛下天之元子天下之人皆陛下之子願承天心以全民命帝卽日班師丙戌冬從下靈武諸將爭取子女金帛楚材獨收遺書及大黃藥材既而士卒病疫得大黃輒愈帝自經營西土未暇定制州郡長吏生殺任情至孥人妻女取貨財兼土田燕薊留後長官石抹咸得卜尤貪暴殺人盈市楚材聞之泣下卽入奏

請禁州郡非奉璽書不得擅徵發囚當大辟者必待報違者罪死於是貪暴之風稍戢燕多劇賊未夕輒曳牛車指富家取其財物不與則殺之時睿宗以皇子監國事聞遣中使偕楚材往窮治之楚材詢察得其姓名皆留後親屬及勢家子盡捕下獄其家賂中使將緩之楚材示以禍福中使懼從其言獄具戮十六人于市燕民始安己丑秋太宗將即位宗親咸會議猶未決時睿宗爲太宗親弟故楚材言於睿宗曰此宗社大計宜早定睿宗曰事猶未集別擇日可乎楚材曰過是無吉日矣遂定策立儀制乃告親王察合台曰王雖兄位則臣也禮當拜王拜則莫敢不拜王深然之及即位王率皇族及臣僚拜帳下既退王撫楚材曰眞社稷臣也國朝尊屬有拜禮自此始時朝集後期應死者衆楚材奏曰陛下新即位宜宥之太宗從之中原甫定民多誤觸禁網而國法無赦令楚材議請肆宥衆以爲迂楚材獨從容爲帝言詔自庚寅正月朔日前事勿治且條便宜一十八事頒天下其略言郡宜置長吏牧民設萬戶總軍使勢均力敵以遏驕橫中原之地財用所出宜存恤其民州縣非奉上命敢擅行科差者

罪之貿易借貸官物者罪之蒙古回鶻河西諸人種地不納稅者死監主自盜官物者死應犯死罪者具由申奏待報然後行刑貢獻禮物爲害非輕深宜禁斷帝悉從之唯貢獻一事不允曰彼自願饋獻者宜聽之楚材曰蠹害之端必由於此帝曰凡卿所奏無不從者卿不能從朕一事耶太祖之世歲有事西域未暇經理中原官吏多聚斂自私資至鉅萬而官無儲偫近臣别迭等言漢人無補於國可悉空其人以爲牧地楚材曰陛下將南伐軍需宜有所資誠均定中原地稅商稅鹽酒鐵冶山澤之利歲可得銀五十萬兩帛八萬匹粟四十餘萬石足以供給何謂無補哉帝曰卿試爲朕行之乃奏立燕京等十路徵收課稅使凡長貳悉用士人如陳時可趙昉等皆寬厚長者極天下之選參佐皆用省部舊人辛卯秋帝至雲中十路咸進廩籍及金帛陳于廷中帝笑謂楚材曰汝不去朕左右而能使國用充足南國之臣復有如卿者乎對曰在彼者皆賢於臣臣不才故留燕爲陛下用帝嘉其謙賜之酒即日拜中書令事無鉅細皆先白之楚材奏凡州郡宜令長吏專理民事萬戶總軍政凡所掌課稅權貴不

得侵之又舉鎮海粘合均與之同事權貴不能平咸得卜以舊怨尤疾之譖於宗王曰耶律中書令率用親舊必有二心宜奏殺之宗王遣使以聞帝察其誣責使者罷遣之屬有訟咸得卜不法者帝命楚材鞫之奏曰此人倨傲故易招謗今將有事南方他日治之未晚也帝私謂侍臣曰楚材不較私讎真寬厚長者汝曹當效之中貴可思不花奏採金銀役夫及種田西域與栽蒲萄戶帝令於西京宣德徙萬餘戶充之楚材曰先帝遺詔山後民質朴無異國人緩急可用不宜輕動今將征河南請無殘民以給此役帝可其奏壬辰春帝南征將涉河詔逃難之民來降者免死或曰此輩急則降緩則走徒以資敵不可宥楚材請製旗數百以給降民使歸田里全活甚衆舊制凡攻城邑敵以矢石相加者卽爲拒命既克必殺之汴梁將下大將速不台遣使來言金人抗拒持久師多死傷城下之日宜屠之楚材馳入奏曰將士暴露數十年所欲者土地人民耳得地無民將焉用之帝猶豫未決楚材曰奇巧之工厚藏之家皆萃于此若盡殺之將無所獲帝然之詔罪止完顏氏餘皆勿問時避兵居汴者得百四十七

萬人楚材又請遣人入城求孔子後得五十一代孫元措奏襲封衍聖公付以林廟地命收太常禮樂生及召名儒梁陟王萬慶趙著等使直釋九經進講東宮又率大臣子孫執經解義俾知聖人之道置編修所於燕京經籍所於平陽由是文治興焉時河南初破俘獲甚衆軍還逃者十七八有旨居停逃民及資給者滅其家鄉社亦連坐由是逃者莫敢舍多殍死道路楚材從容進曰河南既平民皆陛下赤子走復何之奈何因一俘因連死數十百人乎帝悟命除其禁金之亡也唯秦鞏二十餘州久未下楚材奏曰往年吾民逃罪或萃于此故以死拒戰若許以不殺將不攻自下矣詔下諸城皆降甲午議籍中原民大臣忽都虎等議以丁爲戶楚材曰不可丁逃則賦無所出當以戶定之爭之再三卒以戶定時將相大臣有所驅獲往往寄留諸郡楚材因括戶口並令爲民匿占者死乙未朝議將四征不廷若遣回回人征江南漢人征西域深得制御之術楚材曰不可中原西域相去遼遠未至敵境人馬疲乏兼水土異宜疾疫將生宜各從其便從之丙申春諸王大集帝親執觴賜楚材曰朕之所以推誠任

卿者先帝之命也非卿則中原無今日朕所以得安枕者卿之力也西域諸國及宋高麗使者來朝語多不實帝指楚材示之曰汝國有如此人乎皆謝曰無有殆神人也帝曰汝等唯此言不妄朕亦度必無此人有于元者奏行交鈔楚材曰金章宗時初行交鈔與錢通行有司以出鈔爲利收鈔爲諱謂之老鈔至以萬貫唯易一餅民力困竭國用匱乏當爲鑒戒今印造交鈔宜不過萬錠從之秋七月忽都虎以民籍至帝議裂州縣賜親王功臣楚材曰裂土分民易生嫌隙不如多以金帛與之帝曰已許奈何楚材曰若朝廷置吏收其貢賦歲終頒之使毋擅科徵可也帝然其計遂定天下賦稅每二戶出絲一斤以給國用五戶出絲一斤以給諸王功臣湯沐之資地稅中田每畝二升又半上田三升下田二升水田每畝五升商稅三十分而一鹽價銀一兩四十斤既定常賦朝議以爲太輕楚材曰作法於涼其弊猶貪後將有以利進者則今已重矣時工匠制造糜費官物十私八九楚材請皆考覈之以爲定制時侍臣脫歡奏簡天下室女詔下楚材尼之不行帝怒楚材進曰向擇美女二十有八人足備使令

今復選拔臣恐擾民欲覆奏耳帝良久曰可罷之又欲收民牝馬楚材曰田蠶之地非馬所產今若行之後必爲人害又從之丁酉楚材奏曰制器者必用良工守成者必用儒臣儒臣之事業非積數十年殆未易成也帝曰果爾可官其人楚材曰請校試之乃命宣德州宣課使劉中隨郡考試以經義詞賦論分爲三科儒人被俘爲奴者亦令就試其主匿弗遣者死得士凡四千三十人免爲奴者四之一先是州郡長吏多借賈人銀以償官息累數倍曰羊羔兒利至奴其妻子猶不足償楚材奏令本利相侔而止永爲定制民間所負者官爲代償之至一衡量給符印立鈔法定均輸布遞傳明驛券庶政略備民稍蘇息焉有二道士爭長互立黨與其一誣其讎之黨二人爲逃軍結中貴及通事楊惟忠執而虐殺之楚材按收惟忠中貴復訴楚材違制帝怒繫楚材既而自悔命釋之楚材不肯解縛進曰臣備位公輔國政所屬陛下初令繫臣以有罪也當明示百官罪在不赦今釋臣是無罪也豈宜輕易反覆如戲小兒國有大事何以行焉衆皆失色帝曰朕雖爲帝寧無過舉耶乃温言以慰之楚材因陳時務十

策曰信賞罰正名分給俸祿官功臣考殿最均科差選工匠務農桑定土貢制漕運皆切於時務悉施行之太原路轉運使呂振副使劉子振以贓抵罪帝責楚材曰卿言孔子之教可行儒者爲好人何故乃有此輩對曰君父教臣子亦不欲令陷不義三綱五常聖人之名教有國家者莫不由之如天之有日月也豈得緣一夫之失使萬世常行之道獨見廢於我朝乎帝意乃解富人劉忽篤馬涉獵發丁劉廷玉等以銀一百四十萬兩撲買天下課稅楚材曰此貪利之徒罔上虐下爲害甚大奏罷之常曰與一利不如除一害生一事不如省一事任尚以班超之言爲平平耳千古之下自有定論後之負譴者方知吾言之不妄也帝素嗜酒日與大臣酣飲楚材屢諫不聽乃持酒槽鐵口進曰麴蘖能腐物鐵尚如此況五臟乎帝悟語近臣曰汝曹愛君憂國之心豈有如吾圖撒合里者耶賞以金帛敕近臣日進酒三鍾而止自庚寅定課稅格至甲午平河南歲有增羨至戊戌課銀增至一百一十萬兩譯史安天合者諂事鎮海首引奧都剌合蠻撲買課稅又增至二百二十萬兩楚材極力辨諫至聲色俱厲言與

涕俱帝曰爾欲搏鬬耶又曰爾欲爲百姓哭耶姑令試行之楚材力不能止乃歎息曰民之困窮將自此始矣楚材嘗與諸王宴醉臥車中帝臨平野見之直幸其營登車手撼之楚材熟睡未醒方怒其擾己忽開目視始知帝至驚起謝帝曰有酒獨醉不與朕同樂耶笑而去楚材不及冠帶馳詣行宮帝爲置酒極歡而罷楚材當國日久得祿分其親族未嘗私以官行省劉敏從容言之楚材曰睦親之義但當資以金帛若使從政而違法吾不能徇私恩也歲辛丑二月三日帝疾篤醫言脈已絕皇后不知所爲召楚材問之對曰今任使非人賣官鬻獄囚繫非辜者多古人一言而善熒惑退舍請赦天下囚徒后即欲行之楚材曰非君命不可俄頃帝少蘇因入奏請肆赦帝已不能言首肯之是夜醫者候脈復生適宣讀赦書時也翌日而瘳冬十一月四日帝將出獵楚材以太乙數推之亟言其不可左右皆曰不騎射無以爲樂獵五日帝崩于行在所皇后乃馬真氏稱制崇信姦回庶政多紊奥都刺合蠻以貨得政柄廷中悉畏附之楚材面折廷爭言人所難言人皆危之癸卯五月熒惑犯房楚材奏曰當有驚

擾然訖無事居無何朝廷用兵事起倉卒后遂令授甲選腹心至欲西還以避之楚材進曰朝廷天下根本根本一搖天下將亂臣觀天道必無患也後數日乃定后以御寶空紙付奧都剌合蠻使自書塡行之楚材曰天下者先帝之天下朝廷自有憲章今欲紊之臣不敢奉詔事遂止又有旨凡奧都剌合蠻所建白令史不爲書者斷其手楚材曰國之典故先帝悉委老臣令史何與焉事若合理自當奉行如不可行死且不避況截手乎后不悅楚材辨論不已因大聲曰老臣事太祖太宗三十餘年無負於國皇后亦豈能無罪殺臣也后雖憾之亦以先朝舊勳深敬憚焉甲辰夏五月薨于位年五十五皇后哀悼賻贈甚厚後有譖楚材者言其在相位日久天下貢賦半入其家后命近臣麻里扎覆視之唯琴阮十餘及古今書畫金石遺文數千卷至順元年贈經國議制寅亮佐運功臣太師上柱國追封廣寧王謚文正子鉉鑄

鑄字成仲幼聰敏善屬文尤工騎射楚材薨嗣領中書省事時年二十三鑄上言宜踈禁網遂采歷代德政合於時宜者八十一章以進戊午憲宗征蜀詔鑄

領侍衛驍果以從屢出奇計攻下城邑賜以尚方金鎖甲及內廄驄馬乙未憲宗崩阿里不哥叛鑄棄妻子挺身自朔方來歸世祖嘉其忠即日召見賞賜優厚中統二年拜中書左丞相是年冬詔將兵備禦北邊後徵兵扈從敗阿里不哥于上都之北至元元年加光祿大夫奏定法令三十七章吏民便之二年行省山東未幾徵還初清廟雅樂止有登歌詔鑄製宮懸八佾之舞四年春三月樂舞成表上之仍請賜名大成制曰可六月改榮祿大夫平章政事五年復拜光祿大夫中書左丞相十年遷平章軍國重事十三年詔監修國史朝廷有大事必咨訪焉十九年復拜中書左丞相二十年冬十月坐不納職印妄奏東平人聚謀爲逆間諜幕僚及黨罪囚阿里沙遂罷免仍沒其家貲之半徙居山後二十二年卒年六十五子十一人希徵希勃希亮希寬希素希固希周希光希逸淮東宣慰使餘失其名至順元年贈推忠保德宣力佐治功臣太師開府儀同三司上柱國懿寧王謚文忠

粘合重山 子南合

粘合重山金源貴族也國初爲質子知金將亡遂委質焉太祖賜畜馬四百匹使爲宿衞官必闍赤從平諸國有功圍涼州執大旗指麾六軍手中流矢不動已而爲侍從官數得侍宴內廷因諫曰臣聞天子以天下爲憂憂之未有不治忘憂未有能治者也置酒爲樂此忘憂之術也帝深嘉納之立中書省以重山有積勳授左丞相時耶律楚材爲右丞相凡建官立法任賢使能與夫分郡邑定課賦通漕運足國用多出楚材而重山佐成之太宗七年從伐宋詔軍前行中書省事許以便宜師入宋境江淮州邑望風款附重山降其民三十餘萬取定城天長二邑不誅一人復入中書視事賜中廄馬十匹貫珠袍一卒贈太尉封魏國公諡忠武十年詔其子江淮安撫使南合嗣行軍前中書省事時大將察罕圍壽春七日始下欲屠其城南合曰不降者獨守將耳其民何罪由是獲免初世祖伐宋軍于汴南合進曰李璮承國厚恩坐制一方然其人多詐叛無日矣帝亦患之中統元年兩遷宣撫使明年授中書右丞中興等路行中書省事三年遷秦蜀五路四川行中書省事其年李璮反益都帝使諭南合曰卿言

猶在耳璮果反矣卿宜謹守西鄙對曰臣謹受詔不敢以西鄙爲陛下憂明年授中書平章政事四年病卒封魏國公諡宣昭子博溫察兒知河中府

楊惟中

楊惟中字彥誠弘州人金末以孤童子事太宗知讀書有膽略太宗器之年二十奉命使西域三十餘國宣暢國威敷布政條俾皆籍戶口屬吏乃歸帝於是有大用意皇子闊出伐宋命惟中於軍前行中書省事克宋棗陽光化等軍光隨郢復等州及襄陽德安府凡得名士數十人收伊洛諸書送燕都立宋大儒周惇頤祠建太極書院延儒士趙復王粹等講授其間遂通聖賢學慨然欲以道濟天下拜中書令太宗崩太后稱制惟中以一相負任天下定宗卽位平陽道斷事官斜徹橫恣不法詔惟中宣慰惟中按誅之金亡其將武仙潰于鄧州餘黨散入太原真定間據大明川用金開興年號衆至數萬剽掠數千里詔會諸道兵討之不克惟中仗節開諭降其渠帥餘黨悉平憲宗卽位世祖以太弟鎮金蓮川得開府專封拜乃立河南道經略司於汴梁奏惟中等爲使俾屯田

唐鄧申裕嵩汝蔡息亳潁諸州初滅金時以監河橋萬戶劉福爲河南道總管

福貪鄙殘酷虐害遺民二十餘年惟中至召福聽約束福稱疾不至惟中設大

挺於坐復召之使謂福曰汝不奉命吾以軍法從事福不得已以數千人擁衞

見惟中惟中即握大挺擊仆之數日福死河南大治遷陝右四川宣撫使時諸

軍帥橫侈病民郭千戶者尤甚殺人之夫而奪其妻惟中戮之以徇關中肅然

語人曰吾非好殺國家綱紀不立致此輩賊害良民無所控告雖欲不去可乎

歲己未世祖總統東師奏惟中爲江淮京湖南北路宣撫使俾建行臺以先啓

行宣布恩信蒙古漢軍諸帥並聽節制師還卒于蔡州年五十五中統二年追

諡曰忠肅公

元史卷一百四十六

元史卷一百四十七

明翰林學士亞中大夫知制誥兼修國史宋　濂等修

列傳第三十四

張柔

張柔字德剛易州定興人世力農柔少慷慨尙氣節善騎射以豪俠稱金貞祐間河北盜起柔聚族黨保西山東流寨選壯士結隊伍以自衞盜不敢犯郡人張信假柔聲勢納流人女爲妻柔鞭信百而還其女信憾之謀結黨害柔未幾信有罪當誅柔救之得免於是驍勇之士多慕義從之中都經略使苗道潤承制授柔定興令累遷青州防禦使道潤表其才加昭毅大將軍遙領永寧軍節度使兼雄州管內觀察使權元帥左都監行元帥府事繼而道潤爲其副賈瑀所殺瑀遣使以好辭來告曰吾得除道潤者以君不助兵故也柔怒叱使者曰瑀殺吾所事吾食瑀肉且未足快意反以此言相戲耶遂移檄道潤部曲會易州軍市川誓衆爲之復讎衆皆感泣適道潤麾下何伯祥得道潤所佩金虎符

以獻因推柔行經略使事事聞加驃騎將軍中都留守兼大興府尹本路經略
使行元帥事戊寅國兵出紫荆口柔率所部逆戰於狼牙嶺馬蹶被執遂以衆
降太祖還其舊職得以便宜行事柔招集部曲下雄易安保諸州攻破賈瑀於
孔山誅瑀剖其心祭道潤瑀黨郭收亦降盡有其衆徙治滿城金真定帥武仙
會兵數萬來攻柔以兵數百出奇迎戰大破之乘勝攻完州下之獲州佐甄全
全慨慷就戮柔義而釋之且升爲守使將部曲以從己卯仙復來攻敗走之進
拔郎山祈陽曲陽諸城寨聞之皆降既而中山叛柔引兵圍之與仙將葛鐵鎗
戰于新樂流矢中柔頷折其二齒拔矢以戰斬首數千級擒藁城令劉成遂拔
中山仙復會兵攻滿城柔登城拒戰復爲流矢所中仙兵大呼曰中張柔矣柔
不爲動開門突戰皆敗走略地至鼓城單騎入城喻以禍福城遂降又敗仙於
祈陽進攻深澤寧晉安平克之分遣別將攻下平棘藁城無極欒城諸縣闢地
千餘里由是深冀以北鎮定以東三十餘城緣山反側鹿兒野狸等寨相繼降
附一月之間與仙遇者凡十有七每戰輒勝方獻捷于行在所行次宣德而易

州軍叛逐其守盧應妻子據西山馬頭寨柔聞之卽棄輜重還出奇計破其寨而誅叛者歸其妻子加榮祿大夫河北東西等路都元帥號拔都魯置官屬將士遷授有差燕帥孛赤台數淩柔柔不爲下乃譖柔於中都行臺曰張柔驍勇無敵向被執而降今委以兵柄戰勝攻取威震河朔失今不圖後必難制常欲殺我我不敢南也行臺召柔幽之土室孛赤台施帳寢其上環以甲騎明日將殺之孛赤台一夕暴死柔乃得免金經略使固安王子昌善戰知名與信安張進連兵阻水爲固遠近憚之柔出其不意率兵徑渡生擒以還乙酉真定武仙殺其帥史天倪其弟天澤使來求援柔遣驍將喬惟忠等率千餘騎赴之與仙戰敗之遂分遣惟忠宋演略彰德徇齊魯聶福堅略青魏山東璽書授柔行軍千戶保州等處都元帥丙戌遣將以兵從國王孛魯攻李全于益都降之丁亥移鎭保州保自兵火之餘荒廢者十五年盜出沒其間柔爲之畫市井定民居置官廨引泉入城疏溝渠以瀉卑濕通商惠工遂致殷富遷廟學于城東南增其舊制壬辰從睿宗伐金語其衆曰吾用兵殺人多矣寧無寃者自今以往非

與敵戰誓不殺也圍汴京柔軍於城西北金兵屢出拒戰柔單騎陷陣出入數四金人莫能支金主自黃陵岡渡河攻漚麻岡欲取衛州柔以兵合擊金主敗走睢陽其臣崔立以汴京降柔於金帛一無所取獨入史館取金實錄并祕府圖書訪求耆德及燕趙故族十餘家衛送北歸遂圍睢陽金主走汝南汝南恃柴潭爲阻會宋孟珙以兵糧來會珙決其南潭水涸金人懼啓南門求死戰柔以步卒二十餘突其陣促聶福堅先登擒二校以歸又遣張信據其內隍諸軍齊進金主自殺汝南既破下令屠城一小校縛十人以待一人貌獨異柔問之狀元王鶚也解其縛賓禮之入朝太宗歷數其戰功班諸帥上賜金虎符升軍民萬戶乙未從皇子闊出拔棗陽繼從大帥太赤攻徐邳丁酉詔屯兵曹武以逼宋道出九里關柔欲率所部徑往或言關甚險宋必設伏不若與大軍俱進不聽與二十騎直前據關方解甲而食宋兵出兩山間圍數重騎皆失色柔單騎馳突潰圍大軍繼至遂達曹武悉下緣山諸堡攻洪山寨破之遂營山下柔率衆出略地他處宋兵乘虛來襲柔還與之遇自旦至暮凡十餘戰大敗宋師

斬其將校十有三人遂會諸軍取光州又進趣黃州破三山寨至太湖中得戰艦沿江接戰壁於黃州西北隅有乘舟出者柔曰此偵伺我隙者也夜必襲吾不備乃分軍爲三以待之二鼓時宋師果至柔遮擊之俘數百人溺死者不可計攻其東門矢石兩注軍少卻柔率死士十餘奮戈大呼所向仆踣執俘而還宋師懼請和乃還軍大帥察罕攻滁州柔以二百騎往時廬泗盱眙安豐閒宋屯戍相望斥堠甚嚴或勸柔勿行不聽且戰且前凡二十餘戰北至滁察罕以滁久不拔欲解去柔請決戰從之既陣宋驍將出挑戰柔佯卻宋將驕柔馳及之檛擊墜地宋將執柔轡曳入其陣飛石中柔鼻兩軍鬭柔得還裹瘡復戰夜遣鞏彥輝劫其營焚城東南隅柔銳卒五十七人先登拔之己亥以本官節制河南諸翼兵馬征行事河南三十餘城皆屬焉庚子詔柔等八萬戶伐宋辛丑升保州爲順天府賜御衣數襲名馬二尙廏馬百柔率師自五河口濟淮略和州諸城師還分遣部下將千人屯田于襄城察罕奏柔總諸軍鎭杞初河決於汴西南入陳留分而爲三杞居其中潭宋兵恃舟楫之利駐亳泗犯汴洛以擾

河南柔乃卽故杞之東西中三山夾河順殺水勢築連城結浮梁爲進戰退耕之計敵不敢至會諸軍攻破壽州柔欲留兵守之察罕不從又敗宋師于泗州還杞上帳下吏夾谷顯祖得罪亡走上變誣柔執柔以北大臣多以闔門保柔者卒辨其誣顯祖伏誅辛亥憲宗卽位換授金虎符仍軍民萬戶甲寅移鎭亳州環亳皆水非舟楫不達柔甃城壁爲橋梁屬汴堤以通商賈之利復建孔子廟設校官弟子員入奏帝悅賜衣一襲翎根甲一金符九銀符十九頒將校之有功者己未分禪將張果王仲仁從憲宗征蜀王安國胡進田伯榮宋演從宗王塔察兒攻荆山柔從世祖攻鄂世祖由大勝關柔由虎頭關與宋兵遇於沙窩柔子弘彥擊破之進與守關兵戰敗之世祖自陽羅渡江促柔會兵攻鄂百餘日不能下世祖諭之曰吾猶獵者不能擒圈中豕野獵以供汝食汝可破圈而取之柔乃令何伯祥作鵝車洞掘其城別遣勇士先登攻其西南陬屢破之會憲宗凶問至宋亦行成世祖北還命柔統領蒙古漢軍以俟後命城白鹿磯爲久駐計中統元年世祖卽位詔班師阿里不哥反世祖北征詔柔入衞至盧

朐河有詔止之分其兵三千五百衞京師以子弘慶爲質二年以金實錄獻諸朝且請致仕封安肅公命第八子弘略襲職至元三年加榮祿大夫判行工部事城大都四年進封蔡國公五年六月卒年七十九贈推忠宣力翊運功臣太師開府儀同三司上柱國諡武康延祐五年加封汝南王諡忠武子十有一人弘略弘範最顯弘範自有傳

弘略字仲傑柔第八子也有謀略通經史善騎射嘗從柔鎮杞徙亳歲乙卯入朝憲宗授金符權順天萬戶從征蜀以其幼賜錦衣令還鎮柔既致仕授弘略金虎符順天路管民總管行軍萬戶仍總宣德河南懷孟等路諸軍屯亳者中統三年李璮反求救於宋將夏貴貴自蘄乘虛北奪亳滕徐宿邳滄濱七州新蔡符離蘄利津四縣殺守將弘略率戰船遏之于渦口貴退保蘄弘略發亳軍攻之水陸並進宋兵素憚亳軍焚城宵遁追殺殆盡獲軍資不可計盡復所失地李璮既誅追問當時與璮通書者獨弘略書皆勸以忠義事得釋朝廷懲璮叛逆務裁諸侯權以保全之因解弘略兵職宿衞京師賜只孫冠服以從宴享

至元三年城大都佐其父爲築宮城總管八年授朝列大夫同行工部事兼領宿衞親軍儀鸞等局十三年城成賜內帑金釦瑇瑁巵授中奉大夫淮東道宣慰使十四年宋廣王昺據閩廣時東海縣儲粟數萬行省檄弘略將兵二千戍之仍命造舟運粟入淮安弘略顧民舟有能載粟十石者與一石人爭趨之一月而畢十六年遷江西宣慰使會饒州盜起犯都昌弘略以爲饒雖屬江東與南康止隔一湖此寇不滅則吾境必有相扇而起者乃使人直擣其巢穴生縛賊酋磔于市餘黨潰散下令曰不操兵者皆爲平民餘無所問頃之以疾歸亳有讒貴臣子在江南買田宅樂而忘歸者詞引弘略或謂弘略曰公但居亳未嘗在江南入見宜自明弘略曰明之則言者獲譴矣吾寧稱疾家居二十九年見世祖於龍虎臺請曰臣之子玠長矣願備宿衞從之且賜以酒曰卿年未老謝事何爲特命爲河南行省參知政事元貞二年卒贈推忠佐理功臣銀青榮祿大夫平章政事上柱國蔡國公諡忠毅子三人玠瑾琰

史天倪字和甫燕之永清人曾祖倫少好俠因築室發土得金始饒於財金末中原塗炭乃建家塾招徠學者所藏活豪士甚衆以俠稱於河朔士族陷爲奴虜者輒出金贖之甲子歲大祲發粟八萬石賑饑者士皆爭附之祖成珪倜儻有父風遭亂盜賊四起乃悉散其家財唯存廩粟而已父秉直讀書尚氣義癸酉太師國王木華黎統兵南伐所向殘破秉直聚族謀曰方今國家喪亂吾家百口何以自保既而知降者皆得免乃率里中老稚數千人詣涿州軍門降木華黎欲用秉直秉直辭而薦其子乃以天倪爲萬戶而命秉直管領降人家屬屯霸州秉直拊循有方遠近聞而附者十餘萬家尋遷之漠北降人道饑秉直得所賜牛羊悉分食之多所全活甲戌從木華黎攻北京乙亥北京降木華黎承制以烏野兒爲北京路都元帥秉直行尚書六部事主餽餉軍中未嘗乏絕庚寅以老謝事歸鄉里卒年七十一三子長天倪次天安次天澤天澤自有傳天倪始生之夕白氣貫庭成童姿貌魁傑有道士見而異之曰封侯相也及長好學日誦千言大安末舉進士不第乃歎曰大丈夫立身獨以文乎哉使吾遇

荒鷄夜鳴擁百萬之衆功名可唾手取也木華黎見而奇之既以萬戶統諸降
卒從木華黎略地三關已南至于東海所過城邑皆下因進言於木華黎曰金
棄幽燕遷都于汴已失策矣遼水東西諸郡金之腹心也我若得大寧以扼其
喉襟則金雖有遼陽終不能保矣木華黎善之先倫率時河朔諸郡結清樂社
四十餘社近千人歲時像倫而祠之至是天倪選其壯勇萬人爲義兵號清樂
軍以從兄天祥爲先鋒所向無敵分兵略三河薊州諸砦望風款服甲戌朝太
祖于燕之幄殿所陳皆奇謀至計大稱旨賜金符授馬步軍都統管領二十四
萬戶從木華黎攻高州又從攻北京皆不戰而克乙亥授右副都元帥改賜金
虎符奉詔南征圍平州金經略使乞住降進兵真定所屬部邑無不款附而真
定帥武仙固守不下遂移軍圍大名衆謂城堅不可擊天倪使攻其西南角勁
卒屢上屢却天倪先登守者辟易遂破其城丙子會木華黎兵於燕南清州監
軍王守約平州推官合達俱以城叛連謀越海歸金天倪追襲至樂安合達以
益都行省忙古兵來拒敗之殺守約擒忙古斬首萬級丁丑徇山東諸郡部卒

有殺民豕者立斬以徇軍中肅然遠近響應知中山李明趙州李瑀邢州武貴威州武振磁州李平洺州張立等望風皆下己卯從木華黎徇河東至絳州其團樓甃以石牢不可破天倪命穴其旁地虛樓陷遂拔之木華黎喜賞以繡衣金鞍名馬庚辰還軍真定武仙降木華黎承制以天倪爲金紫光祿大夫河北西路兵馬都元帥行府事仙副之天倪乃言於木華黎曰今中原粗定而所過猶縱鈔掠非王者弔民伐罪意也且王奉天子命爲天下除暴豈復效其所爲乎王曰善下令敢有剽虜者以軍法從事辛巳金懷州元帥王榮潞州元帥裴守謙澤州太守王珍皆以城降壬午攻濟南水砦破之癸未徇山西遂克三關不浹旬定四十餘砦兵至河衞喜曰河衞者夷門之限也河衞旣破則夷門不能守矣嚴實以兵來會請自攻河衞天倪曰合達蒲瓦亦勍敵也實曰易與耳保爲公破之明日實與蒲瓦兵遇於南門合達兵自北奄至實兵敗竟爲所執天倪曰合達以實歸汴必以今夕急命馮存杜必貴率壯士一千三百伏延津柳渡果夜縛實過延津遇存等與戰敗之實得脫歸必貴戰死未幾帝命天倪

回軍真定甲申夏大名總管彭義斌以宋兵犯河朔天倪逆戰於恩州義斌敗
入保大名乙酉師還聞武仙之黨據西山腰水鐵壁二砦以叛天倪直擣其巢
穴盡掩殺之仙怒謀作亂乃設宴邀天倪有知其謀者止天倪毋往天倪不從
遂爲仙所殺天倪之赴真定也秉直密戒之曰觀武仙之辭氣終不爲我用宜
備之天倪曰我以赤心待人人或相負天必不容願無慮秉直乃攜其孫楫權
還北京至是人服其先識先是天倪擊鞠夜歸有大星隕馬前有聲心惡之果
及禍天倪死時年三十九妻程民聞亂恐汚於賊乃自殺子五人其三人尚幼
俱死於難惟楫權在
楫字大濟歲己亥知中山府事尋遷征南行軍萬戶翼經略徇地蘄黃善撫士
卒所向有功壬寅天澤引楫入見太宗奏曰臣兄天倪死事時二子尚幼臣受
詔攝行府事今楫已成人乞解職授之帝嘉歎曰今之爭官者多讓官者少卿
此舉殊可嘉尙朕自有官與之卽以楫爲真定兵馬都總管佩金虎符辛亥朝
廷始徵包銀楫請以銀與物折仍減其元數詔從之著爲令各道以楮幣相貿

易不得出境二三歲輒一易鈔本日耗商旅不通楫請立銀鈔相權法人以爲便或請運鹽按籍計口給民以食楫爭其不可曰鹽鐵從民貿易何可若差稅例配之議遂寢元氏民有愬府僚於達官者質之無實將抵之死楫力爲營解達官曰是人陷汝輩死地而反捄之何耶楫曰誅之固足以懲後未若宥之以愧其心況人命至重豈宜以妄言之故而加以極刑乃杖而遣之中統元年授真定路總管同判本道宣撫司事真定表山帶河連屬三十餘城生殺進退咸倚專決楫謹身率先明政化信賞罰任賢良汰貪墨恤煢獨民咸德之所舉州縣佐史有文學者三十餘人後皆知名會天澤言兵民之柄不可併居一門行之請自臣家始楫即日解綬歸卒年五十九子炫常德管軍總管輝知孟州燧同知東昌府事煊潼關提舉煬簽廣西按察司事

權字伯衡勇而有謀初以權萬戶從天澤南征歲壬子天澤以萬戶改河南經略使乃以權代其任甲寅屯軍鄧州敗宋將高達於樊城己未世祖自將伐宋權出迎於淮西世祖渡江攻鄂州而憲宗崩世祖北還乃命權總兵鎮江北岸

之武磯山中統元年降詔奬諭賜金虎符授真定河間濱棣邢洺衛輝等州路弇木烈糺軍兼屯田州城民戸沿邊鎮守諸軍總管萬戸其所屬千戸萬戸悉聽號令至元六年召至闕下問以征南之策對曰襄陽乃江陵之藩蔽樊城乃襄陽之外郛我軍若先攻樊城則襄陽不能支梧不戰自降矣然後駐兵嘉定耀武淮泗事必有濟帝善其計七年宋兵侵邊權引兵趍荆子口大破之帝賜白金五百兩權悉以分勞士卒宋將夏貴以船萬艘載壯士欲奪江面權進攻破之帝賜以衣幣弓矢鞍勒既而轉糧于隨貴復引兵扼我前路權戰破之賜白金七百兩制授河南等路宣撫使未上賜金虎符充江漢大都督總制軍馬總管屯田萬戸會天澤言一門不可兼掌兵民之柄乃授權鎮國上將軍真定等路總管兼府尹徙東平又徙河間卒

樞字子明父天安字全甫秉直仲子也歲癸酉從秉直降太師木華黎以其兄天倪爲萬戸而質天安軍中丁丑從討錦州叛人張致平之己卯從略地關右生擒鄜州驍將張資祿號張鐵槍者乙酉武仙殺天倪於真定天安率衆來會

天澤併力攻仙敗走之以功授行北京元帥府事撫治真定庚寅宋聚兵邢之西山聲言爲仙援遣其徒趙和行間城中誣倅副李甲劉清嘗輸款爲內應守將械兩人送府大帥趣命戮之天安揣知其詐請自鞫之果得其情遂斬和以徇壬辰從伐金師還討劇盜梁滿蘇傑等悉平之甲午宣權真定等路萬戶賜金符丙午入覲賜黃金五十兩白狐裘一牝馬百乙卯卒樞年二十餘以勳臣子知中山府有治績甲寅初籍新軍天澤以長兄二子各有官位而仲兄之子未仕乃奏樞爲征行萬戶配以真定彰德衞州懷孟新軍戍唐鄧乙卯敗宋舟師於漢水之鴛鴦灘賜金虎符戊午憲宗伐宋入自蜀從天澤詣行在朝帝于大散關帝勞之曰卿久鎮東方玆復遠來勤亦至矣樞對曰臣之祖父受國厚恩今陛下親御六師暴露萬里之外臣獨不能出死力以報萬分之一邪帝壯其言命爲前鋒立宋劍州僑治於苦竹崖前阻絕澗深數百尺恃險而不備帝使樞偵之樞率健卒數十縋而下得其所以致師處以聞帝趣樞急取之宋人懼乃降翼日大宴帝顧皇后命飲樞酒且諭新附渠帥曰我國家自開創以來

未有皇后賜臣下酒者特以樞父子世篤忠貞故寵以殊禮有能盡瘁事國者禮亦如之己未從天澤擊敗宋將呂文德於嘉陵江追至重慶而還賜黃金五十兩白金二百兩錦一匹世祖即位改賜金虎符中統二年從天澤扈駕北征三年李壇叛據濟南復從天澤往討之城西南有大澗亘歷山樞一軍獨當其險夾澗而城豎木柵於澗中淫雨暴漲木柵盡壞樞曰賊乘吾隙俟夜必出命作葦炬數百置城上逮三鼓賊果至飛炬擲之風怒火烈弓弩齊發賊衆大潰自相蹂躪死者不可勝計未幾壇就擒至元四年宋兵圍開達諸州以樞爲左壁總帥佩虎符凡河南山東懷孟平陽太原京兆延安等軍悉統之宋兵聞之解去六年高麗人金通精據珍島以叛討之歲餘不下七年進樞昭勇大將軍鳳州經略使樞至謂諸將佐曰賊勢方張未易力勝況炎暑海氣蒸欝弓力弛弱猝不可用宜分軍爲三多張旗幟以疑之吾與諸君潛師擣其巢穴破之必矣與戰大破之其地悉平十二年復以萬戶從丞相伯顏伐宋賜錦衣一寶鞍一弓一矢百甲十注馬十二疋仍給天澤帳下士十人以從宋平署安吉州安

撫使時新附之初民所在依險阻自保樞以威信招懷之復業爲民者以千萬計十四年移疾還十九年起爲東京路總管辭不赴二十三年拜中奉大夫山東東西道宣慰使治濟南後又治益都二十四年卒年六十七子煥昭勇大將軍後衛親軍都指揮使佩金虎符煇奉訓大夫祕書少監

史天祥

史天祥父懷德尚書秉直之弟也歲癸酉太師國王木華黎從太祖伐金天祥隨秉直迎降於涿木華黎命懷德就領其黑軍隸帳下署天祥都鎮撫選降卒長身武勇者二百人使領之招徠丁壯得衆萬餘從取霸州文安大城滄濱長山等二十餘城東下淄沂密三州所至皆先登詔賜以銀符從大軍攻燕不克甲戌略地高州拔惠和金源和衆龍山利建富庶等十五城惟大寧固守不下天祥獲金將完顏胡速木華黎欲殺之天祥曰殺一人無損於敵適驅天下之人爲吾敵也且其降時嘗許以不死今殺之無以取信於後不若從而用之乃以爲千戶復合衆攻其衆懷德先登擒其二將爲流矢所中歿于軍乃以所統

黑軍命天祥領之天祥憤痛其父之死攻之愈急乙亥與大帥烏野兒降其北京留守銀荅忽同知烏古倫進攻北京傍近諸寨磨雲山王都統首詣軍門降天祥命入列崖擒都統不剌釋其縛仍曉以大義不剌感泣願効死天祥察其誠許與王都統往說降城子崖王家奴乃命三人各將舊卒付空名告身使諭樓子崖等二十餘寨悉降得老幼數萬勝兵八千西乾河荅魯五指山楊趙奴獨固守不下天祥擊之大小百餘戰趙奴死荅魯敗走得戶二萬授西山總帥兵馬與州節度使趙守玉反天祥與烏野兒分道討平之荅魯復聚衆攻龍山以槊刺烏野兒中胸墮馬天祥馳救得免復整陣出戰大敗之斬首八千級荅魯戰死進克中興府張致盜據錦州從木華黎討平之會契丹漢軍擒關肅復利州殺劉祿於銀治斬首五十級尖山香爐紅螺塔山大蟲駱駝團崖諸寨悉平虜生口萬餘得錦州舊將杜節幷黑軍五百人卽命統之丙子春覲太祖於魚兒濼賜金符授提控元帥拔蓋金蘇復等州獲金完顏奴耶律神都馬遷鎭國上將軍利州節度使所部降民都總管監軍兵馬元帥丁丑夏山賊祁和

尙據武平討平之縛金將巢元帥又滅重兒盜衆萬人城庚州之東河己卯權兵馬都元帥蒙古漢軍黑軍並聽節制下河東平陽河中嵩嵐絳石隰吉鄜等八十餘城庚辰至眞定木華黎使天祥攻城天祥因請曰攻之恐戮及無辜不如先往諭之苟其不從加兵未晩木華黎許之天祥往見守將武仙諭以禍福仙悟乃降吾也而請留天祥守眞定木華黎曰天下未定智勇士可離左右乎吾將別處之乃以秉直之子天倪爲河北西路兵馬都元帥鎭眞定以天祥爲左副都元帥餘如故引兵南屯邢西遙水山下仙兄貴以萬人壁於山上負固不下天祥擕完顏胡速及黑軍百人由鳥道扳援而上盡掩捕之仙驚曰公若有羽翼者不然何其能也遂下邢磁相三州從戰黃龍岡破單勝兗三州木華黎圍東平久不下怒吾也而不盡力將手斬之天祥請代攻木華黎喜付皮甲一又與已鐵鎧幷被之鏖戰不已木華黎使人止之曰爾力竭矣宜少休復以金鞍名馬與之辛巳從取綏德鄜坊等五十餘城壬午木華黎攻青龍金勝諸堡花帽軍堅守不下既破欲屠之天祥力諫而止獲壯士五千人癸未春還軍

河中木華黎上其功賜金虎符授蒙古漢軍兵馬都元帥總十二萬戶鎮河中冬徇西夏破賀蘭山還遇賊射傷額出血目爲之昏甲申歸北京授右副北京等七路兵馬都元帥庚寅朝太宗於盧朐河乞致仕不允辛卯太宗用兵河南強之從行轉漕河上給餉諸軍壬辰命天祿領汴京百工數千屯霸州之益津行元帥府事賜錦衣一襲初天祥夜中流矢鏃入頰骨不能出至是金瘡再發鏃自口出睿宗聞而閔之授海濱和衆利州等處總管兼領霸州御衣局人匠都達魯花赤行北京七路兵馬都元帥府事憲宗即位俾仍舊職戊午秋九月以疾卒年六十八天祥幼有大志長身駢脅力絕人性不嗜酒喜稼穡好施予乙未括戶縱其奴千餘口俾爲民晚雖喪明憂國愛民之心未嘗忘也子彬江東提刑按察副使槐襲霸州爲衣局人匠都達魯花赤

元史卷一百四十七

元史卷一百四十八

明翰林學士亞中大夫知制誥兼修國史宋 濂等修

列傳第三十五

董俊 子文蔚 文用 文忠 文直

董俊字用章真定藁城人少力田長涉書史善騎射金貞祐間邊事方急藁城令立的募兵射上中者拔爲將衆莫能弓獨俊一發破的遂將所募兵迎敵歲乙亥國王木華黎帥兵南下俊遂降己卯以勞擢知中山府事佩金虎符金將武僊據真定定武諸城皆應僊俊率衆夜入真定逐僊走之定武諸城復去僊來附庚辰春金大發兵益僊治中李全叛中山應之俊軍時屯曲陽僊銳氣來戰敗之黃山下僊脫走獻捷于木華黎由是僊以窮降木華黎承制授俊龍虎衞上將軍行元帥府事駐藁城俊嘗謁木華黎曰武僊黠不可測終不爲我用請備之木華黎然其言承制授左副元帥陞藁城縣爲永安州號其衆爲匡國軍事一委俊己酉僊果殺都元帥史天倪據真定以叛旁郡縣皆爲僊守俊提

孤軍居反側間戰士不滿千人拒守永安僊攻之朞年無所利乃縱兵蹂禾稼俊呼語之曰汝欲得民而奪之食無道賊不爲也僊慚而去俊出兵掩擊之僊敗走久之俊復夜入真定僊走死乃納史天倪弟天澤爲帥壬辰會諸軍圍汴明年金主棄汴奔歸德追圍之金兵夜出薄諸軍於水俊力戰死焉時年四十有八俊早喪父事母以孝聞歲時廟祭非疾病跪拜必盡禮子雖孩乳亦使之序拜曰祀以孝先也禮宜如是待族親故人皆有恩意里夫家僮亦接之有道克汴時以侍其軸爲賢延歸教諸子嘗曰射百日事耳詩書非積學不通屢誡諸子曰吾一農夫耳遭天下多故徒以忠義事人僅立門戶深願汝曹力田讀書勿求非望爲吾累也俊忠實自許不爲夷險少移臨陣勇氣懾衆立矢石間怡然若無事雖中傷亦不爲動每慕馬援爲人曰馬革裹屍援固可壯故戰必持矛先士卒或諫止之俊曰我人臣也敵在前不死乃趍安脫危乎先是戊子歲朝於行在諸將獻戶口各增數要利吏請如衆俊曰民實少而欺以數多他日上需求無應必重斂以承命是我獨利而民日困也行元帥府時狂男子三

百餘人期日作亂事覺戮其渠魁餘並釋之深冀間妖人惑衆圖爲不軌連逮者數萬人有司議當族俊力請主者但誅首惡永安節度使劉成叛降武僊於威州俊下令曰逆者一人餘能去逆卽忠義士與其家財仍奏官之衆果去成降沃州民砦天臺爲盜既破降之他將利其子女欲掠之俊曰城降而俘其家仁者不爲也衆義不取南征時人多歸俊願爲奴者旣全其家歸悉縱爲民鄰境人有被掠賣者亦與直贖還之其天性之美類如此俊器度弘遠善戰而不妄殺故人樂爲之用大小百戰無不克捷爲政寬明見人善治田廬必召與歡語有惰者則怒罰之故其部完實民惟恐其去也贈翊運効節功臣太傅開府儀同三司上柱國封壽國公諡忠烈加贈推忠翊運効節功臣太傅開府儀同三司上柱國改封趙國公子文炳文蔚文用文直文忠文炳自有傳

文蔚字彥華俊之次子也重厚寡言不事嬉戲立志勤苦讀書忘倦及長善騎射膂力絕人事母至孝接人謙恭凡所與交貴賤長幼待之無異至於一揖必正容端體俛首幾至于地徐徐起拱人所難能兄文炳爲槀城令厲精於政家

務悉委之凡供給祭祀賓客之事無不盡心辛丑起民兵南征文炳命文蔚率十有七人私整鞍馬衣甲自爲一隊與衆軍渡淮甲寅世祖收大理還駐六盤山文炳以文蔚孝謹公勤可委以事解所佩金符以讓帝嘉賞之授槀城等處行軍千戸南鎮鄧州與荊襄接境沿邊城壁未築是年冬十一月修光化乙卯立毘陽丙辰築棗陽文蔚悉總之治板幹具畚鍤儲餱糧運木石程其工力時其饑飽藥其疾病見執役者常以善言撫之弗事威猛衆咸感曰他將領役鞭箠怒辱不恤困苦今董侯慈惠若此我曹安忍負之各盡力成之丁巳攻襄樊城南據漢江北阻湖水卒不得渡文蔚夜領兵士於湖水狹隘之處伐木拔根立於水實以薪草爲橋梁頃之即成至曉師悉渡圍已合城中大驚異之文蔚復統拔都軍以當前行奪其外城論功居最己未憲宗伐宋入川蜀文蔚奉詔將鄧之選兵西上由褒斜歷劍閣而劍閬諸州平地不能守置州事於山師行大獲雲頂長寧苦竹諸砦長驅而前至釣魚山崖壁巉峭惟一徑可登恃險阻未即降帝命攻之文蔚以次往攻迺激厲將士挾雲梯冒飛石履崎嶇以登直

抵其寨苦戰頃之兵士被傷迺還帝親見之加以賞賚中統二年世祖置武衞軍文蔚以鄧兵入爲千戶帝北狩留屯上都三年李璮反據濟南文蔚以麾下軍圍其南面春秋力戰城破璮誅奏功還至元五年七月十七日以疾卒于上都之炭山弟文忠時爲樞密僉院乞護喪南還帝甚憫之泰定中贈明威將軍僉右衞使司事上騎都尉隴西郡伯

文用字彥材俊之第三子也生十歲父死長兄文炳教諸弟有法文用學問早成弱冠試詞賦中選時以真定槀城奉莊聖太后湯沐庚戌太后命擇邑中子弟來上文用始從文炳謁太后于和林城世祖在潛藩命文用主文書講說帳中常見許重癸丑世祖受命憲宗自河西征雲南大理文用與弟文忠從軍督糧械贊軍務丁巳世祖令授皇子經是爲北平王雲南王也又命召遺老竇默姚樞李俊民李冶魏璠於四方己未伐宋文用發沿邊蒙古漢人諸軍理軍需將攻鄂州宋賈似道呂文德將兵來拒水陸軍容甚盛九月世祖臨江閱戰文炳求先進戰文用與文忠固請偕行世祖親料甲冑擇大艦授之大破宋師世

祖即位建元中統文用持詔宣諭邊郡且擇諸軍充侍衛七月還朝中書左丞張文謙宣撫大名等路奏文用爲左右司郎中二年八月以兵部郎中參議都元帥府事三年李璮叛據濟南從元帥闊闊帶統兵誅之山東平阿朮奉詔伐宋召文用爲其屬文用辭曰新制諸侯總兵者其子弟勿復任兵事今吾兄文炳以經略使總重兵鎮山東我不當行阿朮曰潛邸舊臣不得引此爲說文用謝病不行至元改元召爲西夏中興等路行省郎中中興自渾都海之亂民間相恐動竄匿山谷文用至鎮之以靜乃爲書置通衢諭之民乃安始開唐來漢延秦家等渠墾中興西涼甘肅瓜沙等州之土爲水田若干於是民之歸者戶四五萬悉授田種頒農具更造舟置黃河中受諸部落及潰叛之來降者時諸王只必鐵木兒鎮西方其下縱橫需索無算省臣不能支文用坐幕府輒面折以法其徒積忿譖文用於王王怒召文用使左右雜問之意叵測文用曰我天子命吏非汝等所當問請得與天子所遣爲王傅者辨之王即遣其傅訊文用其傅中朝舊臣不肯順王意文用謂之曰我漢人生死不足計所恨者仁慈寬

厚如王以重戚鎭遠方而其下毒虐百姓淩暴官府傷王威名於事體不便因歷指其不法者數十事其傅驚起去白王王卽召文用謝之曰非郎中我殆不知郎中持此心事朝廷宜勿怠自是譖不行而省府事頗立二年入奏經略事宜還以上旨行之中興遂定八年立司農司授山東東西道巡行勸農使山東自更叛亂野多曠土文用巡行勸勵無問幽僻入登州境見其墾闢有方以郡守移剌某爲能作詩表異之於是列郡咸勸地利畢興五年之間政績爲天下勸農使之最十二年丞相安童奏文用爲工部侍郎代紇石里紇石里阿合馬私人也其徒旣讒間安童罷相卽使鷹監奏曰自紇石里去工部侍郎不給鷹食鷹且瘦死帝怒促召治之因急捕文用入見帝望見曰董文用乃爲爾治鷹食者耶置不問別令取給有司十三年出文用爲衛輝路總管佩金虎符郡當衝要民爲兵者十之九餘皆單弱貧病不堪力役會初得江南圖籍金玉財帛之運日夜不絕于道警衛輸輓日役數千夫文用憂之曰吾民弊矣而又重妨耕作殆不可乃從轉運主者言州縣吏卒足以備用不必重煩吾民也主者曰

汝言誠然萬一有不虞則罪將誰歸文用卽手書具官姓名保任之民得以時耕而運事亦不廢諸郡運江淮粟于京師衞當運十五萬石文用曰民籍可役者無幾且江淮風水舟不能以時至而先爲期會是未運而民已困矣乃集旁郡通議立驛置法民力以紓十四年詣汴漕司言事適漕司議通沁水北東合流御河以便漕者文用曰衞爲郡地最下大雨時行沁水輒溢出百十里間雨更甚水不得達于河卽浸淫及衞今又引之使來豈惟無衞將無大名長蘆矣會朝廷遣使相地形上言衞州城中浮屠最高者纔與沁水平勢不可開也事遂寢十六年受代歸田里茅茨數椽僅避風雨讀書賦詩怡然燕居裕宗在東宮數爲臺臣言董文用勳舊忠良何以不見用十八年臺臣奏起文用爲山北遼東道提刑按察使不赴十九年朝廷選用舊臣召文用爲兵部尚書自是朝廷有大議未嘗不與聞二十年江淮省臣有欲專肆而忌廉察官建議行臺隸行省狀上集朝臣議之文用議曰不可御史臺譬之臥虎雖未噬人人猶畏其爲虎也今虛名僅存紀綱猶不振一旦摧抑之則風采薾然無可復望者矣昔

珍倣宋版印

阿合馬用事時商賈賤役皆行賄入官及事敗欲盡去其人廷議以爲不可使阿合馬售私恩而朝廷驟斂怨也乃使按察司劾去其不可者然後吏有所憚民有所赴訴則是按察司者國家當飭勵之不可摧抑也悉從文用議轉禮部尚書遷翰林集賢二院學士知祕書監時中書右丞盧世榮以貨利得幸權要爲貴官陰結貪刻之黨以錙銖掊克爲功乃建議曰我立法治財視常歲當倍增而民不擾也詔下會議人無敢言者文用陽問曰此錢取於右丞之家耶將取之於民耶取於右丞之家則不敢知若取諸民則有說矣牧羊者歲嘗兩剪其毛今牧人日剪其毛而獻之則主者固悅其得毛之多矣然而羊無以避寒熱卽死且盡毛又可得哉民財亦有限取之以時猶懼其傷殘也今盡刻剝無遺猶有百姓乎世榮不能對丞相安童謂坐中曰董尚書真不虛食俸祿者議者出皆謝文用曰君以一言折聚斂之臣而厚邦本真仁人之言哉世榮竟以是得罪二十二年拜江淮行中書省參知政事文用力辭帝曰卿家世非他人比朕所以任卿者不在錢穀細務也卿當察其大者事有不便但言之文用遂

行行省長官者素貴多傲同列莫敢仰視跪起稟白如小吏事上官文用至則坐堂上侃侃與論是非可否無所遷就雖數忤之不顧也有以帝命建佛塔於宋故宮者有司奉行甚急天大雨雪入山伐木死者數百人猶欲併建大寺文用謂其人曰非時役民民不堪矣少徐之如何長官者曰參政奈何格上命耶文用曰非敢格上命今日之困民力而失民心者豈上意耶其人意沮遂稍寬其期二十三年朝廷將用兵海東徵斂益急有司大爲奸利文用請入奏事大略言疲國家可寶之民力取僻陋無用之小邦列其條目甚悉言上事遂罷二十五年拜御史中丞文用曰中丞不當理細務吾當先舉賢才乃舉胡祗遹王惲雷膺荊幼紀許楫孔從道十餘人爲按察使徐琰魏初爲行臺中丞當時以爲極選方是時桑哥當國恩寵方盛自近戚貴人見之皆屏息遜避無敢誰何文用以舊臣任中丞獨不附之桑哥令人風文用頌己功於帝前文用不答桑哥又自謂文用曰百司皆具食於丞相府矣文用又不答會朔方軍興糧糗粗備而誅求愈急文用謂桑哥曰民急矣外難未解而內伐其根本丞相宜思之

於是遠邇盜賊蜂起文用持外相所上盜賊之目謂桑哥曰百姓豈不欲生養安樂哉急法暴斂使至此爾御史臺所以救政事之不及丞相當助之不當抑之也御史臺不得行則民無所赴愬民無所赴愬而政日亂將不止於臺事之不行也忤其意益深乃摭拾臺事百端文用日與辨論不爲屈於是具奏桑哥姦狀詔報文用語密而外人不知也桑哥日誣譖文用于帝曰在朝惟董文用戇傲不聽令沮撓尚書省請痛治其罪帝曰彼御史之職也何罪之有且董文用端謹朕所素知汝善視之遷大司農時欲奪民田爲屯田文用固執不可還爲翰林學士承旨二十七年隆福太后在東宮以文用舊臣欲使文用授皇孫經具奏上以帝命命之文用每講說經旨必附以朝廷故事丁嚀譬喻反覆開悟皇孫亦特加敬禮三十一年帝命文用以其諸子入見文用曰臣蒙國厚恩死無以報臣之子何能爲命至再三終不以見是歲世祖崩成祖將即位上都太后命文用從行既即位巡狩三不剌之地文用曰先帝新棄天下陛下巡狩不以時還無以慰安元元宜趣還京師且臣聞人君猶北辰然居其所而衆星

拱之不在勤遠略也帝悟即日可其奏是行也帝每召入帳中問先朝故事文用亦感言先帝虛心納賢開國經世之務談說或至夜半文用自先帝時每侍燕與蒙古大臣同列裕宗嘗就榻上賜酒使毋下拜跪飲皆異數也帝在東宮時正旦受賀於衆中見文用召使前曰吾向見至尊甚稱汝賢輒親取酒飲之至是眷賚益厚是年詔修先帝實錄陞資德大夫知制誥兼修國史文用於祖宗世系功德近戚將相家世勳績皆記憶貫穿史館有所考究質問文用應之無遺失大德元年上章請老賜中統鈔萬貫以歸官一子鄉郡侍養六月戊寅以疾卒年七十有四子八人士貞士亨士楷士英士昌士恆士廉士方贈銀青光祿大夫少保壽國公諡忠穆

文直字彥正儁之第四子也剛毅莊栗簡言笑通經史法律爲稾城長官佩金符初兄文炳及季弟文忠去事世祖次文用亦在朝俱有仰於家而食者餘百口文直勤儉始終不替內則養生送死之合禮外則中表賓問之中度奉上接下一敬一愛藹乎其睦也性好施而甚仁里閈或貧不自立每陰濟其急不使

之知恩所從來微至僮病必手予粥藥或止之曰不忍以其賤違吾愛心及棄官浮沉里社任真適意親賓過從尊酒相勞家門日以烜赫己獨恬然不見諸辭色以病卒年五十有二

文忠字彥誠俊第八子也歲壬子入侍世祖潛邸王鶚嘗言詩因問文忠能之乎文忠曰吾少讀書惟知入則孝於親出則忠於君而已詩非所學也癸丑從征南詔己未伐宋與兄文炳文用敗宋兵於陽羅堡得蒙衝百艘進圍鄂世祖卽位置符寶局以文忠爲郎授奉訓大夫居益近密嘗呼董八而不名文忠不爲容悅隨事獻納中禁事祕外多不聞至元二年安童以右丞相入領中書建陳十事言忤旨文忠曰丞相素有賢名今秉政之始人方傾聽所請不得後何以爲遂從旁代對懇悃詳切如身條是疏者始得允可八年侍講學士徒單公履欲奏行貢舉知帝於釋氏重教而輕禪乃言儒亦有之科舉類教道學類禪帝怒召姚樞許衡與宰臣廷辨文忠自外入帝曰汝日誦四書亦道學者文忠對曰陛下每言士不治經講孔孟之道而爲詩賦何關修身何益治國由是海

內之士稍知從事實學臣今所誦皆孔子之言焉知所謂道學而俗儒守亡國
餘習欲行其說故以是上惑聖聽恐非陛下教人修身治國之意也事遂止十
一年伐宋民困供饋文忠奏免常歲橫征從之帝嘗見宋降將從容問宋所以
亡者皆曰賈似道當國薄武人而重文儒將士怨之莫有鬭志故大軍旣至爭
解甲歸命也帝問文忠此言何如文忠因詰之曰似道薄汝矣而君則貴汝以
官富汝以祿未嘗薄汝也今有怨於相而移於君不肯一戰坐視國亡如臣節
何然則似道薄汝者豈非預知汝曹不足恃乎帝深善之有旨徙大都獵戶於
郢中文忠奏止之又請罷官鬻田器之稅聽民自爲時多盜詔犯者皆殺無赦
在處繫囚滿獄文忠言殺人取貨與竊一錢者均死慘黷莫甚恐乖陛下好生
之德勅革之或告漢人毆傷國人及太府監屬盧甲盜翦官布帝怒命殺以懲
衆文忠言今刑曹於囚罪當死者已有服辭猶必詳讞是豈可因人一言遽加
之重典宜付有司閱實以俟後命乃遣文忠及近臣突滿分覈之皆得其誣狀
遂詔原之帝因責侍臣曰方朕怒時卿曹皆不敢言非董文忠開悟朕心則殺

二無辜之人必取議中外矣因賜文忠金尊曰用旌卿直裕宗亦語宮臣曰方天威之震董文忠從容諫正實人臣難能者太府監屬奉物詣文忠泣謝曰鄙人賴公復生文忠曰吾素非知子所以相救於危急者蓋爲國平刑豈望子見報哉卻其物不受自安童北伐阿合馬獨當國柄大立親黨懼廉希憲復入爲相害其私計奏希憲以右丞行省江陵文忠言希憲國家名臣今宰相虛位不可使久居外以孤人望宜早召還從之十六年十月奏曰陛下始以燕王爲中書令樞密使纔一至中書自冊爲太子累使明習軍國之事然十有餘年終守謙退不肯視事者非不奉明詔也蓋朝廷處之未盡其道爾夫事已奏決而始啓太子是使臣子而可否君父之命故惟有唯默避遜而已以臣所知不若令有司先啓而後聞其有未安者則以詔敕斷之庶幾理順而分不踰太子必不敢辭其責矣帝即日召大臣面諭其意使行之復語太子曰董八崇立國本者其勿忘之禮部尚書謝昌元請立門下省封駁制敕以絕口書風曉近習奏請之弊帝銳意欲行之詔廷臣雜議且怒翰林學士承旨王磐曰如是有益之事

汝不入告而使南方後至之臣言之汝用學問何爲必今日開是省三日廷臣奏以文忠爲侍中及其屬數十人近臣乘便言曰陛下將別置省此實其時然得人則可以寬聖心新民聽今聞盜詐之臣與居其閒不可其言多指文忠文忠忿辨曰上每稱臣不盜不詐今汝顧臣而言意實在臣其顯言臣盜詐何事帝令言者出文忠猶訴不止且攻其害國之姦帝曰朕自知之彼不言汝也其人忌文忠欲中害之然以文忠清愼無過乃奉鈔萬緡爲壽求交驩文忠却之文炳爲中書左丞卒太傅伯顏乃表文忠可相帝使繼其官文忠辭曰臣兄有平定南方之勞可居是位臣嘗給事居中所宣何力敢冒居重職乎十八年陛典瑞局爲監郎爲卿仍以文忠爲之授正議大夫俄授資德大夫僉書樞密院事卿如故車駕行幸詔文忠毋扈從留居大都凡宮苑城門直舍徼道環衛營屯禁兵太府少府軍器尚乘諸監皆領焉兵馬司舊隸中書幷付文忠時權臣累請奪還中書不報是冬十月二十有五日鷄鳴將入朝忽病仆帝遣中使持藥投救不及遂卒甚悼惜之賻錢數十萬後制贈光祿大夫司徒封壽國公諡

忠貞

嚴實 子忠濟

嚴實字武叔泰安長清人略知書志氣豪放不治生產喜交結施與落魄里社間屢以事繫獄俠少輩爲出死力乃得脫去癸酉秋太祖率兵自紫荆口入分略山東河北河東而歸金東平行臺調民爲兵以實爲衆所服命爲百戶甲戌春泰安張汝楫據靈巖遣別將攻長清實破走之以功授長清尉戊寅權長清令宋取益都乘勝而西行臺檄實備芻糧爲守禦計實出督租比還而長清破俄以兵復之有譖于行臺者謂實與宋有謀行臺以兵圍之實挈家避青崖宋因以實爲濟南治中分兵四出所至無不下於是太行之東皆受實節制庚辰三月金河南軍攻彰德守將單仲力不支數求救實請於主將張林林逗遛不行實獨以兵赴之比至而仲被擒實知宋不足恃七月謁太師木華黎於軍門挈所部彰德大名磁洺恩博滑濬等州戶三十萬來歸木華黎承制拜實金紫光祿大夫行尚書省事進攻曹濮單三州皆下之偏將李信留鎮青崖嘗有罪

懼誅乘實之出殺其家屬降于宋辛巳實以兵復青崖擒信誅之進攻東平金守將和立剛棄城遁實入居之壬午宋將彭義斌率師取京東州縣實將晁海以青崖降盡掠實家義斌軍西下郡縣多歸之乙酉四月遂圍東平實潛約次將孛里海合兵攻之兵久不出城中食且盡乃與義斌連和義斌亦欲藉實取河朔而後圖之請以兄事實時麾下衆尚數千義斌聽其自領而青崖所掠者則留不遣七月義斌下真定道西山與孛里海等軍相望分實以帳下兵陽助而陰伺之實知勢迫急赴孛里海軍與之合遂與義斌戰宋兵潰擒義斌不旬月京東州縣復爲實有是冬木華黎之弟帶孫取彰德明年取濮東平又明年木華黎之子孛魯取益都實皆有功焉庚寅四月朝太宗于牛心之幄殿帝賜之坐宴享終日賜以虎符數顧實謂侍臣曰嚴實真福人也甲午朝于和林授東平路行軍萬戶偏裨賜金符者八人先是實之所統凡五十餘城至是惟德兗濟單隸東平丁酉九月詔實毋事征伐初彰德既下又破水柵帶孫怒其反覆驅老幼數萬欲屠之實曰此國家舊民吾兵力不能及爲所脅從果何罪耶

帶孫從之繼破濮州復欲屠之實言百姓未嘗敵我豈可與執兵刃者同戮不
若留之以供芻秣濮人免者又數萬其後於曹楚丘定陶上黨皆然時兵由武
關出襄鄧實在徐邳間以爲河南破屠戮必多乃載金繒往贖之且約束諸將
毋敢妄有殺掠靈壁一縣當誅者五萬人實悉救之會大饑民北徙者多餓死
又法藏匿逃者保社皆坐逃亡無所託殭尸蔽野實命作糜粥盛置道傍全活
者衆實部曲有逃歸益都者數十人益都破皆獲之以爲必殺實置不問王義
深者義斌之別將聞義斌敗將奔河南實族屬在東平者皆爲所害河南破實
獲義深妻子厚周卹之送還鄉里終不以舊怨爲嫌其寬厚長者類若此庚子
卒年五十九遠近悲悼野哭巷祭旬月不已中統二年追封實爲魯國公諡武
惠子忠貞金紫光祿大夫忠濟忠嗣忠範忠傑忠裕忠祐

忠濟一名忠翰字紫芝實之第二子也儀觀雄偉善騎射辛丑從其父入見太
宗命佩虎符襲東平路行軍萬戶管民長官開府布政一法其父養老尊賢治
爲諸道第一領兵略地淮漢偏裨部曲戮力用命定宗憲宗卽位之始皆加褒

寵忠濟初統千戶十有七乙卯朝命括新軍山東益兵二萬有奇忠濟弟忠嗣
忠範爲萬戶以次諸弟暨勳將之子爲千戶城戍宿衞蘄縣而忠濟皆統之己
未世祖南伐詔率師由間道會鄂親率勇士梯衝登城師還忠濟選勇敢二千
人命千戶將之甲仗精銳所向無前大臣有言其威名太盛者中統二年召還
京師命忠範代之忠濟治東平日借貸於人代部民納逋賦歲久愈多及謝事
債家執文劵來徵帝聞之悉命發內藏代償東平廟學故隘陋改卜高爽地于
城東教養諸生後多顯者幕僚如宋子貞劉肅李昶徐世隆俱爲名臣至元二
十三年特授資德大夫中書左丞行江浙省事以老辭二十九年賜鈔萬五千
緡宅一區召其子瑜入侍三十年卒忠濟統理方郡凡十一年爵人命官生殺
予奪皆自己出及謝去大權貴而能貧安于義命世以是多之後諡莊孝
忠嗣實之第三子也少從張澄商挺李楨學略知經史大義辛亥其兄忠濟授
以東平人匠總管遙領單州防禦使事乙卯充東平路管軍萬戶丁巳從忠濟
略地揚州取邵伯埭首立戰功己未南征從忠濟渡淮分兵出桂車嶺與宋兵

相拒三晝夜殺獲甚衆始達蘄州及渡江抵鄂分部攻城九十餘日戰甚力師還授金虎符中統三年李璮叛宋兵攻蘄州勢張甚徐州總管李杲哥降于宋齊魯山寨爲宋兵所據忠嗣從大帥按脫救蘄縣復徐州執李杲哥殺之攻鄒之嶧山滕之牙山多所殺獲按脫論功以聞賜銀二百兩幣五十端四年朝廷懲青齊之亂居大藩者子弟不得親政於是罷官家居至元十年卒

元史卷一百四十八

元史卷一百四十八考證

文忠傳諡忠貞○臣祖庚按名臣事略作正獻

元史卷一百四十八考證

元史卷一百四十九

明翰林學士亞中大夫知制誥兼修國史宋　濂等修

列傳第三十六

耶律留哥

耶律留哥契丹人仕金爲北邊千戶太祖起兵朔方金人疑遼遺民有他志下令遼民一戶以二女真戶夾居防之留哥不自安歲壬申遁至隆安韓州糾壯士剽掠其地州發卒追捕留哥皆擊走之因與耶的合勢募兵數月衆至十餘萬推留哥爲都元帥耶的副之營帳百里威震遼東太祖命按陳那衍渾都古行軍至遼遇之問所從來留哥對曰我契丹軍也往附大國道阻馬疲故逗遛於此按陳曰我奉旨討女真適與爾會庸非天乎然爾欲效順何以爲信留哥乃率所部會按陳于金山刑白馬白牛登高北望折矢以盟按陳曰吾還奏當以征遼之責屬爾金人遣胡沙帥軍六十萬號百萬來攻留哥聲言有得留哥骨一兩者賞金一兩肉一兩者賞銀亦如之仍世襲千戶留哥度不能敵亟馳

表聞帝命按陳孛都歡阿魯都罕引千騎會留哥與金兵對陳于迪吉腦兒留哥以姪安奴爲先鋒橫衝胡沙軍大敗之以所俘輜重獻帝召按陳還而以可特哥副留哥屯其地衆以遼東未定癸酉三月推留哥爲王立妻姚里氏爲妃以其屬耶廝不爲郡王坡沙僧家奴耶的李家奴等爲丞相元帥尚書統古與著撥行元帥府事國號遼甲戌金遣使青狗誘以重祿使降不從青狗度其勢不可反臣之金主怒復遣宣撫萬奴領軍四十餘萬攻之留哥逆戰于歸仁縣北河上金兵大潰萬奴收散卒奔東京安東同知阿憐懼遣使求附於是盡有遼東州郡遂都咸平號爲中京金左副元帥移剌都以兵十萬攻留哥拒戰敗之乙亥留哥破東京可特哥娶萬奴之妻李僊娥留哥不直之有隙既而耶廝不等勸留哥稱帝留哥曰向者吾與按陳那衍盟願附大蒙古國削平疆宇倘食其言而自爲東帝是逆天也逆天者必有大咎衆請愈力不獲已稱疾不出潛與其子薛闍奉金幣九十車金銀牌五百至按坦孛都罕入覲帝曰漢人先納款者先引見太傅阿海奏曰劉伯林納款最先帝曰伯林雖先然迫於重圍

而來未若留哥仗義効順也其先留哥既見帝大悅謂左右曰凡留哥所獻白之於天乃可受遂以白氈陳於前七日而後納諸庫因問舊何官對曰遼王帝命賜金虎符仍遼王又問戶籍幾何對曰六十餘萬帝曰可發三千人爲質朕遣蒙古三百人往取之汝亦遣人偕往留哥遣大夫乞奴安撫禿哥與俱且命詰可特哥曰汝妻萬奴之妻悖法尤甚其拘縶以來可特哥懼與耶廝不等紿其衆曰留哥已死遂以其衆叛殺所遣三百人惟三人逃歸事聞帝諭留哥曰爾毋以失衆爲憂朕倍此數封爾無吝也草青馬肥資爾甲兵往取家孥丙子乞奴金山青狗統古與等推耶廝不僭帝號於澄州國號遼改元天威以留哥兄獨剌爲平章置百官方閱月其元帥青狗叛歸于金耶廝不爲其下所殺推其丞相乞奴監國與其行元帥鴉兒分兵民爲左右翼屯開保州關金蓋州守將衆家奴引兵攻敗之留哥引蒙古軍數千適至得兄獨剌并妻姚里氏戶二千鴉兒引敗軍東走留哥追擊之還渡遼河招撫懿州廣寧徙居臨潢府乞奴走高麗爲金山所殺金山又自稱國王改元天德統古與復殺金山而自立喊

舍又殺之亦自立戊寅留哥引蒙古契丹軍及東夏國元帥胡土兵十萬圍喊舍高麗助兵四十萬克之喊舍自經死徙其民於西樓自乙亥歲留哥納款遼東反覆耶廝不僭號七十餘日金山二年統古與喊舍亦僭二年至己卯春留哥復定之庚辰留哥卒年五十六妻姚里氏入奏會帝征西域皇太弟承制以姚里氏佩虎符權領其衆者七年丙戌帝還姚里氏攜次子善哥鐵哥永安及從子塔塔兒孫收國奴見帝于河西阿里湫城帝曰健鷹飛不到之地爾婦人乃能來耶賜之酒慰勞甚至姚里氏奏曰留哥既沒官民乏主其長子薛闍扈從有年願以次子善哥代之使歸襲爵帝曰薛闍今爲蒙古人矣其從朕之征西域也回回圍太子於合迷城薛闍引千軍救出之身中槊又於蒲華尋思干城與回回格戰傷於流矢以是積功爲拔都魯不可遣當令善哥襲其父爵姚里氏拜且泣曰薛闍者留哥前妻所出嫡子也宜立善哥者婢子所出若立之是私己而蔑天倫婢子竊以爲不可帝歎其賢給驛騎四十從征河西賜河西俘人九口馬九匹白金九錠幣器皆以九計許以薛闍襲爵而留善哥塔塔兒

收國奴於朝惟遣其季子永安從姚里氏東歸丁亥帝召薛闍謂曰昔女真猖獗爾父起兵自遼東會朕師又能割愛以爾事朕其情貞慤可尙繼而奸人耶廝不等叛人民離散欲食爾父子之肉者今豈無人乎朕以兄弟視爾父則爾猶吾子爾父亡矣爾其與吾弟孛魯古台並轄軍馬爲第三千戶薛闍受命己丑從太宗南征有功賜馬四百牛六百羊二百庚寅帝命與撒兒台東征收其父遺民移鎭廣寧府行廣寧路都元帥府事自庚寅至丁酉連征高麗東夏萬奴國復戶六千有奇戊戌薛闍卒年四十六子收國奴襲爵行廣寧府路總管軍民萬戶府事易名石剌征高麗有功辛亥睿宗以石剌爲國宣力者三代命益金更造所佩虎符賜之佐諸王也苦及扎剌台控制高麗己未卒年四十五長子古乃嗣中統元年征河西三年征李璮破嶧山以功皆受賞至元六年朝廷併廣寧于東京去職是歲卒年三十六子忒哥薛闍弟善哥賜名蒙古歹命從親王口温不花己丑從攻破天城堡鳳翔府以功襲充拔都魯壬辰引兵三千渡河會大軍平金後伐宋拔光州棗陽由千戶遷廣寧尹至元元年卒年五

十二子天祐襲廣寧千戶改廣寧縣尹

劉伯林

劉伯林濟南人好任俠善騎射金末爲威寧防城千戶壬申歲太祖圍威寧伯林知不能敵乃縋城詣軍門請降太祖許之遣禿魯花等與偕入城遂以城降帝問伯林在金國爲何官對曰都提控卽以元職授之命選士卒爲一軍與太傅耶律禿懷同征討招降山後諸州太祖北還留伯林屯天成遏金兵前後數十戰進攻西京錄功賜金虎符以本職充西京留守兼兵馬副元帥癸酉從征山東攻梁門遂城下之乙亥同國王木華黎攻破燕京丁丑復從大軍攻下山東諸州木華黎上其功賜名馬二十匹錦衣一襲戊寅同攻下太原平陽己卯破潞絳及火山聞喜諸州縣時論欲徙聞喜民實天成伯林以北地喪亂人艱於食力爭而止之部曲所獲俘虜萬計悉縱之在威寧十餘年務農積穀與民休息隣境凋瘵而威寧獨爲樂土嘗曰吾聞活千人者後必封吾之所活何啻萬餘人子孫必有興者乎辛巳以疾卒年七十二累贈太師封秦國公謚忠順

子黑馬

黑馬名嶷字孟方始生時家有白馬產黑駒故以爲小字後遂以小字行驍勇有志略年幾弱冠隨父征伐大小數百戰出入行陣略無懼色嘗獨行遇金兵圍本部十三人即奮劍入圍手殺金兵數人十三人皆得脫歲壬午襲父職爲萬戶佩虎符兼都元帥癸未從國王木華黎攻鳳翔不克回屯絳州又從孛羅攻西夏唐兀甲申從按真那衍攻破東平大名乙酉金降將武僊據真定以叛從孛羅討之破真定武僊遁去金將忽察虎以兵四十萬復取山後諸州黑馬逆戰隘胡嶺大破之斬忽察虎歲己丑太宗即位始立三萬戶以黑馬爲首重喜史天澤次之授金虎符充管把平陽宣德等路管軍萬戶仍僉太傅府事總管漢軍從征回回河西諸國及破鳳翔西河沔州諸城堡庚寅睿宗入自大散關假道於宋以伐金命黑馬先由興元金房東下至三峯山遇金大將合達與戰大破之虜合達斬首數萬級乘勝攻破香山寨及鈞州賜西錦良馬貂鼠衣以旌其功會增立七萬戶仍以黑馬爲首重喜史天澤嚴實等次之癸巳從破

南京賜繡衣玉帶甲午從破蔡州滅金乙未同都元帥答海紺卜征西川辛丑
改授都總管萬戶統西京河東陝西諸軍萬戶夾谷忙古歹田雄等並聽節制
入覲帝慰勞之賜銀鼠皮三百爲直孫衣尋命巡撫天下察民利病應州郭志
全反脅從詿誤者五百餘人有司議盡戮之黑馬止誅其爲首者數人餘悉從
輕典癸丑從憲宗至六盤山商州與宋接境數爲所侵命黑馬守之宋人斂兵
不敢犯丁巳入覲請立成都以圖全蜀帝從之成都既立就命管領新舊軍民
小大諸務賜號也可禿立中統元年廉希憲商挺宣撫川陝時密力火者握重
兵居成都希憲與挺慮其爲變以黑馬有膽智使乘驛矯詔竟誅之其子訴于
朝世祖諭之曰玆朕命也其勿復言三年命兼成都路軍民經略使瀘州被圍
黑馬已屬疾猶親督轉輸不輟左右諫其少休黑馬曰國事方急以此死無憾
遂卒年六十三累贈太傅封秦國公謚忠惠子十二人元振元禮顯
元振字仲舉黑馬長子也隨父入蜀立成都會商鄧間有警命黑馬往鎭商鄧
以元振攝萬戶時年方二十既涖事號令嚴明賞罰不妄麾下宿將皆敬服之

憲宗伐宋駐蹕釣魚山以元振與紐鄰爲先鋒中統元年世祖卽位廉希憲商挺奏以爲成都經略使總管萬戶宋瀘州守將劉整密送款求降黑馬遣元振往受之諸將皆曰劉整無故而降不可信也元振曰宋權臣當國賞罰無章有功者往往以計除之是以將士離心且整本非南人而居瀘南重地事勢與李全何異整此舉無可疑者遂行黑馬戒之曰劉整宋之名將瀘乃蜀之衝要今整遽以瀘降情僞不可知汝無爲一身慮事成則爲國家之利不成則當効死乃其分也元振至瀘整開門出迎元振棄衆而先下馬與整相見示以不疑明日請入城元振釋戎服從數騎與整聯轡而入飲燕至醉整心服焉獻金六千兩男女五百人元振以金分賜將士而歸還其男女宋瀘州主帥俞興率兵圍瀘州晝夜急攻自正月至五月城幾陷左右勸元振曰事勢如此宜思變通整本非吾人與俱死無益也元振曰人以誠歸我旣受其降豈可以急而棄之且瀘之得失關國家利害吾有死而已食將盡殺所乘馬犒將士募善游者齎蠟書至成都求援又權造金銀牌分賞有功未幾援兵至元振與整出城合擊與

兵大敗之斬其都統一人與退走捷聞且自陳擅造金銀牌罪帝嘉其通於權
變賜錦衣一襲白金五百兩入朝又賜黃金五十兩弓矢鞍轡黑馬卒元振居
喪起授成都軍民經略使至元七年時議以勳舊之家事權太重宜稍裁抑遂
降爲成都副萬戶十一年命兼潼川路副招討使十二年卒年五十一子緯數
從父行軍元振卒緯襲職佩虎符爲萬戶守潼川創立遂寧諸處山寨從圍釣
魚山數戰有功攻合州授潼川路副招討遷副都元帥復授管軍萬戶遷同知
四川西道宣慰司事入朝進四川西道宣慰使拜陝西行省參知政事卒
元禮黑馬第五子也性渾厚有謀常從父在軍中歲甲寅授金符爲京兆路奧
魯萬戶中統四年遷興元成都等路兵馬左副元帥至元元年遷潼川路漢軍
都元帥二年九月宋制置夏貴率軍五萬犯潼川元禮所領纔數千衆寡不敵
諸將登城望貴軍有懼色元禮曰料敵制勝在智不在力乃出戰屢破之復大
戰蓬溪自寅至未勝負不決激厲將士曰此去城百里爲敵所乘則城不可得
入潼川非國家有矣丈夫當以死戰取功名時不可失也即持長刃大呼突入

陣所向披靡將士咸奮無不一當百大敗貴兵斬首萬餘級生擒千餘人捷奏賜錦衣二襲白金三錠名馬一匹金鞍轡弓矢召入朝命復還潼川立蓬溪寨元禮又奏嘉定去成都三百六十里其間舊有眉州城可修復之屯兵以扼嘉定往來之路世祖從之四年命平章趙寶臣往視可否或以爲眉州荒廢已久立之無關利害徒費財力元禮力爭之寶臣是其言遂興役七日而畢宋人駭其速元禮鎮守眉州五年召入朝乞解官養母從之九年起授懷遠大將軍延安路總管卒

郭寶玉

郭寶玉字玉臣華州鄭縣人唐中書令子儀之裔也通天文兵法善騎射金末封汾陽郡公兼猛安引軍屯定州歲庚午童謠曰摇摇罟罟至河南拜闕氏既而太白經天寶玉歎曰北軍南汴梁卽降天改姓矣金人以獨吉思忠僕散揆行中書省領兵築烏沙堡會太師木華黎軍忽至敗其兵三十餘萬思忠等走寶玉舉軍降木華黎引見太祖問取中原之策寶玉對曰中原勢大不可忽也

西南諸蕃勇悍可用宜先取之藉以圖金必得志焉又言建國之初宜頒新令
帝從之於是頒條畫五章如出軍不得妄殺刑獄惟重罪處死其餘雜犯量情
笞決軍戶蒙古色目人每丁起一軍漢人有田四頃人三丁者僉一軍年十五
以上成丁六十破老站戶與軍戶同民匠限地一頃僧道無益於國有損於民
者悉行禁止之類皆寶玉所陳也帝將伐西蕃患其城多依山險問寶玉攻取
之策對曰使其城在天上則不可取如不在天上至則取矣帝壯之授抄馬都
鎮撫癸酉從木華黎取永清破高州降北京龍山復帥抄馬從錦州出燕南破
太原平陽諸州縣甲戌從帝討契丹遺族歷古徐鬼國訛夷朵等城破其兵三
十餘萬寶玉胸中流矢帝命剖牛腹置其中少頃乃蘇尋復戰收別失八里別
失蘭等城次忽章河西人列兩陣迎拒戰方酣寶玉望其衆疾呼曰西陣走矣
其兵果走追殺幾盡進兵下撏思干城次暗木河敵築十餘壘陳船河中俄風
濤暴起寶玉令發火箭射其船一時延燒乘勝直前破護岸兵五萬斬大將佐
里遂屠諸壘收馬里四城辛巳可弗义國唯算端罕破乃滿國引兵據撏思干

聞帝將至棄城南走入鐵門屯大雪山寶玉追之遂奔印度帝駐大雪山前時谷中雪深二丈寶玉請封山川神壬午三月封崐崘山爲玄極王大鹽池爲惠濟王從柘柏速不台二先鋒收契丹渤海等諸國有功累遷斷事官卒于賀蘭山子德海德山德山以萬戶破陝州攻潼關卒

德海字大洋資貌奇偉亦通天文兵法金末爲謀克擊宋將彭義斌於山東敗之知父寶玉北降遁入太行山大軍至乃出降爲抄馬彈壓從先鋒柘柏西征渡乞則里八海攻鐵山衣幟與敵軍不相辨乃焚蒿爲號煙焰漫野敵軍動乘之斬首三萬級踰雪嶺西北萬里進軍次答里國悉平之乙酉還至崢山吐蕃帥尼倫回紇帥阿必丁反復破斬之戊子春從元帥闊闊出游騎入關中金人閉關拒守德海引驍騎五百斬關入殺守者三百人直擣淩風渡寨後兵不至引還己丑秋破南山八十三寨陝西平德海導大將魁欲那拔都假道漢中歷荊襄而東與金將武僊軍十萬遇於白河德海提孤軍轉戰僊敗走斬首二萬餘級復破金移剌粘哥軍于鄧冬十一月至鈞州辛卯春正月睿宗軍自洛陽

來會于三峯山金人溝地立軍圍之睿宗令軍中祈雪又燒羊胛骨卜得吉兆夜大雪深三尺溝中軍僵立刀槊凍不能舉我軍衝圍而出金人死者三十餘萬其帥完顏哈達移剌蒲兀走匿浮圖上德海命掘浮圖基出其柱而焚之完顏斜烈單騎遁還洛陽又破金將合喜兵於中牟完顏斜烈復帥軍十萬來拒戰于鄭先登破之殺其都尉左崇以功遷右監軍壬辰正月破金師於黃龍岡癸巳取申唐二州甲午河南復叛德海往討之砲傷其足以疾歸卒先是太宗詔大臣忽都虎等試天下僧尼道士選精通經文者千人有能工藝者則命小通事合住等領之餘皆爲民又詔天下置學廩育人材立科目選之入仕皆從德海之請也子侃

侃字仲和幼爲丞相史天澤所器重留于家而教養之弱冠爲百戶鷙勇有謀略壬辰金將伯撒復取衛州侃拒之破其兵四萬於新衛州遂渡河襲金主至歸德敗其兵於閿伯臺卽從速不台攻汴西門金元帥崔立降以功授總把從天澤屯太康復以下德安功爲千戶壬子送兵仗至和林攺抄馬那顏從宗王

旭烈兀西征癸丑至木乃兮其國塹道置毒水中侃破其兵五萬下一百二十八城斬其將忽都答而兀朱算灘算灘華言王也丙辰至乞都卜其城在檐寒山上懸梯上下守以精兵悍卒乃築夾城圍之莫能克侃架砲攻之守將卜者納失兒開門降旭烈兀遣侃往說兀魯兀乃算灘來降其父阿力據西城侃攻破之走據東城復攻破殺之丁巳正月至兀里兒城伏兵下令聞鉦聲則起敵兵果來伏發盡殺之海牙算灘降又西至阿剌汀破其游兵三萬禡拶答而算灘降至乞石迷部忽里算灘降西戎大國也地方八千里父子相傳四十二世勝兵數千萬侃兵至破其兵七萬屠西城又破其東城東城殿宇皆搆以沉檀木舉火焚之香聞百里得七十二絃琵琶五尺珊瑚燈檠兩城間有大河侃預造浮梁以防其遁城破合里法算灘登舟覩河有浮梁扼之乃自縛詣軍門降其將紂答兒遁去侃追之至暮諸軍欲頓舍侃不聽又行十餘里乃止夜暴雨先所欲舍處水深數尺明日獲紂答兒斬之拔三百餘城又西行三千里至大房其將住石致書請降左右以住石之請爲信然易之不爲備侃曰欺敵者亡

軍機多詐若中彼計恥莫大焉乃嚴備以待住石果來邀我師侃與戰大敗之
巴兒算灘降下其城一百八十五又西行四十里至密昔兒會日暮已休復驅
兵起留數病卒西行十餘里頓軍下令軍中銜枚轉箭敵不知也潛兵夜來襲
殺病卒可乃算灘大驚曰東天將軍神人也遂降戊午旭烈兀命侃西渡海收
富浪侃喻以禍福兀都算灘曰吾昨所夢神人乃將軍也卽來降師還西南至
石羅子敵人來拒侃直出掠陣一鼓敗之換斯干阿答畢算灘降至賓鐵侃以
奇兵奄擊大敗之加葉算灘降己未破兀林游兵四萬阿必丁算灘大懼來降
得城一百二十西南至乞里彎忽都馬丁算灘來降西域平侃以捷告至釣魚
山會憲宗崩乃還鄧開屯田立保障世祖卽位侃上疏陳建國號築都城立省
臺興學校等二十五事及平宋之策其略曰宋據東南以吳越爲家其要地則
荆襄而已今日之計當先取襄陽旣克襄陽彼揚廬諸城彈丸地耳置之勿顧
而直趨臨安疾雷不及掩耳江淮巴蜀不攻自平後皆如其策中統二年擢江
漢大都督府理問官二年二月益都李璮及徐州總管李杲哥俱反宋夏貴復

來犯邊史天澤薦侃召入見世祖問計所出曰羣盜竊發猶柙中虎內無資糧外無救援築城環之坐待其困計日可擒也帝然之賜尚衣弓矢馳至徐斬杲哥夏貴焚廬舍徙軍民南去侃追貴過宿遷縣奪軍民萬餘人而還賜金符爲徐邳二州總管杲哥之弟驢馬復與夏貴以兵三萬來擾邊境侃出戰斬首千餘級奪戰艦二百至元二年有言當解史天澤兵權者天澤遂遷他官侃亦調同知滕州三年侃上言宋人留羈我使宜興師問罪淮北可立屯田三百六十所每屯置牛三百六十具計一屯所出足供軍旅一日之需四年徙高唐令兼治夏津武城等五縣五年邑人吳乞兒濟南道士胡王反討平之七年改白馬令僧臧羅漢與彰德趙當驢反又平之帝以侃習於軍務擢爲萬戶從軍下襄陽由陽羅上流渡江江南平遷知寧海州居一年卒侃行軍有紀律野爨露宿雖風雨不入民舍所至興學課農吏民畏服子秉仁秉義

石天應

石天應字瑞之興中永德人善騎射豪爽不羈頗知讀書鄉里人多歸之太祖

時太師國王木華黎南下天應率衆迎謁軍門木華黎卽承制授與中府尹兵馬都提控俾從南征天應造戰攻之具臨機應變捷出如神以功拜龍虎衛上將軍元帥右監軍戊燕天應旌旗色用黑人目之曰黑軍屢從木華黎大小二百餘戰常以身先士卒累功遷右副元帥辛巳秋八月從木華黎征陝右假道西夏自東勝濟河南攻葭州拔之天應因說太師曰西戎雖降實未可信此州當金夏之衝居人健勇倉庫豐實加以長河爲限脫爲敵軍所梗緩急非便宜命將守之多造舟楫以備不虞此萬世計也木華黎然之表授金紫光祿大夫陝西河東起行臺兵馬都元帥以勁兵五千留守葭蘆遂造舟楫建浮橋諸將多言水漲波惡恐勞費無功天應下令曰有沮吾事者斷其舌橋成諸將悅服先時葭守王公佐收合餘燼攻函谷關將圖復故地及見橋成遂潰去於是分兵四出悉定葭綏之地一日謁木華黎於汾水東木華黎諭以進取之策天應還鎮召將佐謂曰吾累卿等留屯於此今聞河東西皆平川廣野可以駐軍規取關陝諸君以爲如何或諫曰河中雖用武之地南有潼關西有京兆皆金軍

所屯且民新附其心未一守之恐貽噬臍之悔天應曰葭州正通鄜延今鄜已平延不孤立若發國書令夏人取之猶掌中物耳且國家之急本在河南此州路險地僻轉餉甚難河中雖迫於二鎮實用武立功之地北接汾晉西連同華地五千餘里戶數十萬若起漕運以通餽餉則關內可尅期而定關內既定長河以南在吾目中矣吾年垂六十老耄將至一旦臥病床第聞後生輩立功名死不瞑目矣男兒要當死戰陣以報國是吾志也秋九月遂移軍河中既而金軍果潛入中條襲河中天應知之先遣驍將吳澤伏兵要路澤勇而嗜酒是夕方醉臥林中金兵由間道已直抵城下時兵燼後守具未完新附者爭縋而去敵乘隙入天應見火舉知敵已入奮身角戰左右從者四十餘騎皆曰吳澤誤我或勸西渡河天應曰先時人諫我南遷吾違衆而來此事急棄去是不武也縱太師不罪我何面目以見同列乎今日惟死而已汝等勉之少頃敵兵四合天應飲血力戰至日午死之木華黎聞而痛惜焉子煥中知與中府事執中行軍千戶受中與中府相副官初天應死事時弟天禹子佐中在軍中伺敵少懈

倒抽其斧反斫之突城而出趨木華黎行營求得蒙古軍數千回與敵戰敗之木華黎嘉其勇奏授金符行元帥尋詔將官各就本城授興中府千戶子安琬襲職佩金符從征大理討李璮皆有功十三年隆興之分寧叛行省檄安琬討之賊背山而陣安琬引兵出陣後賊驚潰退而距守安琬揮兵直抵壘門賊揚言曰願少容行伍而戰死且不憾安琬從之賊果出陣安琬突陣而入大呼曰吾止誅賊首庸卒非我敵也手刃中賊背生擒之累功至右衛親軍副都指揮使進階懷遠大將軍賜金虎符後授大同等處萬戶領江左新附卒萬人屯田紅城大德三年李萬戶當戍和寧親老且病安琬請代其行及還以病卒子居謙襲職後改忠翊侍衛親軍都指揮使

移剌捏兒

移剌捏兒契丹人也幼有大志膂力過人沉毅多謀略遼亡金以爲參議留守等官皆辭不受聞太祖舉兵私語所親曰爲國復讎此其時也率其黨百餘人詣軍門獻十策帝召見與語奇之賜名賽因必闍赤又問爾生何地對曰霸州

因號爲霸州元帥乙亥拜兵馬都元帥佐太師木華黎取北京下高利與松義錦等二十六城破五十四寨平利州賊劉四祿及錦州賊張致兵勢方熾且盜名號木華黎命捏兒與大將烏也兒椆斡兒合兵討之致拒戰捏兒出奇兵掩擊斬致木華黎第功以聞遷龍虎衞上將軍兵馬都提控元帥繼取遼東西廣寧金復海蓋等十五城與州監州重兒反復與烏也兒討平之帝遣使者詔之曰自汝効順戰功日多今錫汝金虎符居則理民有事則將其勿替朕意戊寅從攻東平辛巳從攻延安壬午從圍鳳翔先登手殺數十人左臂中流矢創甚裹創進攻丹延木華黎止之對曰創未至死敢自愛耶木華黎壯之與所乘白馬明日介其馬飾以朱纓簡驍衞七十人與金兵戰木華黎乘高見其馳突萬衆中曰此霸州元帥也諸軍繼進金兵敗走丹延十餘城皆降遷軍民都達魯花赤都提控元帥兼與勝府尹癸未從帝征河西取甘合辛蚝等州師還復從木華黎攻益都下萊膠淄等三十二城戊子得疾歸高州卒贈推忠宣力保德功臣太尉開府儀同三司上柱國追封興國公謚武毅子買奴

買奴蚤從父習戰陣初入見太祖問曰汝年小能襲父爵乎對曰臣年雖小國法不小帝異其對顧左右曰此兒甚肖乃父以爲高州等處達魯花赤兼征行萬戶庚寅命攻高麗花涼城監軍張翼劉霸都歿於敵買奴怒曰兩將陷賊義不獨生趨出戰破之誅首將撫安其民進攻開州州將金沙密逆戰擒之城中人出童男女及金玉器以獻卻不受遂下龍宣雲泰等十四城癸巳從諸王按赤台征女直萬奴部有功未幾召還與州趙祚反土豪楊買驢等附之帝命從親王察合台帥師討之斬賊將董鑾等圍買驢於險樹寨三月不能下買奴令健卒劉五兒即寨北小徑上大樹以繩潛引百人登寨直前刼之買驢投崖死餘黨悉平太宗即位錄功賜金鞍良馬乙未從征高麗入王京取其西京而還賜金鎖甲加鎮國上將軍征東大元帥佩金符復命出帥高麗將行以疾卒年四十贈推誠効義功臣榮祿大夫平章政事追封興國公謚顯懿子元臣

元臣別名哈剌哈孫年十六入宿衛應對進止有度世祖謂丞相和魯火孫曰此勳臣子非凡器也以爲怯薛必闍赤襲千戶將其父軍從伐宋攻淮西戍清

口取瓜洲下通泰累有功至元十二年從丞相伯顏平宋進階武義將軍中衞親軍總管佩金虎符十四年只兒瓦台叛圍應昌府時皇女魯國公主在圍中元臣以所部軍馳擊只兒瓦台敗走追至魚兒濼擒之公主賜賚甚厚奏請暫留元臣鎭應昌以安反側居一歲召至京師遷明威將軍後衞親軍副都指揮使還鎭應昌又三歲召還加昭勇大將軍十九年帝以所籍入權臣家婦賜之元臣辭曰臣家世清素不敢自污帝嘉歎不已二十二年進昭毅大將軍同僉江淮行樞密院事行院罷歸高州帝親征乃顏元臣率家僮五十人見行在所願効前驅八年移僉湖廣行樞密院時溪洞施容等州蠻獠作亂元臣親入其境喻以禍福賊首魯萬丑降三十年卒于官贈安遠功臣龍虎衞上將軍同知樞密院事追封興國公諡忠靖子迪中奉大夫湖廣宣慰使都元帥

耶律禿花 禿滿答兒 古帶

耶律禿花契丹人世居桓州太祖時率衆來歸大軍入金境爲嚮導獲所牧馬甚衆後侍太祖同飲班木河水從伐金大破忽察虎軍又從木華黎收山東河

北有功拜太傅總領也可那延封濮國公賜虎符銀印歲給錦幣三百六十疋
統萬戶扎剌兒劉黑馬史天澤伐金卒于西河州子朱哥嗣仍統劉黑馬等七
萬戶與都元帥塔海紺卜同征四川卒于軍子寶童嗣以疾不任事朱哥弟買
住嗣而以寶童充隨路新軍總管買住言於憲宗曰今欲略定西川下流諸城
當先定成都以為根本臣請往相其地帝從之遂率諸軍往成都攻嘉定未下
而卒子忽林帶嗣總諸軍立成都府卒于軍以兄百家奴嗣自朱哥至百家奴
並襲太傅總領也可那延禿滿答兒者百家奴之弟忽林帶之兄也常留中宿
衛後百家奴解兵柄為他官乃授成都管軍萬戶代將其軍至元十一年從忽
敦攻嘉定修平康寨以守之十二年從汪田哥攻九頂山破之殺都統一人嘉
定降從忽敦徇下瀘敘諸城圍重慶守合江口又以舟師塞龍門濠遏其援兵
十三年瀘州叛從汪田哥攻之重慶遣兵援瀘邀擊破之獲七十人瀘堅守不
下禿滿答兒夜率兵攻奪水城以進黎明先登入瀘城克之斬其將王世昌李
都統復從不花圍重慶守將張珏搏戰敗之城下重慶降賜虎符授夔路招討

使還四川東道宣慰使仍兼夔路招討改同僉四川等處行樞密院事遷四川
等處行中書省左丞尙書省立改行尙書省左丞進右丞卒忙古帶寶童之子
也世祖時賜金符襲父職爲隨路新軍總管統領山西兩路新軍從行省也速
帶兒征蜀及思播建都諸蠻夷有功陞萬戶從攻羅必甸至雲南詔以其衆入
緬迎雲南王金齒白衣荅奔諸蠻往往伏險要爲備忙古帶奮擊破之凡十餘
戰至緬境開金齒道奉王以還還副都元帥從諸王阿台征交趾至白鶴江與
交趾僞昭文王戰奪其戰艦八十七艘又從雲南王攻羅必甸破之二十九年
入覲成宗卽位授烏撒烏蒙等處宣慰使兼管軍萬戶還大理金齒等處宣慰
使都元帥六年烏撒羅羅斯叛雲南行省命率師討平之事聞賜鈔三千貫銀
五十兩金鞍轡及弓矢以旌其功九年討普安羅雄州叛賊阿塡擒殺之進驃
騎衛上將軍遙授雲南諸路行中書省左丞行大理金齒等處宣慰使都元帥
卒于軍至大四年贈龍虎衞上將軍平章政事仍追封濮國公謚威愍子火你
赤襲萬戶

王珣 子榮祖

王珣字君寶本姓耶律氏世爲遼大族金正隆末契丹窩斡叛祖成從母氏避難遼西更姓王氏遂爲義州開義人父伯俊伯父伯亨無子以珣爲後珣武力絕人善騎射尤長於擊鞠年三十餘遇道士謂珣曰君之相甚奇它日因一青馬而貴珣未之信居歲餘有客以青馬來鬻珣私喜曰道士之言或驗乎乃倍價買之後乘以戰其進退周旋無不如意又嘗行淩水濱得一古刀其背銘曰舉無不克動必成功常佩之每有警必先鳴故所向皆捷初河朔兵動豪強各擁衆據地珣慨然曰世故如此大丈夫當自振拔否則爲人所制乃召諸鄉人諭以保親族之計衆從之推珣爲長旬月之間招集遺民至十餘萬歲乙亥太師木華黎略地奚霫珣率吏民出迎承制以珣爲元帥兼領義川二州事丙子春張致僭號錦州陰結開義楊伯傑等來掠義州珣出戰伯傑引去會致兄子以千騎來衝珣選十八騎突其前復令左右犄角之一卒以鎗刺珣珣揮刀殺之其衆潰走獲其馬幾盡時興中亦叛木華黎圍之召珣以全軍來會致窺覘

其虛夜襲之家人皆遇害及與中平珣無所歸木華黎留之與中遣其子榮祖馳奏其事帝諭之曰汝父子宣力我家不意爲張致所襲歸語汝父善撫其軍自今以往當忍恥蓄銳俟逆黨平彼之族屬城邑人民一以付汝吾不吝也仍免徭賦五年使汝父子世爲大官珣以木華黎兵復開義擒伯傑等殺之進攻錦州致部將高益縛致妻子及其黨千餘人以獻木華黎悉以付珣珣但誅致家其餘皆釋之始還義州丁丑入朝帝嘉其功賜金虎符加金紫光祿大夫兵馬都元帥鎮遼東便宜行事兼義川等州節度使珣貌黑人呼爲哈刺元帥哈刺中國言黑也從木華黎兵略山東至滿城令還鎮戒之曰彼新附之民恃山海之險反覆不常非盡坑之終必爲變對曰國朝經略中夏宜以恩信結人若降者則殺後寧復有至者乎遂還以子榮祖代領其衆甲申春正月卒年四十八珣爲政簡易賞罰明信誅強撫弱毫髮無徇子四人榮祖襲

榮祖字敬先珣長子也性沉厚語音如鍾勇力絶人珣初附於木華黎以榮祖爲質稍見任用珣卒襲榮祿大夫崇義軍節度使義州管內觀察使從嗣國王

孛魯入朝帝聞其勇選力士三人迭與之博皆應手而倒欲留置宿衛會金平章政事葛不哥行省於遼東咸平路宣撫使蒲鮮萬奴僭號於開元遂命榮祖還副撒里台進討之拔益州宣城等十餘城葛不哥走死金帥郭琛完顏曳魯馬趙遵李高奴等猶據石城復攻拔之曳魯馬戰死遵與高奴出降虜生口千餘撒里台欲散於麾下榮祖屢請皆放爲民方城未下時榮祖遣部卒賈實穴其城城崩被壓衆謂已死弗顧也榮祖曰士忘身死國安忍棄去發石取之猶生一軍感激樂爲効死有言義人懷反側者撒里台將屠之榮祖馳驛奏辨事乃止己丑授北京等路征行萬戶換金虎符伐高麗圍其王京高麗王力屈遣其兄淮安公奉表納貢進討萬奴擒之趙祁以興州叛從諸王按只台平之祁黨猶剽掠景薊間復從大將唐兀台討之將行榮祖曰承詔討逆人耳豈可戮及無辜宜惟抗我者誅大將然之由是免死者衆再從征高麗破十餘城高麗遣子繂入質帝賜錦衣旌其功又從諸王也忽略地三韓降天龍諸堡皆禁暴掠民悅服之破五里山城請於主將全其民遂下甕子城竹林寨苦苫數島帝

嘉其功賜以金幣官其子與千戶仍賞其部曲移鎮高麗平壤帝遣使諭之曰彼小國負險自守釜中之魚非久自死緩急可否卿當熟思榮祖乃募民屯戍闢地千里盡得諸島嶼城壘高麗遣其世子倎出降遂以倎入朝中統元年夏詔榮祖詣闕帝撫慰之曰卿父子勤勞於國誠節如一進沿邊招討使兼北京等路征行萬戶賜寶鞍弓矢還鎮以病卒年六十五子十三人顯者六人通與中府尹泰權知義錦川等州總管與征東千戶遇襄陽路管軍萬戶達東京五路征行萬戶廷鎮國上將軍中衛親軍都指揮使璲江西湖東道提刑按察使

元史卷一百四十九

明翰林學士亞中大夫知制誥兼修國史宋　濂等修

列傳第三十七

石抹也先

石抹也先者遼人也其先嘗從蕭后舉族入突厥及后還而族留至遼爲述律氏號稱后族遼亡改述律氏爲石抹氏其祖庫烈兒誓不食金祿率部落遠徙年九十夜得疾命家人候日出則以報及旦沐浴拜日而卒父脫羅華察兒亦不仕有子五人也先其仲子也年十歲從其父問宗國之所以亡即大憤曰兒能復之及長勇力過人善騎射多智略豪服諸部金人聞其名徵爲奚部長即讓其兄贍德納曰兄姑受之爲保宗族計遂深自藏匿居北野山射狐鼠而食聞太祖起朔方匹馬來歸首言東京爲金開基之地蕩其根本中原可傳檄而定也太祖悅命從太師國王木華黎取東京師過臨潢次高州木華黎令也先率千騎爲先鋒也先曰兵貴奇勝何以多爲諜知金人新易東京留守將至也

先獨與數騎邀而殺之懷其所受誥命至東京謂守門者曰我新留守也入據府中問吏列兵於城何謂吏以邊備對也先曰吾自朝廷來中外晏然柰何欲陳兵以動搖人心乎即命撤守備曰寇至在我無勞爾輩是夜下令易置其將佐部伍三日木華黎至入東京不費一矢得地數千里戶十萬八千兵十萬資糧器械山積降守臣寅荅虎等四十七人定城邑三十二金人喪其根本之地始議還河南歲乙亥移師圍北京城久不下及城破將屠之也先曰王師拯人水火彼既降而復屠之則未下者人將死守天下何時定乎因以上聞赦之授御史大夫領北京達魯花赤時石天應與豪酋數十據興中府也先分兵降之奏以爲興中尹又命也先副脫忽闌闍里必監張鯨等軍征燕南未下州郡至平州鯨稱疾不進也先執鯨送行在所帝責之曰朕何負汝鯨對曰臣實病非敢叛帝曰今呼汝弟致爲質當活汝鯨諾而宵遁也先追戮之致已殺使者應其兄矣致既伏誅也先籍其私養敢死之士萬二千人號黑軍者上于朝賜虎符進上將軍以御史大夫提控諸路元帥府事舉遼水之西灤水之東悉以付

之後從國王木華黎攻蠡州北城先登中石死時年四十一子四人曰查剌曰咸錫曰博羅曰侃查剌亦善射襲御史大夫領黑軍戊寅從木華黎攻平陽太原隰吉岢嵐關西諸郡下之遂攻益都久不下及降衆欲屠其城查剌曰殺降不祥且得空城將安用之由是遂免己卯詔以黑軍分屯真定固安太原平陽隰吉岢嵐諸郡及南征盡以黑軍爲前列敗金將白撒官奴于河渡河再戰盡殺之長驅破汴京入自仁和門收圖籍而還帝悉以諸軍俘獲賜黑軍癸巳從國王塔思征金帥宣撫萬奴於遼東之南京先登衆軍乘之而進遂克之王解錦衣以賜辛丑太宗嘉其功授真定北京兩路達魯花赤癸卯卒于柳城年四十四子庫祿滿襲職中統三年從征李璮中流矢卒子艮輔襲黑軍總管至元十七年以功累陞昭毅大將軍沿海副都元帥二十一年改沿海上副萬戶大德十一年告老子繼祖襲萬戶咸錫之子度剌攻樊城戰死贍德納後亦棄金官來歸爲別失八里達魯花赤卒其孫亦剌馬丹仕至遼陽省左丞亦剌馬丹子倉赤爲湖廣行省平章政事

何伯祥子瑋

何伯祥易州易縣人幼從軍于金從張柔來歸太祖定河朔惟保定王子昌信安張進堅守不下子昌金驍將也柔命伯祥取之兵逼其城子昌出走追及之伯祥執槍馳馬子昌反射之中手而貫槍伯祥拔矢棄槍策馬直前徒手搏之擒子昌進聞之亦遁去伯祥遂攻西山諸寨悉平之後攻汴梁拔洛陽圍歸德破蔡州論功居多授易州等處軍民總管丁酉從主帥察罕伐宋伯祥拔三十餘柵獲戰艦千餘艘又破芭蕉堥鄉大洪張家等寨俘獲甚衆器械山積察罕以其功聞賜錦衣金甲壬子諸軍入宋境察罕自他道遽還諸軍倉皇失措伯祥曰此必爲敵所遏不若出其不意而遂深入其地彼不我測乃可出也遂率兵突戰直抵司空寨疏布營壘陵高伐木爲攻取勢既夜命爲五營營火十炬伏精銳于營側險要之地天將明令士卒速行而鳴鼓其後宋兵果來追伏發驚駭潰去追擊大破之轉戰百餘里他軍不能歸者皆賴以出帝聞之賜金二百兩世祖南伐伯祥參預軍事多所獻納卒于軍贈儀同三司太保上柱國追

封易國公諡武昌子瑋
瑋始襲父職知易州兄行軍千戸卒瑋復襲之鎮亳州從圍襄樊宋將夏貴率舟師來救瑋時建營於城東北當其衝貴兵縱火焚北關遂進逼瑋萬戸脫因不花等呼瑋入城瑋曰建功立業此其時也何避焉乃率其衆誓以死戰開營門以身先之貴敗走至元十一年丞相伯顏受命伐宋辟瑋爲帳前都鎮撫師次陽羅堡夏貴率戰艦列江上下瑋從元帥阿术率衆先渡諸軍繼之貴復敗走宋丞相賈似道率舟師拒于丁家洲瑋將勇敢士出戰奪舟千餘艘似道遁去授武德將軍管軍總管佩金虎符宋既平進懷遠大將軍太平路軍民達魯花赤俄陞昭勇大將軍行戸部尙書兩淮都轉運使至元十八年擢參議中書省事二十年擢爲江浙按察使二十二年改大名路總管二十八年遷湖南宣慰使三十一年拜中書參知政事時宰執凡十一人瑋曰古者一相專任賢也今宰執員多政出多門轉相疑忌請損之不從遂乞代大德四年授侍御史以母病辭七年授御史中丞陳當世要務十條成宗嘉納之京師孔子廟成瑋言

唐虞三代國都閭巷莫不有學今孔廟既成宜建國學於其側從之賽典赤八都高等還自貶所復相位璋言姦黨不可復用宜選正人以居廟堂帝深然之監察御史郭章劾郎中哈剌哈孫受贓具服而哈剌哈孫密結權要以枉問誣章璋率臺臣入奏辨論剴切章遂得釋九年冬將有事于南郊議配享璋曰嚴父配天萬世不易不果行成宗崩丞相阿忽台奉皇后旨集廷臣議祔廟及攝政事璋難之阿忽台變色曰中丞謂不可行獨不畏死耶衆皆危懼璋從容曰死畏不義耳苟死於義夫復何畏未幾以疾去位武宗即位于上都授太子副詹事遣使促使就職復遙授平章政事商議中書省事武宗至自上都臨朝問曰孰爲何中丞璋出拜帝曰朕知卿能以忠直爲國朕有不逮卿當勉輔至大元年遷太子詹事兼衛率使俄拜中書左丞仍平章政事商議中書省事未幾擢河南行省平章政事佩金虎符提調屯田事帝召至榻前面諭曰汴省事重屯田久廢卿當爲國竭力賜黑貂裘一錦衣二襲璋至汴建諸葛亮祠立書院以地三千畝贍之三年改河南行尚書省平章政事卒贈太傅開府儀同三司

上柱國追封梁國公謚文正

李守賢

李守賢字才叔大寧義州人也祖小字放軍嘗從金將攻宋淮南飛石傷髀錄功賞生口七十㞢將分命將校殺所掠俘苟有失亡者罪死放軍當殺五百人皆縱之去金大安初守賢暨兄庭植弟守正守忠從兄伯通伯温歸款於太師國王木華黎入朝太祖于行在所即命庭植爲龍虎衞上將軍右副元帥崇義軍節度使守賢授錦州臨海軍節度觀察使弟守忠爲都元帥守河東朝廷以全晉爲要害之地人心危疑未定非守賢鎮撫之不可乃自錦州遷河東南路兵馬都總管既至河東人皆曰吾等可恃以生矣歲戊子朝于和林加金紫光祿大夫知平陽府事兼本路兵馬都總管庚寅太宗南伐道平陽見田野不治以問守賢對曰民貧窘乏耕具致然詔給牛萬頭仍徙關中生口墾地河東辛卯平陽當移粟萬石輸雲中守賢奏以百姓疲敝不任輓載帝嘉納之時河中未下守賢建言以爲將士逗遛沮撓多所傷溺臣請自北面鑿城先登如其言

城果下遂搆浮橋明年蒲津南濟潼關二月大破趙雄兵于芮城時方會師圍
汴留守賢屯嵩汝金兵十餘萬保少室山太平寨守賢以三千人介其中度其
帥完顏延壽無守禦之才癸巳正月望夕延壽擊毬爲嬉守賢潛遣輕捷者數
十人緣崖蟻附以登殺其守卒遂大縱兵入破之下令禁無抄掠悉收餘衆以
歸不兩旬連天交牙蘭若香爐諸寨皆望風俱下守賢未嘗妄殺一人及攻河
南其渠魁強元帥者以其衆出奔守賢追及降之秦藍帥王祐聚衆數萬據號
之南山守賢使人責祐祐素憚守賢威略即以所部來附關東洛西遂定甲午
冬十月卒年四十六子敎嗣歲丁酉從太師塔海紺卜征蜀漢有功明年攻碉
門又明年征萬州會戰於瞿塘獲戰艦千餘艘辛丑朝行在所授河東道行軍
萬戶兼總管己巳進兵攻成都由廣元出葭萌度木瓜坡蜀之餘孽團聚爲梗
聞敎至潛爲伏以待敎諜知之令衆銜枚疾進出其不意賊兵敗走長驅至成
都破之壬子襲嘉定戊午秋憲宗南伐己未入梁州師次江上造舟爲梁以通
援兵且斷宋人往來之路會江漲梁中絶宋將率舟師萬艘逆戰敎以一旅先

犯之諸軍繼進遂破之明日帝召謂諸將曰汝輩平日自負鷙勇及臨敵不能爲朕立尺寸功獨李彀身犯矢石摧鋒陷陣視敵蔑如言勇者如彀乃可耳賜白金二百五十兩中統三年改河東路總管佩金虎符移京兆路加昭勇大將軍未幾轉洺磁路至元七年正月卒年四十九子十一人伯温見忠義傳

耶律阿海

耶律阿海遼之故族也金桓州尹撒八兒之孫尚書奏事官脫迭兒之子也阿海天資雄毅勇略過人尤善騎射通諸國語金季遣使王可汗見太祖姿貌異常因進言金國不治戎備俗日侈肆亡可立待帝喜曰汝肯臣我以何爲信阿海對曰願以子弟爲質明年復出使與弟秃花俱往慰勞加厚遂以秃花爲質直宿衞阿海得參預機謀出入戰陣常在左右歲壬戌王可汗叛盟謀襲太祖太祖與宗親大臣同休戚者飲辦屯河水爲盟阿海兄弟皆預焉既敗王可汗金人訝其使久不還拘家屬于灤阿海殊不介意攻戰愈厲帝聞之妻以貴臣之女給戶俾食其賦癸亥冬進攻西夏諸國累有功丙寅帝建龍旂卽大位勅

左帥闍別略地漢南阿海爲先鋒辛未破烏沙堡鏖戰宣平大捷澮河遂出居庸耀兵燕北癸酉拔宣德德興乘勝次北口闍別攻下紫荊關阿海奏曰好生乃聖人之大德也與創之始願止殺掠以應天心帝嘉納焉遂分兵略燕南山東諸郡還駐燕之近郊金主懼請和諭其使曰阿海妻子何故拘繫弗遣卽送來歸師還出塞甲戌金人走汴阿海以功拜太師行中書省事封禿花爲太傅濮國公每宴享必賜坐命禿花從木華黎取中原阿海從帝攻西域俘其酋長只闌禿下蒲華尋斯干等城留監尋斯干專任撫綏之責未幾以疾薨于位年七十三至元十年追封忠武公子三人長忙古台次綿思哥次揑兒哥忙古台在太祖時爲御史大夫佩虎符監戰左副元帥官金紫光祿大夫管領契丹漢軍守中都招安水泊等處卒無子揑兒哥在太祖時佩虎符爲右丞行省遼東萬奴叛舉家遇害綿思哥襲太師監尋斯干城久之請還內郡守中都路也可達魯花赤佩虎符卒子二人買哥通諸國語太祖時爲奉御賜只孫服襲其父中都之職時供億浩繁屢貸于民買哥悉以私帑償之事聞賜銀萬兩戊午從

攻蜀師次釣魚山卒于軍妻移剌氏以哀毀卒特贈貞靜子七人老哥歷提刑按察使入爲中書左丞驢馬備宿衞爲必闍赤仕至右衞親軍都指揮使至元二十四年世祖宴于柳林命驢馬居其父位次賜只孫服二十五年戍哈丹禿有戰功以老乞骸骨子六人五臺奴襲職拔都兒中書右丞文謙與國路總管卜花早卒蒙古不花荆湖北道宣慰使虎都不花一名文炳湖州同知萬奴爲人匠副總管

何實

何實字誠卿其先北京人曾祖摶霄雄於貲好施與鄉里以善人稱祖鼎敬父道忠仕金爲北京留守實少孤依叔父居氣節不凡家人常入臥內見一青虵蜿蜒衣被中駭而視之乃實也及長通諸國譯語驍勇善騎射倜儻不羈遠近之民慕其雄略咸歸心焉歲乙亥中原盜起錦州張鯨自立爲臨海郡王遣使納款于太祖尋以叛伏誅鯨弟致初以叛謀於實實厲聲叱曰天之曆數在朔方汝等恣爲不軌徒自斃耳乃籍戶口一萬募兵三千丙子春來歸大將木華

黎與論兵事奇變百出拊髀欣躍大加稱賞遂引見太祖獻軍民之數帝大悅賜鞘劍一命從木華黎選充前鋒時張致復據錦州實與賊遇於神水縣挺身陷陣殊死戰殺三百餘人獲戰馬兵械甚衆木華黎奏賜鞍馬弓矢以勵之以功爲帳前軍馬都彈壓詔封木華黎太師國王東下齊數郡使實帥師四千取燕南齊西之地首擊邢州徇趙郡取魏鄴下博關襲曹濮恩德泰安濟寧勢如破竹濰淄州與木華黎會還兵馬都鎮撫從取大同鴈門石隰等州悉平之引兵掠太原平陽河中京兆諸城所向款附木華黎錄其功表實爲元帥左監軍癸未木華黎卒子孛魯嗣武仙復叛據邢實帥師五千壘之立雲梯先士卒登堞橫矟突之城破武仙走逐北四十里大破之斬首二百餘級是夜仙黨遁去實下令敢有擅剽掠者斬軍中肅然士民按堵孛魯命戍于邢多著善政邢民敬之如神明甲申孛魯征西夏以實分兵攻汴陳蔡唐鄧許鈞睢鄭亳潁所至有功計梟首一千五百餘級俘工匠七百餘人孛魯復命駐兵邢州分織匠五百戶置局課織丁亥賜金虎符便宜行元帥府事邢因武仙之亂歲屢饑請移

匠局于博孛魯從之憫其勞瘁使勿出征更檄東平嚴實與之分治軍民事博值兵火後物貨不通實以絲數印置會子權行一方民獲貿遷之利庚寅有旨收諸將金符乙未孛魯以實子仲澤爲質子丁酉太宗數召入見實貢金幣紋綺三篚次陵州遇寇實與左右射之斃二十餘人生獲十餘人朝于幄殿帝歡甚問遇盜之故命所獲寇勿殺仍以賜實是日賜坐與論軍中故事良久曰思卿效力有年朕欲授以征行元帥後當重任實叩頭謝曰小臣被堅執銳從事鋒鏑二十餘年身被十餘槍右臂不能舉已爲廢人矣臣不敢辱命願辭監軍之職幸得元佩金符督治工匠歲獻織幣優游以終其身於臣足矣帝默然不悅令射以觀其強弱實不能射命入宿衛密使人覘之實臂果不能舉固辭十餘始可其奏遂錫宴取金符親賜之授以漢字宣命充御用局人匠達魯花赤子孫世其爵更賜白貂帽減鐵繫腰貂衣一襲弓一矢百遺歸丁巳卒于博子九人孫十七人子崇禮授應奉翰林文字從仕郎同知制誥兼國史院編修官

郝和尚拔都

郝和尚拔都太原人以小字行幼爲蒙古兵所掠在郡王迄忒麾下長通譯語善騎射太祖遣使宋往返數四以辯稱歲戊子以爲九原府主帥佩金符庚寅率兵南伐略地潼陝有功辛卯授行軍千戸乙未從皇子南伐至襄陽宋兵四十萬逆戰漢水上領先鋒數百人直前衝其陣宋兵大潰丙申從都元帥塔海征蜀下興元宋將王連以重兵守劍閣乃募敢死士十二人乘夜破關入蜀諸城悉下明年取夔府抵大江宋兵三十萬軍於南岸郝和尚拔都選驍勇九人乘輕舸先登橫馳陣中既出復入宋兵不能支由是以善戰名庚子歲太宗於行在所命解衣數其瘡痕二十一嘉其勞進拜宣德西京太原平陽延安五路萬戸易佩金虎符以兵二萬屬之復賜馬六騎金錦弓鎧有差甲辰朝定宗於宿瓮都之行宮賜銀萬鋌辭以賞過厚臣不應獨受臣得效微勞皆將校協力之功遂奏將校劉天祿等十一人皆賜之金銀符戊申奉詔還治太原請凡遠道租稅監課過重者悉蠲除之歲饑出白金六十鋌粟千石羊數千以助國用己酉陞萬戸府爲河東北路行省得以便宜從事凡四年壬子三月卒追贈太

保儀同三司冀國公謚忠定子十二人長天益佩金符太原路軍民萬戶都總管次仲威襲五路萬戶扎剌不花鎮鑾都元帥軍民宣慰使天舉大都路總管兼府尹天祐陝西奧魯萬戶天澤夔州路總管天麟京兆等路諸軍奧魯萬戶天挺河南江北行中書省平章政事

趙瑨

趙瑨雲中蔚州人父昆仕金爲帥府評事兄珪以萬戶守飛狐城歲庚午昆卒珪輦其母如蠡州留瑨於飛狐瑨自幼不羈閑習武事癸酉太祖南伐先鋒至飛狐城中不知所爲瑨詣縣曰大兵壓境不降何待衆從之丁丑太師國王木華黎駐兵桓州署爲百戶從攻蠡州金兵閉城拒守國王裨將石抹也先戰死王怒將屠其城瑨泣曰母與兄在城中乞以一身贖一城之命哀懇切至國王義而許之從攻相州抵其門死士突出瑨直前擊之流矢中鼻側鏃出腦後拔矢再戰七日破其城論功授冀州行軍都元帥佩金虎符瑨讓其兄珪朝廷從之改授瑨軍民總管稍遷易州達魯花赤佩金符太宗下河南瑨自易州馳驛

輸矢二十餘萬至行在帝大喜命權中都省事癸巳趙揚據興州叛瑨進軍平
之遷中山真定二路達魯花赤中統元年詔立十道宣慰司以瑨爲順天宣慰
使至元元年轉淄萊路總管六年改太原路總管十二年陞燕南道提刑按察
使十四年還河南道十六年致仕明年卒年八十皇慶元年贈儀同三司太保
上柱國追封定國公謚襄穆子秉溫
秉温事世祖潛邸命受學於太保劉秉忠從征吐蕃雲南大理中統初詔行右
三部事至元七年創習朝儀閱試稱旨授尚書禮部侍郎知侍儀司事明年授
秘書少監購求天下秘書十九年遷昭文館大學士知太史院侍儀司事授時
歷成賜鈔二百錠進階中奉大夫二十九年編國朝集禮成帝特命其子慧襲
侍儀使皇慶元年贈金紫光祿大夫司徒雲國公謚文昭子慧後仕至昭文館
大學士

石抹明安

石抹明安桓州人性寬厚不拘小節爲童子時嘗騎杖爲馬令羣兒前導行列

整肅無敢喧譁者父老見而異之曰是兒體貌不凡進退有度他日必貴既長歎曰士生于世當立功名書竹帛以傳無窮寧肯碌碌無聞與草木同腐邪歲壬申太祖率師攻破金之撫州將遂南向金主命招討紇石烈九斤來援時明安在其麾下九斤謂之曰汝嘗使北方素識蒙古國主其往臨陣問以舉兵之由不然即詬之明安初如所教俄策馬來降帝命縛以俟戰畢問之既敗金兵召明安詰之曰爾何以詈我而後降也對曰臣素有歸志向爲九斤所使恐其見疑故如所言不爾何由瞻奉天顏帝善其言釋之命領蒙古軍撫定雲中東西兩路既而帝欲休兵於北明安諫曰金有天下一十七路今我所得惟雲中東西兩路而已若置不問待彼成謀併力而來則難敵矣且山前民庶久不知兵今以重兵臨之傳檄可定兵貴神速豈宜猶豫帝從之即命明安引兵南進所至民皆具簞食壺漿以迎盡有河北諸郡而還帝復命明安及三合拔都將兵由古北口徇景薊檀順諸州諸將議欲屠之明安奏曰此輩當死今若生之則彼之未附者皆聞風而自至矣帝從之乙亥春正月取通州金右副元帥蒲

察七斤以其衆降明安命復其職置之麾下遂駐軍于京南建春宮金御史中丞李英元帥左都監烏古論慶壽領兵護軍食以援中都帝遣右副元帥神撒將四百騎迎戰明安將五百騎繼之遇于永清將戰命士卒佯敗金兵來追迴擊大破之死及溺水者甚衆獲李英及所佩虎符得糧千餘車遂招諭永清不降拔而屠之未幾金將完顏合住監軍阿與鬆哥復以步兵萬二千人糧車五百兩援中都明安復將三千騎往擊之遇于涿州宣封寨獲鬆哥合住遁去盡得其輜重還屯建春宮四月攻萬寧宮克之取富昌豐宜二關攻拔固安縣初順州之破兵士縛密雲主簿完顏壽孫以獻明安釋而用之不久逸去復來問其故對曰有老父在城中恐不能存謀歸欲得侍養今已歿故復來明安義而釋之五月明安將攻中都金相完顏復與飲藥死辛酉城中官屬父老緇素開門請降明安諭之曰負固不服以至此極非汝等罪守者之責也悉令安業仍以粟賑之衆皆感悅明安早從軍旅料敵制勝算無遺策雖祁寒盛暑未嘗不與士卒均勞逸同甘苦其得金府庫珠玉錦綺明安悉具其數上進未嘗以纖

毫爲己有中都既下加太傅邵國公兼管蒙古漢軍兵馬都元帥丙子以疾卒于燕城年五十三子二人長咸得不襲職爲燕京行省次忽篤華太宗時爲金紫光祿大夫燕京等處行尚書省事兼蒙古漢軍兵馬都元帥

張榮

張榮字世輝濟南歷城人狀貌奇偉嘗從軍爲流矢貫眥拔之不出令人以足抵其額而拔之神色自若金季山東羣盜蜂起榮率鄉民據濟南黌堂嶺衆稍盛遂略章丘鄒平濟陽長山辛市蒲臺新城及淄州之地而有之兵至則清野入山歲丙戌東平順天皆內屬榮遂舉其兵與地納款於按赤台那衍引見太祖問以孤軍數載獨抗王師之故對曰山東地廣人稠悉爲帝有臣若但有倚恃亦不款服太祖壯之拊其背曰眞賽因八都兒也授金紫光祿大夫山東行尚書省兼兵馬都元帥知濟南府事時貿易用銀民爭發墓劫取榮下令禁絕庚寅朝廷集諸侯議取汴榮請先六軍以清蹕道帝嘉之賜衣三襲詔位諸侯上辛卯軍至河上榮率死士宵濟守者潰詰旦敵兵整陣至榮馳之望風披靡

奪戰船五十艘麾抵北岸濟師衆軍繼進乘勝破張盤二山寨俘獲萬餘大將阿朮魯恐生變欲盡殺之榮力爭而止癸巳汴梁下從阿朮魯爲先鋒攻睢陽議欲殺俘虜烹其油以灌城又力止之既而城下榮單騎入城撫其民甲午攻沛沛拒守稍嚴其將唆蛾夜來擣營榮覺之唆蛾返走率將士追殺之乘勝急攻城破就攻徐州守將國用安引兵突出榮逆擊之亦破其城用安赴水死乙未拔邳州丙申從諸王闊端破宋棗陽仇城等三縣時河南民北徙至濟南榮下令民間分屋與地居之俾得樹畜且課其殿最曠野闢爲樂土是歲中書攷績爲天下第一李璮據益都私餽以馬蹄金榮曰身既許國何可擅交鄰境卻之年六十一乞致仕後十九年世祖卽位封濟南公致仕卒年八十三子七人長邦傑襲爵先卒邦直行軍萬戶邦彥權濟南行省邦允知淄州邦孚大都督府郎中邦昌與魯總管邦憲淮安路總管孫四十人宏襲邦傑爵改眞定路總管

劉亨安

劉亨安其先范陽人後遷遼東川州初國王木華黎經略遼東兄世英率宗族鄉人隸麾下分兵收燕趙雲朔河東以功充行軍副總管庚辰平陽諸郡被兵之餘民物空竭世英言於王曰自古建國以民爲本今河東殺掠殆盡異日我師復來孰給轉輸收存恤士此其時也王善之以絳州邊地難其人奏授世英絳州節度使兼行帥府事卒于師無子國王孛魯命其族兄德仁襲職丙戌歲金將移剌副樞攻絳州城陷死之木華黎承制命亨安領其衆奏賜金虎符授鎮國上將軍絳州節度使行元帥府事兼觀察使庚寅冬從王師渡河入關辛卯春克鳳翔歷秦隴屯渭陽秋出階城泝漢抵鄧壬辰會大軍於鈞州敗金軍於三峯山甲午平蔡既而宋兵二十萬攻汴將趨洛都元帥塔察兒俾亨安往拒之與宋軍遇龍門北遂橫槊躍馬奮突而前衆因乘之宋師奔潰追擊百餘里塔察兒拊其背曰眞驍將也延坐諸將之右勞賜甚厚丙申都元帥塔海征巴蜀攻散關破劍門出奇制勝戰功居多進圍成都亨安爲先鋒大破之於城西生擒宋將陳侍郎有喬長官與亨安爭功未幾攻城喬爲砲所傷亨安負之

以出喬感愧亨安從軍十年累著勳伐所獲金帛悉推與將佐故士卒咸樂爲
用癸卯冬十二月卒子貞嗣職孫三人弘彊𢐀

元史卷一百五十

元史卷一百五十一

明翰林學士亞中大夫知制誥兼修國史宋　濂等修

列傳第三十八

薛塔剌海

薛塔剌海燕人也剛勇有志歲甲戌太祖引兵至北口塔剌海帥所部三百餘人來歸帝命佩金符爲砲水手元帥屢有功進金紫光祿大夫佩虎符爲砲水手軍民諸色人匠都元帥便宜行事從征回回河西欽察畏吾兒康里乃蠻阿魯虎忽纏帖里麻賽蘭諸國俱以礮立功太宗三年睿宗引兵自洛陽渡河塔剌海由隴右假道金商遂會師于均州三峰山敗金師四年破南京及唐鄧均許諸州取鄢陵扶溝四月卒子奪失剌襲爲都元帥南攻江淮有功歲庚戌卒弟軍勝襲憲宗八年從世祖攻釣魚山苦竹崖大林平青居山破重慶馬湖天水賜以白金鞍馬等物中統三年李璮叛濟南又以礮破其城至元五年從圍襄陽三月卒丞相阿朮欲以千戶劉添喜攝帥府事子四家奴年方十六請從

軍自効帝壯而許之八年始襲父爵十年冬十二月襄樊未下四家奴立砲攻之明年正月襄陽守呂文煥降繼從丞相伯顏南伐十月至郢州先登師既渡江四家奴自鄭州下沿海諸城堡至建康十二年授武節將軍六月與宋將夏貴戰于峪溪口奪其船二百餘艘十一月屠常州十二月取蘇州十三年攻鎮巢七月圍揚州守臣李庭芝棄城走追獲之九月進階懷遠將軍將兵平浙東諸郡從征福建灤江與宋兵力戰破之獲戰艦千餘艘十六年進階鎮國將軍鎮揚州二十二年改爲萬戶

高闊兒

高闊兒女直人事太祖從征西域復從闊出太子察罕那演連歲出征累有功授金符總管管領山前十路匠軍歲己未憲宗憫其老命其子元長襲其職從世祖渡江攻鄂還鎮隨州至元二年移鎮季陽五年從元帥阿木修立白河口新城鹿門山等處城堡圍襄樊七年充季陽軍馬總管十年從攻樊城先登十一年從渡江鼓戰艦上流與宋人戰殺三百餘人奪其船及鎧仗以功賜虎符

陞宣武將軍進兵丁家洲與宋臣孫虎臣等大戰殺五百餘人奪其船及鎧仗無算敗夏貴于焦湖從征常州先登又攻杭州宋平護送宋太后至京師以功進懷遠大將軍萬戶二十一年領軍二千從太子脫歡征交趾追襲交趾世子于大海口奪其戰艦以還二十三年陞安遠大將軍季陽萬戶府萬戶是年夏復以兵追襲交趾世子于海之三义口與敵軍合戰中毒矢而死子滅里干初直宿衞襲父職領兵鎮廣東尋移戍惠州平盜譚大獠朱珍等元貞元年移戍袁州盜陀頭以衆犯境悉勦除之尋廣之南恩盜起復領兵平之還沒于袁州贈懷遠大將軍季陽萬戶府萬戶輕車都尉渤海郡侯

王義

王義字宜之真定寧晉人家世業農義有膽智沉默寡言讀書知大義金人遷汴河朔盜起縣人聚而謀曰時事如此吾儕欲保全家室宜有所統屬乃相與推義爲長攝行縣事尋號爲都統太師國王木華黎兵至城下義率衆以寧晉歸焉入覲太祖賜駿馬二匹授寧晉令兼趙州以南招撫使是時兵亂民廢農

耕所在人相食寧晉東有藪澤周回百餘里中有小堡曰瀝城義曰瀝城雖小
而完且有魚藕菱芡之利不可失也留偏將李直守寧晉身率衆保瀝城由是
全活者衆歲己亥金將李伯祥據趙州木華黎遣義擣其城會天大風雨義帥
壯士挾長梯疾趨夜四鼓四面齊登殺守埤者城中亂伯祥挺身走天壇寨一
州遂定木華黎承制授義趙州太守趙冀二州招撫使丁丑大軍南取鉅鹿洺
州二城還軍至唐陽西九門遇金監軍納蘭率冀州節度使柴茂等將兵萬餘
北行義伏兵桑林以先百騎挑之納蘭趨來迎戰因稍却誘之近桑林伏起金
兵大亂奔還獲納蘭二弟及萬戶李虎戊寅拔束鹿進攻深州守帥以城降順
天都元帥張柔上其功陞深州節度使深冀趙三州招撫使金將武仙以兵四
萬來攻束鹿仙諭軍士曰束鹿兵少無糧城無樓櫓一日可拔也盡銳來攻義
隨機應拒積三十日不能下大小數十戰皆捷一夕義召將佐曰今城守雖有
餘然外無援兵糧食將盡豈可坐而待斃椎牛饗士率精銳三千銜枚夜出直
擣仙營仙軍亂乘暗攻之殺數千人仙率餘衆遁還真定悉獲其軍資器仗木

華黎聞之遣使送銀牌十命義賜有功者庚辰拔冀州獲柴茂械送軍前木華黎張柔復上其功授龍虎衛上將軍武安軍節度使行深冀二州元帥府事賜金虎符辛巳仙復遣其將盧秀李伯祥率兵謀襲趙州并取瀝城率戰艦數百艘沿江而下義具舟楫於紀家莊截其下流邀擊之義士卒皆水鄉人善水戰回旋開闔往來如風雨船接則躍登彼船奮戈疾擊敵莫能當殺千餘人擒秀伯祥退保瀝城義引兵拔之伯祥西走二子死焉邢州盜號趙大王聚衆數千據任縣固城水寨真定史天澤集諸道兵攻之不能下甲午義引兵薄其城一鼓下之獲趙大王侯縣令等數人殺之餘黨悉平義乃布教令招集散亡勸率種藝深冀之閒遂爲樂土云

王玉忱附

王玉趙州寧晉人長身駢脅多力金季爲萬戶鎮趙州太師國王木華黎下中原玉率衆來附領本部軍從攻邢洺磁三州濟南諸郡號長漢萬戶從攻澤潞諸州獨潞州堅壁不下玉力戰流矢中左目竟拔其城又破平陽下太原汾代

等州師還署元帥府監軍以趙州四十寨隸焉先是金將武仙既降復叛殺元
帥史天倪宋將彭義斌在大名陰與仙合玉從笑乃帶史天澤攻敗武仙生擒
義斌駐軍寧晉東里寨仙遣人齎誥命誘玉妻妻拒曰妾豈可使夫懷二心於
國家耶仙圍之數匝殺其子寧壽玉聞之領數騎突其圍斬獲數百人而還仙
遣人追之不敢進皆曰王將軍膽氣驍雄我輩非敵也仙乃盡發玉先世二十
七冢棄骸滿道玉從史天澤諸將擊仙於趙州仙糧絕走雙門寨圍之會大風
仙獨脫走斬其將四十三人真定遂平加定遠將軍權真定五路萬戶假趙州
慶源軍節度副使有民負西域賈人銀倍其母不能償玉出銀五千兩代償之
又出家奴二百餘口爲良民中統元年二月卒年七十子忱
忱字允中幼讀書明敏有才識平章趙璧引見裕宗潛邸語稱旨命宿衛掌錢
穀計簿授山北遼東道提刑按察司副使駙馬伯忽里數馳獵蹂民田忱以法
繩之憲吏耿熙言徵北京宣慰司積年逋負計可得鈔二十萬錠帝遣使覈實
熙懼事露擅增制語有幷打算大小一切諸衙門等事凡十二字追繫官吏至

數百人忱驗問知其詐熙乃款伏裕宗薨于潛邸忱建言陛下春秋高當早建儲嗣平章不忽木以聞帝嘉納焉改河北河南道提刑按察副使忱以江南人鬻子北方名爲養子實爲奴也乞禁之又省部以正軍餘田出調發忱言士卒衝冒寒暑遠涉江海宜加優恤皆從之潁州朱喜嘗俘於兵既自贖主家利其貲復欲以爲奴又有誣息州汪清爲奴殺而奪其妻子及田宅者獄久不決忱皆正之劾罷鎮南帥唐兀台唐兀台結援大臣誣奏于帝繫忱至京師得面陳其事世祖大悟抵唐兀台罪按察司改廉訪司起忱爲燕南河北道肅政廉訪副使累遷嶺南廣西河東山西兩道肅政廉訪使江陵汴梁兩路總管至大三年拜中奉大夫雲南行省參知政事未行卒

趙迪

趙迪真定藁城人也幼孤事母孝多力善騎射金末爲義軍萬戶郡將出六鈞強弩立賞募能挽者迪能之卽署真定尉遷藁城尉陞爲丞太祖兵至藁城迪率衆迎降歲壬午改藁城爲永安軍以迪同知節度使事嘗從帝西征他將校

豪橫俘掠獨迪治軍嚴所過無犯先是真定既破迪亟入索槀城人在城中者得男女千餘人諸將欲分取之迪曰是皆我所掠當以歸我諸將許諾迪乃召其人謂曰吾懼若屬爲他將所得則分奴之矣故索以歸之我今縱汝往以各遂生產爲良民衆感泣而去時兵荒之餘骸骨蔽野迪爲大塚收瘞壬子歲卒年七十子七人椿齡真定路轉運使

邸順

邸順保定行唐人占籍於曲陽縣金末盜起順會諸族集鄉人豪壯數百人與其弟常築兩砦于石城玄保分據以守歲甲戌率衆來歸太祖授行唐令丙子真定饑羣盜據城叛民皆穴地以避之盜發地而噉其人順擒數百人殺之朝廷陞曲陽爲恆州以順爲安撫使金將武仙據真定帥衆來攻順與戰大敗之賜金虎符加鎭國上將軍恆州等處都元帥庚辰武仙屯兵于黃堯兩山順及弟常又擊敗之時西京郝道章陰結武仙抄掠州縣順擒道章殺之仙退真定以自保順從木華黎攻之敗之於王柳口仙遂棄真定南走以功賜順名察納

合兒陞驃騎衞上將軍充山前都元帥弟常賜名金那合兒辛卯春從太宗攻河南諸郡招降民十餘萬以順知中山府己亥佩金符爲行軍萬戶管領諸路元差軍五千人從大軍破歸德府留順戍之丁未駐師五河口宋兵夜襲營順掩殺其衆生獲十五人癸丑攻漣水甲寅舉部屬肖撒八耨隣之功以奏上賜肖撒八耨隣金銀符仍隸麾下丙辰春順卒年七十四子浹襲職己未從世祖渡江圍鄂州有戰功中統元年世祖卽位浹以所部張宣等十二人奏聞于朝遂以金銀符賜之三年圍李璮還守息州至元十一年賜虎符授金州招討副使後又遷懷遠大將軍金州萬戶十三年改襄陽管軍萬戶三月以樞密院奏行淮西總管萬戶府事守廬州十四年移龍興仍管領本翼軍人十五年復爲管軍萬戶攻贛州崖石寨太平岩賊有功十七年陞鎭國上將軍都元帥鎭龍興諸路兼管本萬戶府事賜銀印吉贛盜起行省還元帥府以鎭之二十一年元帥府罷復爲萬戶二十三年佩元降虎符爲歸德萬戶鎭守吉安未幾統領江西各萬戶集兵七千戍廣東凡二載大德三年卒年七十七贈輔國上將軍

北庭元帥府都元帥護軍追封高陽郡公謚襄敏子榮仁襲佩其虎符爲宣武將軍歸德萬戶鎮廣東惠州感瘴疾不任事子貫襲貫卒子士忠襲士忠卒子文襲順族弟琮

琮太祖時從族兄行唐元帥常來降歲乙酉金降將武仙復據真定叛琮敗之于黃臺癸巳從元帥倴盞滅金于蔡有功真定五路萬戶選充總管府推官尋奉旨賜金符授管軍總押管領七路兵馬鎮徐州宋兵入境琮戰却之己亥從大將察罕攻滁州力戰流矢中臍明年卒子澤襲移鎮潁州宋兵攻潁澤戰敗之至元四年從元帥阿朮克平塞寨及老鴉山十一年從沙洋奪六艦皆論功受賞有差十二年授武德將軍管軍總管從攻潭州及靜江累官懷遠大將軍管軍萬戶郴州路總管府達魯花赤二十二年改授廬州蒙古漢軍萬戶尋遷潁州翼會徽州績溪縣盜起澤討平之二十八年移鎮杭州卒子元謙襲爲潁州萬戶元謙卒子祺襲祺卒子忠襲

王善 子慶端附

王善字子善真定藁城人父增監本縣酒務以孝行稱善資儀雄偉其音若鐘多智略尤精騎射金貞祐播遷田疇荒蕪人無所得食善求食以奉母乙亥羣盜蜂起衆推善爲長善約束有法備禦有方盜不能犯擢本縣主簿戊寅權中山府治中時武仙鎮真定陰蓄異志忌善威名密令知府李濟府判郭安圖之己卯秋濟安張宴伏兵召善計事善覺卽還治衆倉卒得八十人慷慨與盟人爭自奮遂誅濟安乃諭其黨曰造釁者李郭耳餘無所問善夜臥北城上戒麾下曰勿以我累汝家當取吾首獻帥府衆曰公何爲出此言我輩惟有效死而已遂率衆來歸授金符同知中山府事是年冬以兵三百攻武仙仙遣將率精銳二千拒戰善擒斬之仙走獲鹿委其佐段琛城守復戰拔之入據其城軍勢大振自中山以南降州郡四十二庚辰還中山真定等路招討使尋加右副元帥驃騎大將軍屯藁城壬午陞藁城爲匡國軍以善行帥府事癸未進金吾衞大將軍左副元帥仙窮迫請降詔命復舊鎮善奏仙狼子野心終必反覆請修城隍備之未幾仙果叛率衆來攻火及西門善出戰却之仙使其部下宋元佺

老幼四千人南奔善追奪之俾復故業仙自是不敢復入真定其部曲多來降
丙戌以功賜金虎符仍行帥府事壬辰從征河南至鄭州州將馬伯堅素聞善
名登陴大呼曰藁城王元帥在軍中否願以城降之善直前免胄與語伯堅果
率衆出降善令軍中秋毫無犯民皆安堵願從善北渡者以萬計授之土田以
安集之丙申兼河北西路兵馬副都總管辛丑授知中山府事屬縣新樂地居
衝要迎送供給倍於他縣皆取於民善均其勞逸所徵或未給輒出家貲代輸
民德之又放家僮五百人爲民咸懷其恩癸卯卒年六十一皇慶元年贈銀青
榮祿大夫司徒追封冀國公謚武靖子慶淵爲行軍千戶征淮南死次慶端
慶端字正甫初爲郡莞庫進水軍提領訓練士卒常如臨敵敗李壇於老僧口
以功佩金符爲千戶監築大都城移戍清口宋兵來攻守將戰死城欲陷慶端
拔刀誓衆裹創力戰城得以全羣盜四起復擊走之進武節將軍管軍總管領
左右中衛兵從世祖北征還遷右親軍副都指揮使進侍衛軍都指揮使建威
武營以處衛兵經畫田廬使各安業別立神鋒軍親教以蹶張弩技作整暇堂

屏利局浚渠構室如治家事至元十九年改詹事丞時有司欲就威武貸粟數萬石濟饑民裕宗在東宮以問慶端慶端對曰兵民等耳何間焉卽命與之帝嘗遣近侍夜出伺察爲邏卒所執近侍以實告卒曰軍中惟知將軍令不知其他近侍以聞帝賞以黑貂裘及親征乃顏命慶端以所部從時年六十餘與士卒同甘苦晝則環甲執兵迎敵夜臥不解衣暇則俾士卒爲軍市自相懋遷征東之功慶端贊畫居多成宗卽位論翼戴功拜金吾衞上將軍中書左丞行徽政副使兼隆福宮左都威衞使進階資德大夫大德二年加榮祿大夫平章政事僉書樞密院事兼使如故以疾卒

杜豐

杜豐字唐臣汾州西河人父珪以積德好施鄉稱善人豐少有大志倜儻不羣通兵法仕金爲平遥義軍謀克佩銀符太祖取太原豐率所部來降皇舅按赤那延授兵馬都提控從國王按察兒攻平陽先登克絳州解州諸堡招集流民三萬餘家以功賜金虎符陞征行元帥左監軍金人南遁遂以豐守河北庚辰

上黨張開以萬衆寇汾州豐率精騎五千敗之從國王阿察兒下懷孟破温谷木澗等寨輒先登攻洪洞西山斬首六百餘級攻松平山破之賊墮崖死以萬計獲生口甚衆金將武仙等往來鈔掠平陽太原間行路梗塞壬午授豐龍虎衛上將軍河東南北路兵馬都元帥便宜行事遂破玉女劃渠等寨俘獲千餘人丙戌從按赤那延攻益都金守將突圍出豐戰扼之斬首千級捕虜二十人益都下遂略地登萊降島民萬餘己丑以本部取沁州由是銅鞮武鄉襄垣綿山沁源諸縣皆下辛卯命豐撫定平陽太原真定及遼沁未降山寨皆平之乙未陞沁州長官長官者國初高爵也在沁十餘年寬繇薄賦勸課農桑民以富足丁未請老丙辰疾卒于家年六十有七沁人立祠歲時祀焉子三人思明思忠思敬思敬事世祖潛邸由平陽路同知累遷治書侍御史阿合馬敗臺臣皆罷去思敬以帝所眷知獨留出爲安西路總管僉陝西行省事歷汴梁總管再入中臺爲侍御史時桑哥以罪誅風紀爲之振肅未幾拜參知政事改四川行省左丞不赴陞中書左丞致仕年八十六卒謚文定

石抹孛迭兒

石抹孛迭兒契丹人父桃葉兒徙霸州孛迭兒仕金爲霸州平曲水寨管民官太師國王木華黎率師至霸州孛迭兒迎降木華黎察其智勇奇之擢爲千戶歲甲戌從木華黎覲太祖於雄州佩以銀符充漢軍都統帝次牛闌山欲盡戮漢軍木華黎以孛迭兒可用奏釋之因請隸麾下從平高州乙亥授左監軍佩金符與北京都元帥吾也兒分領錦州紅羅山北京東路漢軍二萬又從奪忽闌闍里必徇地山東大名比至洺州城守甚堅師不得進孛迭兒不避矢石率衆先登遂拔之丁丑從平益都沂密萊淄戊寅從定太原忻代平陽吉隰嵐汾石絳州河中潞澤遼沁辛巳木華黎承制陞孛迭兒爲龍虎衛上將軍霸州等路元帥佩金虎符以黑軍鎮守固安水寨旣至令兵士屯田且耕且戰披荆棘立廬舍數年之間城市悉完爲燕京外蔽庚寅朝太宗于行在所賜金符辛卯從國王塔思征河南癸巳從討萬奴於遼東平之孛迭兒始從征伐及後爲將大小百戰所至有功年七十以疾卒于官子紇查剌查荼剌

賈塔剌渾

賈塔剌渾冀州人太祖用兵中原募能用砲者籍爲兵授塔剌渾四路總押佩金符以將之及攻益都下之加龍虎衞上將軍行元帥左監軍便宜行事師還駐謙謙州即古烏孫國也歲己丑將所部及契丹女直唐兀漢兵攻斡脫剌兒城塔剌渾督諸軍穴城先入破之即軍中拜元帥改銀青光祿大夫從睿宗入散關略關外四州經興元渡漢江略唐鄧申裕諸州鼓行而東河南平陞金紫光祿大夫總領都元帥從大帥太赤攻徐邳平之十六年卒子抄兒赤襲從諸王也孫哥塔察兒南征戊午卒于軍子冀驢襲卒弟六十八襲至元五年諸軍圍襄樊九年六十八帥所部戍駱駝嶺一字城立砲樊城南不發以怠敵心俄帥銳卒突出攻其城西破之以功賜銀幣鞍馬弓矢十一年諸軍南征渡江明年加宣武將軍宋常州守臣姚訔堅守不下六十八發砲摧其城壁以納諸軍宋援兵突至力戰却之常州旣克帥府令總新附砲手軍臨安降加懷遠大將軍從諸軍追宋二王至海下三十餘城十四年加昭勇大將軍十五年領南軍

精銳者入衞加輔國上將軍十八年論功授奉國上將軍管領砲手軍都元帥二十年罷都元帥更授砲手軍匠萬戶佩三珠虎符二十六年卒

奧敦世英

奧敦世英女真人也其先世仕金爲淄州刺史歲癸酉太祖兵下山東淄州民奉世英及弟保和迎降皆授以萬戶世英倜儻有武略由萬戶遷德興府尹時金經略使苗道潤率衆欲復山西世英與戰克之將盡殺所俘其母責之曰汝華族也畏死而降此卒伍爾驅之死戰何忍殺之耶遂止世英從數騎巡部定襄卒於軍保和由萬戶陞昭勇大將軍德興府元帥錫虎符改雄州總管尋以元帥領真定保定順德諸道農事凡闢田二十餘萬畝改真定路勸農事兼領諸署賜居第戎器裘馬給戶食其租年五十六致仕保和四子希愷希元希魯希尹希愷襲勸農事皇太后錫以錦服曰無墜汝世業郡縣有水旱必力請蠲租調民賴之南征時置軍儲倉于汴衞歲輸河北諸路粟以實之分冬月三限失終限者死吏徵斂舞法民甚苦之希愷知其弊蠲煩苛而民不擾尋以勸農

使兼知冀州希愷至爲東約健訟之俗爲變蒙古軍取民田牧久不歸希愷悉
奪歸之軍無怨言至元二年遷順天治中三月改順德又踰月陞知河中府秩
滿歸調時阿合馬專政官以賄成希愷不往見之降武德將軍知景州數月卒
希元彰德漕運使希魯澧州路總管希尹中統三年李璮叛濟南世祖命丞相
史天澤討之希尹謁天澤面陳利害願擊賊自効試其騎射壯之命充真定路
行軍千戶與賊戰矢無虛發賊敗走入城中諸王哈必赤賞銀五十兩希尹請
築外城圍之深溝高壘俟其糧絕不戰而坐待其困天澤從之璮既就擒至元
十一年樞密錄其功自右衛經歷六遷至同知廣東道宣慰司事卒

田雄

田雄字毅英北京人也幼孤能樹立以驍勇善騎射知名金末署軍都統歲辛
未太祖軍至北京雄率衆出降太祖以雄隸太師國王木華黎麾下從征興中
廣寧諸郡定府州縣二十有九平錦州張鯨兄弟之亂從攻柏鄉邢相辛巳從
攻鄜坊綏葭諸州有功木華黎承制受雄隰吉州刺史兼鎮戎軍節度使行都

元帥府事平汾西霍山諸柵壬午以木華黎命授河中帥聽石天應節制太宗時從攻西和與元諸州又從攻夔萬諸州論功尤最賜金符授行軍千戶召爲御前先鋒頃之使攻破楨州雷家堡奉旨招納河南降附得戶十三萬七千有奇民皆安堵而別部將校縱兵擄掠民惶懼悔降雄力爲救護至出己財與之民得免於害癸巳授鎮撫陝西總管京兆等路事時關中苦於兵革郡縣蕭然雄披荊棘立官府開陳禍福招徠四山堡砦之未降者獲其人皆慰遣之由是來附者日衆雄乃教民力田京兆大治事聞賜金符定宗時入覲于和林以疾卒年五十八後追封西秦王子八人大明襲職知京兆等路都總管府事

張拔都

張拔都昌平人歲辛未太祖南征拔都率衆來附願爲前驅遂留備宿衛從近臣漢都虎西征回紇河西諸蕃道隴蜀入洛屢戰流矢中頰不少卻帝聞而壯之賜名拔都自是漢都虎亦專任之甲午金亡以漢都虎爲砲手諸色軍民人匠都元帥守真定漢都虎卒無子以拔都代之及漢都虎兄子贍闍少長拔都

請于朝歸其政而終老焉子忙古台從憲宗攻蜀釣魚山苦竹二壘冒犯矢石屢挫而不沮遂以勇敢聞中統元年賜銀符預議砲手軍府事尋易金符爲行軍千戶從征襄樊有功卒子世澤襲從丞相伯顏南征大小十餘戰皆有功又從平廣西明年收瓊萬諸州拜宣武將軍行軍總管未幾遷副萬戶加明威將軍從鎮南王脫歡伐交趾既還及再舉將校舊嘗往者許留恤之有脫歡者當行適病不能起世澤曰吾祖父以武勇稱吾蒙其餘澤荷國厚恩當輸忠王室增光前人豈可苟爲自安計耶力請代之凱還人服其義云

張榮

張榮清州人後徙鄢陵歲甲戌從金太保明安降太祖賜虎符授懷遠大將軍元帥左都監乙亥正月奉旨略東平益都諸郡戊寅領軍匠從太祖征西域諸國庚辰八月至西域莫蘭河不能涉太祖召問濟河之策榮請造舟太祖復問舟卒難成濟師當在何時榮請以一月爲期乃督工匠造船百艘遂濟河太祖嘉其能而賞其功賜名兀速赤癸未七月陞鎮國上將軍砲水手元帥甲申七

月從征河西乙酉從征關西五路十月攻鳳翔砲傷右髀帝命賜銀三十錠養病於雲内州庚寅七月卒年七十三子奴婢襲佩虎符砲水手元帥領諸色軍匠太祖伐金命由關西小口收附金昌州等郡乙未金亡戊戌授懷遠大將軍癸卯三月陞輔國大將軍甲辰二月領蒙古漢軍守均州戊申九月宋兵襲均州奴婢拒戰大敗宋師己酉十一月復與宋兵戰流矢中右臂中統三年卒年七十五子君佐襲佩虎符砲水手元帥戊蔡州五年都元帥阿朮命將砲手兵攻襄陽至元八年調守襄陽一字城橐駞嶺攻南門牛角堡破之攻樊城親立砲摧其角樓樊城破十年襄陽降參政阿魯海牙以宋降將呂文煥入朝奉旨召蒙古漢人萬戶凡二十人陛見各以功受賜帝親諭之令還鎮十一年從軍下漢江至沙洋丞相伯顏命率砲手軍攻其北面火砲焚城中民舍幾盡遂破之賜以良馬金鞍金段又以火砲攻陽邏堡破之十二年從大軍與宋將孫虎臣戰于丁家洲復從丞相阿朮攻揚州是年冬又從諸軍破常州十三年陞懷遠大將軍仍砲水手元帥秋君佐屯軍真揚閒絕宋糧道宋制置李庭芝都統

姜才棄城走揚州平以君佐爲安慶府安撫司軍民達魯花赤十四年春安慶野人原及司空山天堂賊將攻安慶君佐密察知之時城中軍僅數百人君佐命搤賊出沒要道賊不敢入乃寇黃州行省命君佐率衆復黃州因以爲黃州達魯花赤十五年加鎮國上將軍仍砲水手元帥十九年命率新附漢軍萬人修膠西閘壩以通漕運二十一年兼海道運糧事是年卒

趙天錫 貢亨

趙天錫字受之冠氏人屬金季兵起其祖以財雄鄉里爲衆所歸貞祐之亂父林保冠氏有功授冠氏丞俄陞爲令大安末天錫入粟佐軍補修武校尉監洺水縣酒太祖遣兵南下防禦使蘇政以爲冠氏令乃挈縣人壁桃源天平諸山歲辛巳春歸行臺東平嚴實實素知天錫名遂擢隸帳下從征上黨以功授冠氏令俄遷元帥左都監兼令如故甲申宋將彭義斌據大名冠氏元帥李全降之人心頗搖天錫令衆姑少避其鋒以圖後舉乃率將佐往依大將孛里海軍未幾破義斌於真定授左副元帥同知大名路兵馬都總管事李全在大名結

其帥蘇椿納金河南從宜鄭倜日以取冠氏爲事天錫每戰輒勝一日倜自將萬人來攻天錫率死士乘城力戰三晝夜倜度不能下乘風霾遁去己丑朝行在所上便民事優詔從之戊戌征宋駐兵蘄黃間被病還卒于冠氏年五十子六人賁亨嗣

賁亨字文甫襲行軍千戶己未從國兵渡江攻鄂有功至元五年總管山東諸翼軍征宋攻襄樊賁亨出抄蘄黃以五百人拔野人原寫山砦修白河新城七年偕元帥劉整朝京師命爲征行千戶賜金符及衣帶鞍馬攻樊城冒矢石擁盾先登破之十一年修東西正陽城三月敗夏貴于淮瀕以濟南汴梁二路新軍十二年正月從攻鎮江與宋將孫虎臣張世傑大戰于焦山殺掠甚衆十三年江南平以功陞宣武將軍十四年授虎符懷遠大將軍處州路總管府達魯花赤未行適盜發瀲浦行省檄爲招討使率兵平之未幾處州青田縣季文龍章焱殺趙知府以叛賁亨獲其黨始知七縣俱反季文龍自署爲兩浙安撫使據處州天慶觀賁亨率衆圍之將騎士三百陳于下河門賊出戰以精騎蹂之

遂棄城突圍散走斬首三級賁亨入城乃招散亡立官府章焱復合二萬衆來攻陣惡溪南賁亨分兵拒守自將精銳亂流衝擊屬萬戶忽都台以援兵至自巳至亥賊方退文龍溺死忽都台以處即亂山爲州無城壁可恃且反側欲屠之賁亨曰我受命來監此郡賊固可殺良民何辜不從將士虜掠子女金帛賁亨捕得倡率者杖之仍各求所失還之州民悅服十五年龍泉縣張三八合衆二萬殺慶元縣達魯花赤也速台兒且屠其家賁亨將騎士五百往討與賊將鄭先鋒陳壽山三千餘人戰于浮雲鄉斬首三百餘級三八軍于縣西賊三戰俱敗軍還賊衆水陸俱設伏賁亨擇步卒驍悍者使前賊不敢近既而衢州賊陳千二聚二萬人遂昌葉丙六亦聚三千人助之賁亨前後斬首三千餘級悉平之十七年改處州路管軍萬戶二十二年還冠氏卒年五十七

元史卷一百五十二

明翰林學士亞中大夫知制誥兼修國史宋　濂等修

列傳第三十九

張晉亨 好古

張晉亨字進卿冀州南宮人也其兄同知安武軍節度使事領衆強令顯以冀州數道之衆附嚴實于青崖後從實來歸進顯安武軍節度使西征戰沒歲戊寅太師國王木華黎承制署晉亨襲顯爵晉亨涉獵書史小心畏愼臨事周密實器之以女妻焉實征澤路偏將李信晁海相繼降于宋晉亨跋涉險阻晝伏夜行僅免於難實遣子忠貞入質命晉亨與俱丁亥從國王孛羅征益都以功遷昭毅大將軍領恩州刺史兼行臺馬步軍都總領再遷鎮國大將軍實征淮楚河南晉亨畢從甲午從實入覲命爲東平路行軍千戶圍安慶其守將走邀擊之斬首百級俘獲無算攻光之定城俘其將士十有五人略信陽執復州將金之才攻六安拔之大小數十戰策功居多實卒其子忠濟奏晉亨權知東平

府事東平貢賦率倍他道迎送供億簿書獄訟日不暇給歷七年吏畏而民安
之辛亥憲宗即位從忠濟入覲時包銀制行朝議戶賦銀六兩諸道長吏有輒
請試行於民者晉亨面責之曰諸君職在親民民之利病且不知乎今天顏咫
尺知而不言罪也承命而歸事不克濟罪當何如且五方土產各異隨其產爲
賦則民便而易足必責輸銀雖破民之產有不能辦者大臣以聞明日召見如
其言以對帝是之乃得蠲戶額三之一仍聽民輸他物遂爲定制欲賜晉亨金
虎符辭曰虎符國之名器長一道者所佩臣隸忠濟麾下復佩虎符非制也臣
不敢受帝益喜改賜璽書金符恩州管民萬戶中統三年李璮叛晉亨從嚴忠
範戰於遙牆濼勝之改本道奧魯萬戶四年授金虎符分將本道兵充萬戶戍
宿州首言汴堤南北沃壤閑曠宜屯田以資軍食乃分兵列營以時種藝選千
夫長督勸之事成期年皆獲其利至元八年改懷遠大將軍淄萊路總管尋兼
軍事十一年詔伐宋晉亨在選中聞命就道曰此報效之秋也分道由安慶渡
江丞相伯顏留之戍鎮江兼與民政壹以鎮靜爲務戰焦山瓜洲皆有功十三

年卒於官子好古

好古字信甫少讀書善屬文器識宏遠勇而有謀父晉亨權知東平府事嚴忠濟承制以好古權其父軍戍宿州戊午奏真授行軍千戶攻樊城身中流矢戰不少卻主將旌其功賞銀百兩略揚循泰與海門而還擊邵伯埭拔之從大軍攻鄂中統元年還宿州忠濟命兼恩州刺史訪民瘼革吏弊立爲條約未幾移戍蘄州李璮叛據濟南宋人攻蘄好古率兵迎擊力不敵死之時晉亨在濟南軍中聞之哭曰吾兒死得其所矣弟好義襲下江淮有功

王珍

王珍字國寶大名南樂人世爲農家珍慷慨有大志金末喪亂所在盜起南樂人楊鐵槍聚衆保鄉里太祖遣兵攻破河朔鐵槍以兵應之行營帥按只署珍軍前都彈壓鐵槍與金軍戰死衆推蘇椿代領其衆宋將彭義斌帥師侵大名椿戰不利降之義斌遂據大名珍棄其家間道走還軍中按只嘉其誠待遇益厚以爲假子復從速魯忽擊走義斌蘇椿以大名降珍妻子故在珍語之曰吾

非棄汝輩誠不以私愛奪吾報國之心耳聞者稱歎授鎮國上將軍大名路治中軍前行元帥府事俄以取寧海胙城功遷輔國上將軍復授統攝開曹滑濬等處行元帥府事兼大名路安撫使蘇椿復欲叛歸金珍覺之與元帥梁仲先發兵攻椿椿開南門而遁國王斡真授仲行省珍驃騎衛上將軍同知大名府事兼兵馬都元帥從剌不台經略河南破金將武仙于鄭州復與金人戰于蕭縣斬其將頃之仲死國王命仲妻冉守真權行省事珍爲大名路尙書省下都元帥將其軍國用安據徐邳珍從太赤及阿术魯攻拔之授同簽大名行省事從軍伐宋破光州棗陽廬壽滁州珍常身先諸將屢有功宋城五河口珍帥死士二十人奪之宋人遁乘勝進師連破濠泗渦口歲庚子入見太宗授總帥本路軍馬管民攻官佩金符珍言於帝曰大名困於賦調貸借西域賈人銀八十錠及逋糧五萬斛若復徵之民無生者矣詔官償所借銀復盡蠲其逋糧已而朝廷議分蒙古漢軍戍河南以珍戍睢州修城隍明斥候宋兵不敢犯己酉入朝定宗進本路征行萬戶加金虎符在鎮九年卒年六十五子文幹善騎射襲

爲行軍萬戶己未從世祖攻鄂州先登中流矢賜以良馬金帛李璮叛從哈必赤討平之哈必赤論功語以官賞文幹對曰增秩則榮及一身賜金則恩逮麾下迺以白金二千兩器皿百事雜綵數百縑賞之文幹悉頒之軍中中統三年制父兄弟子並仕同塗者罷其弟子文幹弟文禮爲千戶文幹自陳願解己官而留文禮詔從之改同知大名路總管府事累遷河東山西道提刑按察副使近臣言其鄂州之功陞僉東川行樞密院事歷全州衞輝東平總管改江東建康道提刑按察使卒于官年五十八發其篋中錢僅七緡貧不能歸葬人以此稱之

楊傑只哥

楊傑只哥燕京寶坻人家世業農傑只哥少有勇略太祖略地燕趙率族屬降附從攻遼左及從元帥阿朮魯定西夏諸部有功己丑睿宗賜以金幣命從阿朮魯攻信安阿朮魯知其材略出諸將右命裁決軍務信安城四面阻水其帥張進數月不降傑只哥曰彼恃巨浸我師進不得利退不得歸不若往說之進

見其來怒曰吾已斬二使汝不懼死耶傑只哥無懼色從容言曰今齊魯燕趙
地方數千里郡邑聞風納降獨君恃此一城内無軍儲外無兵援亡可立待爲
君計者不如請降可以保富貴而免死亡進默然曰姑待之凡三往乃降辛卯
大名守蘇椿叛討獲之衆議屠城傑只哥曰怒一人而族萬家非招來之道也
衆是其言由是滑濬等州聞風納款壬辰師次徐州阻河不得濟傑只哥探知
有賊兵操舟楫伏草澤中率勁卒數人憑河擊之悉奪舟楫衆遂得渡獲河南
諸郡降人三萬餘戸進攻徐州金將國用安拒戰傑只哥率百餘騎突入陣中
迎擊於後大敗之擒一將而還皇太弟國王駐兵河上見之賜名拔都授金符
命總管新附軍民乙未太宗特賜傑只哥種田民戸租賦丁酉從阿朮魯攻歸
德傑只哥麾諸將縛草作筏渡濠抵城下梯城先登拔之由是進攻得五州十
縣四堡二寨己亥宋兵至已登歸德城傑只哥率衆拒戰敗之率舟師追擊轉
戰中流溺死年四十子孝先孝友孝先僉江北淮東道肅政廉訪司事孝友鎮
江路總管

劉通

劉通字仲達東平齊河人也初從嚴實來歸繼從收濮曹相潞定陶楚丘實薦于太師木華黎以通爲齊河總管尋授鎭國上將軍左副都元帥濟南知府德州總管行軍千戶太宗賜金符陞上千戶宋將彭義斌攻齊河城率衆夜登通與六七人鼓譟而進宋人驚懼墜溺死者甚衆明日復合圍城三匝通令守陴者植槊如櫛俄從撤去宋人懼其向己也大潰義斌僅以數騎免歲丁酉還德州等處二萬戶軍民總管歲丙辰卒子復亨襲爲行軍千戶從嚴實略安豐通泰淮濠泗蘄黃安慶諸州憲宗西征復亨攝萬戶統東平軍馬攻釣魚山苦竹寨有功師還兼德州軍民總管中統元年奉旨戍和林還授虎符進武衞軍副都指揮使李璮叛遣使招復亨復亨立斬之時遣兵討賊集濟南乏食復亨盡出其私蓄以濟師世祖嘉之賜白金五千兩復亨固辭至元二年進左翼侍衞親軍都指揮使四年遷右翼九年加昭勇大將軍鳳州等處經略使十年遷征東左副都元帥統軍四萬戰船九百征日本與倭兵十萬遇戰敗之還招降淮

南諸郡邑十二年授昭信路總管十四年遷黃州宣慰使十五年改太平路總
管俄授鎮國上將軍爲淮西道宣慰使都元帥二十年加奉國上將軍三月卒
子五人浩澤澧淵淮浩中統四年襲千戶至元八年歿于兵澤由近侍出爲荆
湖北道宣慰使澧知長寧州俱蚤卒淵至元十一年佩金符授進義副尉爲徐
邳屯田總管下丁莊千戶九月領兵巡邏泗州至淮河九里灣遇宋軍戰勝奪
其船三十餘艘十二年三月與宋安撫朱煥戰于清河敗之擒十四人奪其輜
重九月從右丞別里迷失攻淮安十三年與宋人戰昭信軍南靖平山俱有功
十四年北覲進武略將軍管軍總管十五年從元帥張弘範征閩廣漳韶諸州
以功授武德將軍十六年從攻崖山弘範命淵領後翼軍水戰有功十七年進
安遠大將軍爲副招討二十一年遷頼州副萬戶二十四年從征交趾鎮南王
脫歡命領水步軍二萬攻萬劫江擒十六人繼攻靈山城賊衆迎敵大敗之師
還二十八年捕寇淛東獲其酋長三人三十一年兼領紹興淛江五翼軍守杭
州繼以疾去大德十一年卒子無晦至大元年襲授昭信校尉頼州副萬戶俄

進武德將軍延祐五年以病免六年改河南江北行省都鎮撫泰定四年加宣武將軍

岳存

岳存字彥誠大名冠氏人初歸東平嚴實承制授存武德將軍帥府都總領保冠氏會金從宜鄭倜復據大名距冠氏僅三十里遣兵來攻倜不得志復自將萬人合圍其勢甚張存率死士百餘突出西門勇氣十倍金人退走存追之越境乃還歲己丑從嚴實及武仙戰于彰德西敗之遷明威將軍行冠氏主簿明年存率騎兵二百步卒三百自彰德北還至開州南與金將張開遇開衆萬餘存軍依大林戒其軍曰彼衆我寡不可輕動當聽吾鼓聲爲節乃命騎士居前步卒次之與敵相去僅二十步一鼓作氣無不一當百開衆大潰追二十餘里不損一卒而還破河南攻淮漢無役不與辛丑陞本縣丞庚戌移治楚丘數年有惠政乙卯告老退休田里中統三年以疾卒年六十九子天禎襲父職冠氏縣軍民彈壓從圍襄樊帥府承制授管軍百戶修立百丈山鹿門等堡天禎率

銳士冒矢石從樊城東北先登爲櫑木所傷墮地復躡梯以登手刃數人築正陽東西城及於鎮江造戰船天禎咸董其役戰焦山平奉化賊錄功陞管軍千戶江南平從元帥張弘範覲帝于柳林賜金錦銀鞍勒授昭勇大將軍福州路總管平尤溪賊秩滿改吉州平永新賊後還贛州七年遷建康首定救荒之政民立碑以紀遺愛焉至大二年卒于建康年七十二子杲會昌州同知

張子良 懋

張子良字漢臣涿州范陽人金末四方兵起所在募兵自保子良率千餘人入燕薊間耕稼已絕遂聚州人阻水治舟筏取蒲魚自給從之者衆至不能容子良部勒定與新城數萬口就食東平東平守納之久之守棄東平還汴檄子良南屯宿州又南屯壽州夏全劫其民出雞口李敏據州子良率麾下造敏敏欲害之走歸宿因以宿帥之衆奪全所劫老幼數萬以還全怒連徐邳之軍來攻子良與宿帥斫其營全失其軍符走死揚州時金受重圍於汴聲援盡絕有國用安者圖以漣水之衆入援道阻游兵不能進子良與一偏將晝伏夜行得入

汴達用安意金君臣以爲自天降也曲賜勞來凡所欲皆如用安請因以徐宿授子晟明年子晟進米五百石于汴授榮祿大夫總管陝西東路兵馬仍治宿州當是時令已不行於陝而用安亦卒不得志徐宿之間民無食者出城拾穭穟以食子晟嚴兵護之以防鈔掠猝遇敵子晟被重傷乃率其衆就食泗洲泗守閱兵將圖之子晟與麾下十數人卽軍中生縛其守民不欲北歸者欲走傍郡子晟資以舟楫無敢掠其財物歲戊戌率泗州西城二十五縣軍民十萬八千餘口因元帥阿朮來歸太宗命爲東路都總帥授銀青榮祿大夫陞京東路行尚書省兼都總帥管領元附軍民進金紫光祿大夫庚子賜金符自兵興以來子晟轉徙南北依之以全活者不可勝計癸丑憲宗命爲歸德府總管管領元附軍民中統二年夏四月世祖命爲歸德泗州總管降虎符仍管領泗州軍民總管七年罷元管戶隸諸郡縣改授昭勇大將軍大名路總管兼府尹八年卒年七十八贈昭勇大將軍僉樞密院事上輕車都尉追封清河郡侯諡翼敏子二人長懋次亨亨佩金虎符爲管軍千戶子與立襲卒子鑑襲

檝字之美未弱冠已有父風侍子長官京東故檝領其衆從丞相阿朮軍立歸德府以其軍鎭之移鎭下邳知歸德府事李璮叛濟南以其兵戍蔡州中統元年宣授泗州軍總把佩金符至元七年擢濟南諸路新軍千戶九年從破襄樊有功十一年丞相伯顏南征其行陣以鏵車弩爲先而衆軍繼之檝以勇鷙將弩前行凡所過山川道路險阨通梁筏平塹穽安營設伏出納奇計伯顏信用之擢爲省都鎭撫水陸並進其任甚重師壓臨安滅宋以其主及母后羣臣北還駐瓜洲伯顏命檝往諭淮西夏貴副以兩介將騎士直趨合肥貴出迎設賓禮檝示以逆順禍福辭旨雄厲貴受命頓首上地圖降書馳還報伯顏大喜復令行徇鎭東安豐壽春懷遠淮安濠等州郡皆下復使之徧諭列城軍民使知
帝之德意十三年檝馳驛至上都伯顏上其功宣授檝明威將軍泗州安撫司達魯花赤十四年改安撫司爲總管府置宣慰使以統之拜同知淮西道宣慰司事十六年改授懷遠大將軍吉州路總管檝惡衣糲食率之以儉愼刑平政處之以公新府治設義倉雖能吏不過也部使者劉宣薦之凡有所懲治朝至

夕報豪強竦然郡萬戶蘇亘恃勢爲暴爲之翼者有十虎之目民甚苦之乃上其實於憲府盡誅十虎者奪亘虎符而黜之民大悅羣盜有率衆將白晝劫城者懋聞之率從騎擣其穴縛其酋長以歸民之流亡與遠郡之來歸者數千家相率爲生祠以祀之十七年二月卒年六十三贈昭勇大將軍龍興路總管上輕車都尉追封清河郡侯謚宣敏子二人文煥以父蔭任承務郎江州路瑞昌縣尹文炳三汊河巡檢文煥子珪初爲高安縣尹有異政由是擢爲江西檢校拜南臺御史繼爲淮西江西二道廉訪僉事用能世其家云

唐慶

唐慶不知何許人事太祖爲管軍萬戶太祖伐金以慶權元帥左監軍歲丁亥賜虎符授龍虎衞上將軍使金壬辰太宗復以慶爲國信使取金質子督歲幣以金曹王來見帝於官山七月使慶再往令金主黜帝號稱臣金主不聽慶輒以語侵之金君臣遂謀害慶夜半令兵入館舍殺慶及其弟山祿與祿并從行者十七人既滅金購求慶屍不得厚恤其家賜金五十斤詔官其子仍計其家

人口給糧以養焉

齊榮顯

齊榮顯字仁卿聊城人父旺金同知山東西路兵馬都總管榮顯幼聰悟總角與羣兒戲畫地爲戰陣端坐指揮各就行列九歲代父任爲千戶佩金符從外舅嚴實來歸屢立戰功攻濠州宋兵背城爲陳榮顯薄之所向披靡其屬王孝忠力戰中鈎戟榮顯斷戟拔孝忠出復逐北入其郛而還主帥察罕壯之賜馬鎧銀器兵趨五河口抵大堤榮顯偕數騎前行覘敵值邏騎數十從者將退走榮顯曰彼衆我寡若示以怯必爲所乘援弓策馬射殺兩人乃還進拔五河口陞權行軍萬戶守宿州墮馬傷股不能復從軍改提領本路課稅又改本路諸軍鎮撫兼提控經歷司值斷事官鈎校諸路積逋官吏往往遭詬辱榮顯從容辦理悉爲蠲貸從實入朝授東平路總管府參議兼領博州防禦使時十投下議各分所屬不隸東平榮顯力辯於朝遂止及攻淮南道出東平民間供給費銀二萬錠榮顯詣斷事官愬之得折充賦稅民賴以不困中統元年謁告侍親

閑居十年卒

石天祿

石天祿父珪山東諸路都元帥陷金死節見忠義傳天祿襲爵孛魯承制授龍虎衞上將軍東平路元帥佩金虎符時宋將彭義斌取大名及中山天祿與孛里海率兵敗之獲義斌又敗金將武仙屢立戰功丙戌孛魯以功奏遷金紫光祿大夫都元帥鎭戍邊隅數與金人戰未嘗敗北壬辰皇太弟拖雷南渡河天祿爲前鋒戰退金兵奪戰船數艘夜至歸德城下襲其營殺三百餘人金將陳防禦出兵追圍天祿天祿潰圍復戰金兵退走提兵掠亳及徐所過望風附降癸巳秋九月破考城復圍歸德冬十二月歸德降甲午入覲改授征行千戶濟兗單二州管民總管乙未從扎剌温火兒赤渡淮攻隨州至襄陽夾河寨戰退宋兵扎剌温火兒赤賞以戰馬又從攻蘄黃功居其首時詔天祿括戶東平軍民賦稅並依天祿已括籍冊嚴實不得科收天祿以病不任職以子與祖襲明年天祿卒年五十四子十人與祖襲千戶官武略將軍己未從伐宋攻鄂州至

元四年繇宿州率兵抄沿淮諸郡獲宋覘伺者十餘輩統軍司賞馬二十匹銀五百兩錦二十端十二年攻常州爲先鋒功在諸將上宋亡第功陞宣武將軍管軍總管戍温州土賊林大年等搆亂出兵圍之斬首千餘級招輯南溪山寨歸農者三萬餘戶十六年陞顯武將軍佩金虎符十九年七月卒于軍子璡嗣

石抹阿辛

石抹阿辛迪列紇氏歲乙亥率北京等路民一萬二千餘戶來歸太師國王木華黎奏授鎮國上將軍御史大夫從擊蠡州死焉子查剌仍以御史大夫領黑軍初其父阿辛所將軍皆猛士衣黑爲號故曰黑軍歲己卯詔黑軍分屯真定固安太原平陽隰吉岢嵐間頃之南征以黑軍爲前列與南兵遇于河查剌大呼馳之陷其陣渡河再戰盡殪之所過城邑爭先款附長驅擣汴州入自仁和門收圖籍振旅而還論功黑軍爲最及從國王軍征萬奴圍南京城堅如立鐵查剌命偏將先警其東北親奮長槊大呼登西南角摧其飛櫓手斬陴卒數十人大軍乘之遂克南京詰旦木華黎解錦衣賞之累授真定路達魯花赤卒于

柳城子庫祿滿襲職從攻襄樊與從弟度剌立雲梯衝其堞度剌死焉中統三年庫祿滿從征李璮先登飛矢中額而卒

劉斌 思敬

劉斌濟南歷城縣人少孤鞠于大父有勇力從濟南張榮起兵爲管軍千戶歲壬辰攻河南以功授中翼都統攻睢陽軍軍杏堆距陳州七十里聞陳整軍於近郊斌率衆夜破之又擊走太康守兵擒其將三日太康陷榮言於帥阿朮魯曰太康之平摧其鋒者斌也移屯襄陽軍乏食斌知青陵多積穀前阻大澤水深不可涉陳可取狀衆難之斌叱之曰彼恃險不我虞取可必也乃率百騎夜發獲敵人使道之前行汙澤中五十餘里遇敵兵斌捨馬揮槊突敵敗之得其糧數千斛還官知中外諸軍事從攻六安先登破其城癸卯擢濟南推官辛亥授本道左副元帥乙卯陞濟南新舊軍萬戶移鎮邳州宋將憚之己未病謂其子曰居官當廉正自守毋黷貨以喪身敗家語畢而逝年六十有二贈中奉大夫參知政事護軍彭城郡公諡武莊子思敬

思敬賜名哈八兒都襲父職爲征行千戶世祖南征從董文炳攻臺山寨先登中流矢傷甚帝親勞賜酒易金符中統二年授武衞軍千戶從討李璮賜銀六十錠四年授濟南武衞軍總管捕盜有功又賜銀千兩至元三年授懷遠大將軍侍衞親軍左翼副都指揮使四年命築京城八年授廣威將軍西川副統軍佩金虎符九年宋嘉定守臣昝萬壽乘虛攻成都哈八兒都邀擊敗之戰于青城宋兵大敗奪所俘二千人還十二年轉同簽行樞密院事復攻嘉定取之瀘敘忠涪諸部及巴縣籌勝龜雲石筍等寨十九族及西南夷五十六部悉來降十三年圍重慶敗宋將張萬得其舟百餘六月瀘州復叛哈八兒都妻子沒焉乃率兵討擒其將任慶攻破盤山寨俘九千餘戶又獲其將劉雄及王世昌等夜入東門巷戰殺王安撫等遂克瀘州復攻重慶其將趙牛子降禽守臣張珏十六年蜀平拜中奉大夫四川行省參知政事行省罷改四川北道宣慰使十七年授正奉大夫江西行省參知政事治吉贛盜民賴以安二十年卒年五十三贈推忠宣力果毅功臣平章政事柱國封濱國公諡忠肅子思恭字安道累

官昭毅大將軍右衛親軍都指揮使思義宣武將軍昌國州軍民達魯花赤

趙柔

趙柔淶水人有膽略善騎射好施予金末避兵西山柵險以保鄉井時劉伯元蔡友資李純等亦各聚衆數千聞柔信義共推爲長柔明號令嚴約束重賞罰爲衆所服歲癸酉太祖遣兵破紫荊關柔以其衆降行省入札奏聞以柔爲涿易二州長官佩金符丙戌羣盜並起柔單騎徧入諸柵說降其衆以功遷龍虎衞上將軍真定涿等路兵馬都元帥佩金虎符兼銀冶總管庚寅太宗命兼管諸處打捕總管丙申加金紫光祿大夫卒至順元年追封天水郡公諡莊靜曾孫世安榮祿大夫江西行省左丞

元史卷一百五十二

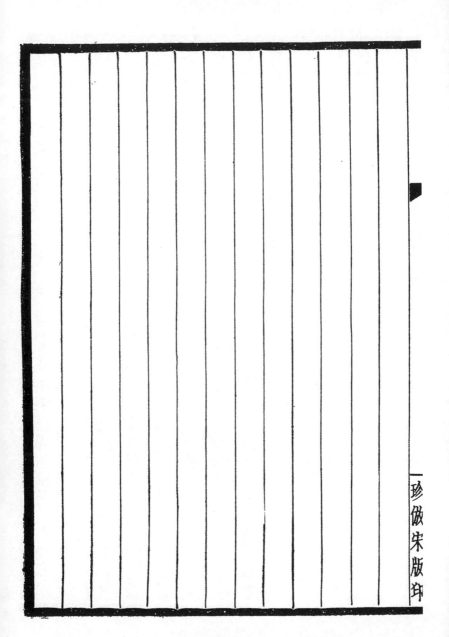

元史卷一百五十三

明翰林學士亞中大夫知制誥兼修國史宋　濂等修

列傳第四十

劉敏

劉敏字有功宣德青魯人歲壬申太祖師次山西敏時年十二從父母避地德興禪房山兵至父母棄敏走大將憐而收養之一日帝宴諸將於行營敏隨之入帝見其貌偉異之召問所自俾留宿衞習國語閱二歲能通諸部語帝嘉之賜名玉出干出入禁闥初爲奉御帝征遼西諸國破之又征回回國破其軍二十萬悉收其地敏皆從行癸未授安撫使便宜行事兼燕京路徵收稅課漕運鹽場僧道司天等事給以西域工匠千餘戶及山東山西兵士立兩軍戍燕置二總管府以敏從子二人佩金符爲二府長命敏總其役賜玉印佩金虎符奏佐吏宋元爲安撫副使高逢辰爲安撫僉事各賜銀章佩金符李臻爲參謀初耶律楚材總裁都邑契丹人居多其徒往往中夜挾弓矢掠民財官不能禁敏

戮其渠魁令諸市又豪民冒籍良民爲奴者衆敏悉歸之選民習星曆者爲司天太史氏興學校進名士爲之師己丑太宗卽位改造行宮幄殿乙未城和林建萬安宮設宮闈司局立驛傳以便貢輸既成宴賜甚渥辛丑春授行尚書省詔曰卿之所行有司不得與聞俄而牙魯瓦赤自西域回奏與敏同治漢民帝允其請牙魯瓦赤素剛尚氣恥不得自專遂俾其屬忙哥兒誣敏以流言敏出手詔示之乃已帝聞之命漢察火兒赤中書左丞粘合重山奉御李簡詰問得實罷牙魯瓦赤仍令敏獨任復辟李臻爲左右司郎中臻在幕府二十年參贊之力居多丙午定宗卽位詔敏與奧都剌同行省事辛亥夏六月憲宗卽位召赴行在所仍命與牙魯瓦赤同政甲寅請以子世亨自代帝許之賜世亨銀章佩金虎符賜名塔塔兒台帝諭世亨以不從命者黜之又賜其子世濟名散祝台爲必闍赤入宿衞帝伐宋幸陝右敏輿疾請見帝曰卿有疾不召而來將有言乎敏曰臣聞天子出巡義當扈從敢辭疾乎但中原土曠民貧勞師遠伐恐非計也帝弗納敏還退居年豐世祖南征過年豐敏入見諭之曰我太祖勵精

圖治見而知者惟卿爾汝春秋高其彙次以爲後法未幾病歸于燕夏四月卒年五十九

王檝

王檝字巨川鳳翔虢縣人父霆金武節將軍麟游主簿檝性倜儻弱冠舉進士不第乃入終南山讀書涉獵孫吳泰和中復下第詣闕上書論當世急務金主俾給事緇山元帥府尋用元帥高琪薦特賜進士出身授副統軍守涿鹿隘太祖將兵南下檝鏖戰三日兵敗見執將戮之神色不變太祖問曰汝曷敢抗我師獨不懼死乎對曰臣以布衣受恩誓捐軀報國今既僨軍得死爲幸帝義而釋之授都統佩以金符令招集山西潰兵從大軍破紫荊關取涿易保州中山軍次雄州節度使孫吳堅守不下檝入城喻以禍福吳遂以城降甲戌授宣撫使兼行尚書六部事從三合拔都太傅猛安率兵南征下古北口攻薊雲順等州所過迎降得漢軍數萬遂圍中都乙亥中都降檝進言曰國家以仁義取天下不可失信於民宜禁虜掠以慰民望時城中絕粒人相食乃許軍士給糧入

城轉糴故士得金帛而民獲粒食又議田野久荒而兵後無牛宜差官瀘溝橋
索軍回所驅牛十取其一以給農民用其說得數千頭分給近縣民大悅復業
者衆三合猛安俾檝招諭保定新城信安雄霸文安清滄諸城皆望風款附乃
置行司于滄州以鎮之遂從猛安入覲授銀青榮祿大夫仍前職兼御史大夫
世襲千戶時河間清滄復叛帝命檝討之復命駙馬孛秃分蒙古軍及糺漢軍
三千屬檝遂復河間得軍民萬口孛秃惡其反覆欲盡誅之檝解之曰驅羣羊
使東西者牧人也羊何知哉殲其渠魁足矣釋此輩還之近縣強者使從軍弱
者使爲農此天之所以畀我也何以殺爲孛秃曰汝能保此輩不復反耶檝曰
可即移文保任之俱得全活帝命閣里畢與皇太弟國王分撥諸侯王城邑諭
閣里畢曰漢人中若王宣撫者可任使之遂以前職兼判三司副使後又命省
臣總括歸附工匠之數將俾大臣分掌之太師阿海具列諸大臣名以聞帝曰
朕有其人偶忘姓名耳良久曰得之矣舊人王宣撫可任是職遂命檝掌之時
都城廟學既燬於兵檝取舊樞密院地復創立之春秋率諸生行釋菜禮仍取

舊岐陽石鼓列廡下丙戌從征西夏及秦州夏人盡撤橋梁爲備軍阻不得前帝問諸將皆不知計所出檝夜督士卒運木石比曉橋成軍乃得進戊子奉監國公主命領省中都屬盜起信安結北山盜李密轉掠近縣檝曰都城根本之地何可無備引水環城調度經費檝自爲券假之賈人而歛不及民人心稍安遣男守謙率軍討諸盜平之庚寅從征關中長驅入京兆進克鳳翔請于太宗曰此臣鄉邦也願入城訪求親族果得族人數十口以歸壬辰從攻汴京癸巳奉命持國書使宋以兀魯剌副之至宋宋人甚禮重之卽遣使以金幣入貢檝前後凡五往以和議未決隱憂致疾卒于南宋人重賵之仍遣使歸其柩葬于燕子六人

王守道

王守道字仲履其先眞定平山人金亡羣盜並起州縣吏多乘亂貪暴不法民往往殺令丞及屬吏宣撫司署守道爲縣尉衆悅之因轉攝令改眞定主簿史天倪爲河北西路兵馬都元帥鎭眞定旣收大名澤潞懷孟城邑之未附者以

爲府經歷及金恆山公武仙降署爲史天倪副帥守道謂天倪曰是人位居公
下意有不平安能鬱鬱於此宜先事爲備天倪不以爲然未幾果爲所害及仙
以城反爲金史氏之人與屬縣旁近豪傑納天倪之弟天澤爲主帥攻仙時史
天安在白霫聞變率兵亦至遂復真定仙走保西山諸砦執守道家人以重幣
誘之守道不顧日與史氏部曲昆弟徵發調度以復讎卒逐仙遁去後擢慶源
軍節度使天澤爲五路萬戶署守道行軍參謀兼檢察使莊聖太后以真定爲
湯沐邑守道在鎭以幕寮頻歲致覲敷對稱旨得賜金符錦衣金錢中統三年
天澤入拜左丞相卽授真定等路萬戶府參謀至元七年卒至大元年以子顯
貴特贈銀青榮祿大夫大司徒追封壽國公諡忠惠仁宗卽位復加推忠協力
秉義功臣金紫光祿大夫大司徒上柱國

高宣

高宣遼陽人太宗元年詔宣爲元帥賜金符統兵從睿宗攻大名宣進曰今奉
命出師伐罪弔民願勿嗜殺以稱上意睿宗召元帥尤乃諭之下令軍中如宣

言及城破兵不血刃民心悅服四年正月從破金兵三峯山降宣者三千餘戶籍以獻立打捕鷹坊都總管府統之以宣爲都總管賜金符仍令子孫世其職卒皇慶二年贈宣力功臣銀青榮祿大夫大司徒追封營國公諡簡僖子天錫事世祖潛邸爲必闍赤入宿衞甚見親幸中統二年授以其父官爲鷹坊都總管四年改燕京諸路奧魯總管遷按察副使仍兼鷹坊都總管天錫語丞相字羅左丞張文謙曰農桑者衣食之本不務本則民衣食不足教化不可興古之王政莫先於此願留意焉丞相以聞帝悅命立司農司以天錫爲中都山北道巡行勸農使兼司農丞尋遷司農少卿巡行勸農使又遷戶部侍郎進嘉議大夫兵部尚書卒後贈推忠保義功臣太保儀同三司上柱國追封營國公諡莊懿子諒裕宗初封燕王以諒爲符寶郎俄命襲其父官爲鷹坊都總管裕宗甚愛之謂符寶郎董文忠曰汝爲我奏請以諒所管民戶隸於我庶得諒盡力爲我用文忠入奏帝從之未幾授諒嘉議大夫遷兵部尚書卒仁宗時贈推誠保德贊治功臣太師開府儀同三司上柱國追封營國公諡宣靖子塔失不花成

宗命世其祖父官以居喪辭大德元年授奉議大夫章佩監丞四年改朝列大夫利用監丞八年陞少監武宗卽位授中議大夫祕書監丞仁宗居東宮召入宿衞至大三年冬遷少中大夫納綿府達魯花赤且諭之曰此先世所守舊職也皇慶元年春改授嘉議大夫同知崇祥院事冬進資德大夫爲院使延祐四年夏四月帝謂塔失不花曰汝祖嘗爲司農今復以授汝遂遷榮祿大夫大司農英宗居東宮塔失不花撰集前代嘉言善行名曰承華事略幷畫豳風圖以進帝覽之獎諭曰汝能輔太子以正朕甚嘉之命置圖書東宮俾太子時時觀省六年改集禧院使退居于家卒

王玉汝

王玉汝字君璋鄆人少習吏事金末遷民南渡玉汝奉其親從間道還行臺嚴實入據鄆署玉汝爲掾史稍遷補行臺令史中書令耶律楚材過東平奇之版授東平路奏差官以事至京師遊楚材門待之若家人父子然實年老艱於從戎玉汝奏請以本府總管代之行夏津災玉汝奏請復其民一歲濟州長官欲

以州直隸朝廷大名長官欲以冠氏等十七城改隸大名玉汝皆辨正之戊戌以東平地分封諸勳貴裂而爲十各私其入與有司無相關玉汝曰若是則嚴公事業存者無幾矣夜靜哭於楚材帳後明日召問其故曰玉汝爲嚴公之使今嚴公之地分裂而不能救止無面目還報將死此荒寒之野是以哭耳楚材惻然良久使詣帝前陳愬玉汝進言曰嚴實以三十萬戶歸朝廷崎嶇兵間三棄其家室卒無異志豈與他降者同今裂其土地析其人民非所以旌其功也帝嘉玉汝忠款且以其言爲直由是得不分還行臺知事仍遙領平陰令辛丑實子忠濟襲職授左右司郎中遂總行臺之政分封之家以嚴氏總握其事頗不自便定宗即位皆聚闕下復欲剖分東平地是時衆心危疑將俛首聽命玉汝力排羣言事遂已憲宗即位有旨令常賦外歲出銀六兩謂之包垜銀玉汝曰民力不支矣糾率諸路管民官愬之闕下得減三分之一累官至龍虎衞上將軍泰定軍節度使兼兗州管內觀察使充行臺參議壬子以病謝事杜門日以經史自娛乙卯忠濟使人謂玉汝曰君閒久矣可暫起爲吾分憂玉汝堅辭

以參議印強委之不得已起視事僅五六日裁畫署置煥然一新八月既望有
星隕庭中已而玉汝卒

焦德裕

焦德裕字寬父其遠祖贊從宋丞相富弼鎮瓦橋關遂爲雄州人父用仕金由東鹿令陞千戸守雄州北門太祖兵至州人開南門降用猶力戰遂生獲之帝以其忠壯釋不殺復舊官徇地山東未嘗妄殺一人年六十二卒後以德裕貴追贈中書左丞封恆山郡公謚正毅德裕通左氏春秋少拳勇善射從其舅解昌軍中金將武仙殺真定守史天倪仙既敗走其黨趙貴王顯齊福等保仙故壘數侵掠太行太宗擇廷臣有才辯者往招之楊惟中以德裕薦遂使真定降齊福擒趙貴王顯亡走德裕追射殺之其地悉平詔賜井陘北障城田中統三年李壇平世祖命德裕曲赦益都四年賜金符爲閬蓬等處都元帥府參議宋臣夏貴圍宣撫使張庭瑞于虎嘯山實薪土塞水源人無從得飲帥府檄德裕援之德裕夜薄貴營令卒各持三炬貴驚走追及鵝谿馘千人獲馬畜兵仗萬

討陛京畿漕運使至元六年僉陝西道提刑按察使事八年轉西夏中興道按察副使十一年從丞相伯顏南征授僉行中書省事遂從下安慶至鎭江焦山寺主僧誘居民叛丞相阿朮既誅其魁欲盡阬其徒德裕諫止之命德裕先入城撫定宋平賜予有加奉旨求異人異書平章阿合馬譖丞相伯顏殺丁家洲降卒事奏以德裕爲中書參政欲假一言證成之德裕辭不拜久之復僉行省事十四年改淮東宣慰使淮西賊保司空山檄淮東四郡守爲應元帥帖哥邏得其檄卽械郡守許定國等四人使承反狀將籍其家德裕言四人者皆新降將天子既寵綏之有地有民盈所望矣方誓報効安有他覬奈何以疑似殺四守寧知非反間耶盡復其官拜福建行省參知政事二十五年卒年六十九贈榮祿大夫平章政事追封恆國公諡忠肅子餘姚州知州潔信州治中

石天麟

石天麟字天瑞順州人年十四入見太宗因留宿衞天麟好學不倦於諸國書語無不習帝命中書令耶律楚材釐正庶務選賢能爲參佐天麟在選賜名蒙

古台宗王征西域以天麟爲斷事官憲宗六年遣天麟使海都拘留久之既而邊將劫皇子北安王以往寓天麟所天麟稍與其用事臣相親狎因語以宗親恩義及臣子逆順禍福之理海都聞之悔悟遂遣天麟與北安王同歸天麟被拘留二十八年始得還世祖大悅賞賚甚厚拜中書左丞兼斷事官天麟辭曰臣奉使無狀陛下幸赦弗誅何可復叨榮寵況臣才識淺薄年力衰憊豈能任政恐徒貽廟堂羞不敢奉詔帝嘉其誠褒慰良久從之有譖丞相安童嘗受海都官爵者帝怒天麟奏曰海都寔宗親偶有違言非仇敵比安童不拒絶之所以釋其疑心導其臣順也帝怒乃解江南道觀偶藏宋主遺像有僧素與道士交惡發其事將置之極刑帝以問天麟對曰遼國主后銅像在西京者今尚有之未聞有禁令也事遂寢天麟年七十餘帝以所御金龍頭杖賜之曰卿年老出入宮掖杖此可也時權臣用事凶焰薰炙人莫敢言天麟獨言其姦無所顧忌人服其忠直成宗即位加榮祿大夫司徒大宴玉德殿召天麟與宴賜以御藥命左右勸之酒頗醉命御輦送還家武宗即位進平章政事至大二年秋八

月卒年九十二贈推誠宣力保德翊戴功臣開府儀同三司太師上柱國追封冀國公謚忠宣子珪累官治書侍御史遷樞密副使復爲侍御史拜河南行中書省右丞階榮祿大夫南臺御史中丞卒次子懷都初襲斷事官累遷刑部尚書荆湖北道宣慰使孫哈藍赤襲斷事官

李邦瑞

李邦瑞字昌國以字行京兆臨潼人世農家邦瑞幼嗜學讀書通大義嘗被掠逃至太原爲金將小史從守闍漫山寨國王木華黎攻下諸城堡金將走邦瑞率衆來歸復居太原守臣惜其材具鞍馬遣至行在所中書以其名聞歲庚寅受旨使宋至寶應不得入未幾命復往仍諭山東淮南路行尚書省李全護送宋仍拒之復奉旨以行邦瑞道出蘄黄宋遣賤者來迎邦瑞怒叱出之宋改命行人乃議如約而還太宗慰勞賜車騎旃裘衣裝及銀十錠邦瑞因奏干戈之際宗族離散乞歸尋訪帝諭速不觧察罕匣剌達海等邦瑞馳驛南京詢訪親戚或以隸諸部者悉歸之甲午從諸王闊出經略河南凡所歷河北陝西州郡

四十餘城繪圖以進授金符宣差軍儲使乙未夏六月卒子榮

楊奐

楊奐字煥然乾州奉天人母嘗夢東南日光射其身旁一神人以筆授之已而奐生其父以爲文明之象因名之曰奐年十一母歿哀毀如成人金末舉進士不中乃作萬言策指陳時病皆人所不敢言者未及上而歸教授鄉里歲癸巳金元帥崔立以汴京降奐微服北渡冠氏帥趙壽之卽延致奐待以師友之禮門人有自京師載書來者因得聚而讀之東平嚴實聞奐名數問其行藏奐終不一詣戊戌太宗詔宣德稅課使劉用之試諸道進士奐試東平兩中賦論第一從監試官北上謁中書耶律楚材楚材奏薦之授河南路徵收課稅所長官兼廉訪使奐將行言於楚材曰僕不敏誤蒙不次之用以書生而理財賦已非所長又況河南兵荒之後遺民無幾烹鮮之喻正在今日急而擾之糜爛必矣願假以歲月使得撫摩瘡痍以爲朝廷愛養基本萬一之助楚材甚善之奐既至招致一時名士與之議政事約束一以簡易爲事按行境內親問監務月課

幾何難易若何有以增額言者奐責之曰剝下欺上汝欲我爲之耶卽減元額四之一公私便之不踰月政成時論翕然以爲前此漕司未之有也在官十年乃請老于燕之行臺壬子世祖在潛邸驛召奐參議京兆宣撫司事累上書得請而歸乙卯疾篤處置後事如平時引觴大笑而卒年七十賜諡文憲奐博覽強記作文務去陳言以蹈襲古人爲恥朝廷諸老皆折行輩與之交關中雖號多士名未有出奐右者奐不治生產家無十金之業而喜周人之急雖力不贍猶勉強爲之人有片善則委曲稱獎唯恐其名不聞或小過失必盡言勸止不計其怨怒也所著有還山集六十卷大興近鑑三卷正統書六十卷行于世

賈居貞

賈居貞字仲明真定獲鹿人年十五汴京破奉母居天平甫冠爲行臺從事時法制未立人以賄賂相交結有餽黃金五十兩者居貞卻之太宗聞而嘉歎勑有司月給白金百兩以旌其廉世祖在潛邸知其賢召用之俾監築上都城訖事以母喪歸世祖卽位中統元年授中書左右司郎中從帝北征每陳說資治

通鑑雖在軍中未嘗廢書一日帝問郎俸幾何居貞以數對帝謂其太薄勑增
之居貞辭曰品秩宜然不可以臣而紊制劉秉忠奏居貞爲參知政事又辭曰
他日必有由郎官援例求執政者將何以處之不拜至元元年參議中書省事
詔與左丞姚樞行省河東山西罷侯置守五年再爲中書郎中時阿合馬擅權
忌之改給事中同丞相史天澤等纂修國史十一年丞相伯顏伐宋居貞以宣
撫使議行省事既渡江下鄂漢伯顏以大軍東下留左丞阿里海涯與居貞分
省鎮之居貞曰江陵要地乃宋制閫重兵所屯聞諸將不睦遷徙之民盈城復
皆疾疫芻薪乏闕杜門不敢樵採不乘隙先取之迨春水漲恐上流爲彼所乘
則鄂危矣驛聞十二年春命阿里海涯領兵取江陵居貞以僉行省事留鄂於
是發倉廩以賑流亡宋宗室子孫流寓者廩食之不變其服而行其楮幣東南
未下州郡商旅留滯者給引以歸之免括商稅弛湖荻禁造舟百數艘篤以水
軍不致病民一方安之婁安邦以信陽來歸遣入覲裨將陳思聰居其家居貞
以計召至數思聰罪而誅之宋幼主既降其相陳宜中等挾二王逃閩廣所在

珍倣宋版印

扇惑民爭應之蘄州寇起司空山屬縣民傅高亦起兵應居貞移檄諭以禍福其下往往渙散壓以官軍遂剷平之高變姓名逃逸獲而戮之初遣鄭萬戶討賊鄭言鄂之大姓皆與傅高通請先除之以絕禍本居貞曰高鼠子無知行就戮矣大姓何預吾能保其無他鄭既領兵出留其所善部將戒曰聞吾還軍汝即舉烽城樓內外合發當盡殺城中大姓會其人戰敗溺死其事始彰十四年拜湖北宣慰使命未下居貞閉門不出而驕將悍卒合謀擾民乃復出視事人恃以無恐及行鄂之老幼號送于道刻其像于石祠之泮宮十五年遷江西行省參知政事未至民爭千里迎訴時逮捕民間受宋二王文帖者甚急坐繫巨室三百餘居貞至悉出之投其文帖于水火士卒有挾兵入民家誣爲藏匿以取財者取人子女爲奴妾者皆痛繩以法大水壞民廬居貞發廩賑之南安李梓發作亂居貞慮將帥出兵擾民請親往卒纔千人營于城北遣人諭之賊衆聞居貞至皆散匿不復爲用梓發閉妻子一室自焚死北還不戮一人杜萬一亂都昌居貞調兵擒之有列巨室姓名百數來上云與賊連居貞曰元惡誅矣

蔓延何爲命火其牒十七年朝廷再征日本造戰艦于江南居貞極言民困如此必致亂將入朝奏罷其事未行以疾卒于位年六十三贈推忠輔義功臣銀青榮祿大夫中書平章政事追封定國公仲子鈞

鈞字元播幼讀書淵默有容由推茶提舉拜監察御史僉淮東廉訪司事行臺都事入爲刑部郎中改右司郎中參議中書省事仁宗卽位拜參知政事議罷尚書省所立法還僉書樞密院復參知政事賜錦衣寶帶寵賚有加爲政持大體風裁峻整不孑孑鈞名譽皇慶元年從幸上都遇疾卒于家前後詔賻鈔三萬貫供葬事子汝立嗣

元史卷一百五十三

元史卷一百五十四

明翰林學士亞中大夫知制誥兼修國史宋　濂等修

列傳第四十一

洪福源　俊奇　君祥　萬

洪福源其先中國人唐遣才子八人往教高麗洪其一也子孫世貴於三韓名所居曰唐城父大宣以都領鎮麟州福源爲神騎都領因家焉歲丙子金源契丹九萬餘衆竄入高麗丁丑九月奪江東城池據之戊寅冬十二月太祖命哈赤吉扎剌將兵追討大宣迎降與哈赤吉等共擊之降其元帥趙忠壬午冬十月又遣着古與等十二人窺覘納款虛實還遇害辛卯秋九月太宗命將撒里答討之福源率先附州縣之民與撒禮塔併力攻未附者又與阿兒秃等進至王京高麗王瞮乃遣其弟懷安公請降遂置王京及州縣達魯花赤七十二人以鎮之師還壬辰夏六月高麗復叛殺所置達魯花赤悉驅國人入據江華島福源招集北界四十餘城遺民以待秋八月太宗復遣撒禮塔將兵來討福源

盡率所部合攻之至王京處仁城撒里塔中流矢卒其副帖哥引兵還唯福源
留屯癸巳冬十月高麗悉衆來攻西京屠其民刦大宣以東福源遂盡以所招
集北界之衆來歸處於遼陽瀋陽之間帝嘉其忠甲午夏五月特賜金符爲管
領歸附高麗軍民長官仍令招討本國未附人民又降旨諭高麗之民有執王
瞰及元搆難之人來朝者與洪福源同於東京居之優加恩禮擢用若大兵既
加拒者死降者生其降民令福源統之乙未帝命唐古拔都兒與福源進討攻
拔龍崗咸從二縣鳳海洞三州山城及慈州又拔金山歸信昌朔州己亥春二
月入朝賜以鎧甲弓矢及金織文段金銀器金鞍勒等乙巳定宗命阿母罕將
兵與福源共拔威州平虜城辛亥憲宗卽位改授虎符仍爲前後歸附高麗軍
民長官癸丑從諸王耶虎攻禾山東州春州三角山楊根天龍等城拔之甲寅
與扎剌台合兵攻光州安城忠州玄鳳珍原甲向玉果等城又拔之戊午福源
遣其子茶丘從扎剌台軍會高麗族子王綧入質陰欲併統本國歸順人民譖
福源于帝遂見殺年五十三後贈嘉議大夫瀋陽侯謚忠憲子七人俊奇君祥

最知名
俊奇小字荼丘福源第二子也幼從軍以驍勇受知世祖嘗以小字呼之中統
二年秋荼丘雪父寃世祖閔之詔諭之曰汝父方加寵用誤絓刑章故於已廢
之中庸沛維新之澤可就帶元降虎符襲父職管領歸附高麗軍民總管至元
六年高麗權臣林衍叛冬十一月詔以其軍三千從國王頭輦哥討平之還江
華島所有臣民復歸王京十二月帝命荼丘率兵往鳳州等處立屯田總管府
八年二月入朝賜鈔百緡林衍餘黨裴仲孫等立高麗王禃親屬承化侯爲王
引三別抄軍據珍島以叛五月荼丘奉旨偕經略使欣都進兵討之破其軍殺
承化侯其黨金通精率餘衆走躭羅帝遣侍衞親軍千戶王岑與荼丘議征取
之策荼丘表陳通精之黨多在王京可使招之招而不從擊之未晚從之俄奉
旨往羅州道監造戰船且招降躭羅荼丘得通精之姪金永等七人俾招之通
精不從留金永餘盡殺之十年詔荼丘與欣都率兵渡海擊破躭羅獲通精殺
之悉免其脅從者高麗始平十一年又命監造戰船經營日本國事三月授昭

勇大將軍安撫使高麗軍民總管如故己卯命茶丘提點高麗農事八月授東
征右副都元帥與都元帥忽敦等領舟師二萬渡海征日本拔對馬一岐宜蠻
等島十四年正月授鎮國上將軍東征都元帥鎮高麗二月率蒙古高麗女直
漢軍從丞相伯顏北征叛臣只魯瓦歹等四月至脫剌河猝與賊遇茶丘突陣
無前伯顏以其勇聞賜白金五十兩金鞍勒弓矢十七年授龍虎衞上將軍征
東行省右丞十八年與右丞欣都將舟師四萬由高麗金州合浦以進時右丞
范文虎等將兵十萬由慶元定海等處渡海期至日本一岐平戸等島合兵登
岸兵未交秋八月風壞舟而還十九年十月命茶丘於平灤黑堝兒監造戰船
七百艘以圖後舉二十一年十一月復授征東行省右丞二十三年命往江浙
等處遣漢人復業二十四年乃顏叛車駕親征賜以翎根甲寶刀命率高麗女
直漢軍扈從猝遇乃顏騎兵萬餘時茶丘兵不滿三千衆有懼色茶丘夜令軍
中多裂裳帛爲旗幟斷馬尾爲旄掩暎林木張設疑兵乃顏兵大驚以爲官兵
大至遂降帝聞之厚加旌賞凱還授遼陽等處行尚書省右丞二十七年以疾

辭叛王哈丹等竄入高麗侵撓其國西京距遼陽二千里皆騷動中書省特起茶丘鎮遼左帝遣闍里台孛羅兒賜以金字圓符命茶丘以便宜行事二十八年以疾卒年四十八子四人長曰萬

君祥小字雙叔福源第五子也年十四隨兄茶丘見世祖于上京帝悅命劉秉忠相之秉忠曰是兒目視不凡後必以功名顯但當致力于學耳令選師儒誨之至元三年籍高麗民三百人爲兵令君祥統之從禿花禿烈伯顏等軍築萬壽山復從開通洲運河帝親諭之曰爾守志忠勤朕所知也帝嘗坐便殿閱江南海東輿地圖欲召知者詢其險易左丞相伯顏樞密副使合達以君祥應旨奏對詳明帝悅酌以巨觥顧謂伯顏曰是兒遠大器也六年林衍叛從頭輦哥征之八年戍河南九年掠淮西破其大凹城十年從元帥孛魯罕襲淮東之陽湖俘其男女牛馬十一年入朝帝命伯顏伐宋朝議以宋之兵力多聚兩淮聞我欲渡江彼必移師拒守遂命右衛指揮使禿滿歹率輕銳二萬攻淮安以牽制之君祥以蒙古漢軍都鎮撫從行後伯顏既渡江帝命禿滿歹還軍蕭縣時

君祥奉使伯顏軍中宋黃州制置使陳奕降其子知漣水軍伯顏遣三十騎往招之因令君祥入奏帝曰卿可急還陳知府降卽偕來也及與俱入朝宴勞甚厚從元帥孛魯罕攻清河拔之海州安撫丁順約降孛魯罕令君祥以聞時伯顏方朝上京見君祥甚喜遂從南伐伯顏克淮安至揚州分兵攻淮西宋制置夏貴遣牛都統以書抵伯顏曰諺云殺人一萬自損三千願勿廢國力攻奪邊城若行在歸附邊城焉往伯顏遣君祥以牛都統入見留三日還軍中仍傳旨諭伯顏曰事難遙度宜臨機審圖之伯顏師次鎮江諜報有宋洪都統者爲都督府將伯顏謂君祥曰汝同姓可往招致也洪都統卽欣然來見君祥因厚遇之師進次臨平山距臨安五十里洪都統來報曰宋丞相陳宜中殿帥張世傑皆已逃去惟三宮未行宜早定計以活生民伯顏遂令洪都統護宋三宮令君祥隨之宋降陞武略將軍中衞親軍千戶十五年命還江南民兵還陞明威將軍中衞親軍副都指揮使十七年進昭勇大將軍十九年授樞密院判官二十三年轉昭武大將軍同僉樞密院事二十四年乃顏叛從世祖親征每駐蹕君

祥輒以兵車外環爲營衛布置嚴密帝嘉之凱還加輔國上將軍類次東駕起居爲東征錄二十八年授遼陽行省右丞用樞密院留復居舊職俄加集賢大學士依舊同僉樞密院事議者欲自東南海口辛橋開河合灤河運糧至上都奉旨與中書右丞阿里相其利害還極言不便罷之復奉使高麗還改僉書樞密院事成宗卽位詔裁減久任官知樞密院暗伯等奏君祥在樞密十六年最爲久者帝曰君祥始終一心可勿還也大德二年詔使高麗臺臣劾君祥以他事中道追回已而事罷三年奉使江浙問閭民疾苦使還退居昌平之皇華山絕口不論時事者五年大德九年擢司農俄拜中書右丞十年春改浙江行省右丞秋改遼陽右丞請於朝宜新省治增巡兵設儒學提舉官都鎭撫等員以興文化修武備事未成會武宗卽位徵爲同知樞密院事進榮祿大夫平章政事商議遼陽等處行中書省事改遼陽行省平章政事俄改商議行省事至大二年卒子邁奉訓大夫同知開元總管府事

萬小字重喜至元十三年入宿衛十八年襲職爲懷遠大將軍安撫使高麗軍

民總管仍佩父荼丘所佩虎符二十四年乃顏叛率兵征之六月至撒里禿魯之地同都萬戶闍里鐵木兒與乃顏將黃海戰大敗之又從世祖與塔不台戰又敗之是月至乃顏之地奉旨留蒙古女直漢軍鎮哈剌河復選精騎扈駕至失剌斡耳朶從御史大夫玉速帖木兒討乃顏七月至扎剌麻禿與金家奴戰敗之追至蒙可山那兀江等處遂平金家奴塔不台等九月師還哈丹八剌哈赤再叛十月重喜從諸王愛牙哈赤平章塔出都萬戶闍里鐵木兒征之十二月次木骨不剌時諸王脫歡監司脫台以兵四千餘人與其黨戰稍却重喜率騎兵援之冒鋒陷陣大破其衆又從諸王乃蠻愛牙哈赤平章薛闍干與叛王兵戰于兀朮站又戰于黑龍江又戰于貼滿哈處皆敗之二十五年重喜又從玉速帖木兒出師五月至貼列可與哈丹禿魯干戰獲功至木骨兒抄剌又戰八月至貴列河重喜率兵先涉與戰勝之十月又從玉速帖木兒往征木八蘭十二月與古土禿魯干戰克之二十七年六月賜白金五十兩甲一襲九月至禪春與哈丹禿魯干戰二十八年二月從平章薛闍干至高麗青州五月與哈

丹戰八日又戰大敗之六月班師授昭勇大將軍佩三珠虎符職如故十月薛闍干以重喜入朝且以其功聞帝嘉之賜玉帶一白金五十兩授龍虎衞上將軍遼陽等處行中書省右丞二十九年仍佩元降虎符總管高麗女直漢軍萬戶兼安撫使高麗軍民總管六月改資德大夫遼陽等處行中書省右丞大德十年以其叔父君祥代之十一年武宗卽位重喜朝于上都七月復授遼陽行省右丞至大二年謫漳州行至杭遇赦而止明年卒子滋襲爵

鄭鼎

鄭鼎澤州陽城人幼孤能自立讀書曉大義不妄言嘆既長勇力過人尤善騎射初爲澤潞遼沁千戶歲甲午從塔海紺卜征蜀攻二里散關屢立戰功還屯秦中未幾宋將余侍郎燒絕棧道以兵圍興元鼎率衆修復之破宋兵解興元之圍乙巳還陽城縣軍民長官庚戌從憲宗征大理國自六盤山經臨洮下西蕃諸城抵雪山山徑盤屈舍騎徒步嘗背負憲宗以行敵據扼險要鼎奮身力戰敵敗北帝壯之賜馬三匹至金沙河波濤洶湧帝臨水傍危石立馬觀之鼎

諫曰此非聖躬所宜親扶下馬帝嘉之俄圍大理晝夜急攻城陷禽其主大理
平師還命鼎居後道經吐蕃全軍而歸辛亥入朝帝問以時務鼎敷對詳明帝
嘉納之賜名曰也可拔都己未賜白金千兩從世祖南伐攻大勝關破之繼破
臺山寨禽其守者胡知縣乘勝獨進前陷泥淖遇伏兵突出葭葦間鼎奮擊連
殺三人餘衆遁去帝急召鼎還使者以聞帝曰爲將當愼重不可恃勇輕進遂
分畀衞士三百人以備不虞且戒之曰自今非奉朕命毋得輕與敵接秋九月
帝駐蹕江滸命諸將南渡先達彼岸者舉烽火爲應鼎首奪南岸衆軍畢渡進
圍鄂州戰益力別攻與國軍遇宋兵五千力戰破之擒其將桑太尉責以懦怯
不忠所事斬之中統元年以功遷平陽太原兩路萬戶阿藍答兒渾都海之亂
鼎分率本道兵討之二年詔鼎統征西等軍戍雁門關監遷河東南北兩路宣
撫使三年改授平陽太原宣慰使至元三年還平陽路總管是歲大旱鼎下車
而雨平陽地狹人衆常乏食鼎乃導汾水溉民田千餘頃開潞河鵬黃嶺道以
來上黨之粟修學校厲風俗建橫澗故橋以便行旅民德之七年改僉書西蜀

四川行尚書省事將兵巡東川過嘉定遇蜀兵與戰江中擒其將李越悉獲戰
船八年五月改軍前行尚書省事十一年從伐宋十二年鎮黃州夏四月改授
淮西宣慰使十三年加昭毅大將軍賜白金五百兩十四年改湖北道宣慰使
移鎮鄂州夏五月蘄黃二州叛鼎將兵討之戰于樊口舟覆溺死年六十有三
十七年董文忠等奏鄭也可拔都遇害其叛人家屬物產宜悉與其子納懷帝
從之贈中書右丞謚忠毅後加贈宣忠保節功臣平章政事柱國追封潞國公
謚忠肅子制宜
制宜小字納懷性聰敏莊重有器局通習國語至元十四年襲父職太原平陽
萬戶仍戍鄂州時鄂闕守俾攝府事十九年朝廷將征日本造樓船何家洲洲
地狹衆欲徙旁居民制宜不從改授寬地居民德之城中屢災或言于制宜曰
恐姦人乘閒爲變宜捕其疑似者痛治之制宜曰吾但嚴守備而已柰何濫及
無辜不答一人災亦遂息有盜伏近郊晨暮剽劫流言將入城俄有數男子自
城外至顧盼異常制宜命吏縛入獄問之無驗行省疑其非將釋之不從明日

再出城東遇一人乘白馬貌服殊異制宜叱下訊之乃與前數男子同爲盜者遂正其罪一郡帖然二十四年扈駕東征乃顏請赴敵自效帝顧左右曰而父歿王事惟有一子毋使在行陣制宜請愈力乃命從月兒呂那顏别爲一軍以戰功授懷遠大將軍樞密院判官明年車駕幸上都舊制樞府官從行歲留一員司本院事漢人不得與至是以屬制宜制宜遜辭帝曰汝豈漢人比耶竟留之二十八年遷湖廣行省參知政事陛辭帝曰汝父死王事賞未汝及近者要束木伏誅已籍沒其財產人畜汝可擇其佳者取之制宜對曰彼以贓敗臣復取之寧無污乎帝賢其所守賜白金五千兩未幾徵拜內臺侍御史安西舊有牧地圉人恃勢冒奪民田十萬餘頃訟于有司積年不能理制宜奉詔而往按圖籍以正之訟由是息三十年除湖廣行樞密副使湖南地闊遠羣寇依險出沒昭賀二州及廬陵境民常被害制宜率偏師徇二州道經廬陵永新獲首賊及其黨皆殺之茶鄉譚計龍者聚惡少年匿兵器爲姦既捕獲其家納賂以緩獄事制宜悉以勞軍斬計龍于市自是湖以南無復盜賊元貞元年有制行樞

密院添置副使一員與制宜連署制宜以員非常設先任者當罷俄入朝特授大都留守領少府監兼武衛親軍都指揮使知屯田事大德八年晉地大震平陽尤甚壓死者衆制宜承命存恤懼緩不及事晝夜倍道兼行至則親入里巷撫瘡殘給粟帛存者賴之成宗素知其名眷遇殊厚每侍宴輒不敢飲終日無惰容帝察其忠勤屢賜內醞輒持以奉母帝聞之特封其母蘇氏爲潞國太夫人十年制宜以疾終年四十有七贈推忠贊治功臣銀青榮祿大夫平章政事追封澤國公謚忠宣子阿兒思蘭嗣

李進

李進保定曲陽人幼隸軍籍初從萬戶張柔屯杞之三义口時荊山之西九十里曰龍岡者宋境也歲庚戌春張柔引兵築堡岡上會淮水汎漲宋以舟師卒至主帥察罕率軍逆戰進以兵十五人載一舟轉鬭十餘里奪一巨艦遂以功陞百戶戊午憲宗西征丞相史天澤時爲河南經略大使選諸道兵之驍勇者從遂命進爲總把是年秋九月道由陳倉入興元度米倉關其地荒塞不通進

伐木開道七百餘里冬十一月至定遠七十關其關上下皆築連堡宋以五百人守之巴渠江水環堡東流天澤命進往關下說降之不從進潛視間道歸白天澤曰彼可取也是夜二鼓天澤遣進率勇士七十人掩其不備攻之脫門樞而入者二十人守門者覺拔刀拒之進被傷不以爲病懸門俄閉諸軍不得入進與二十人力戰殺傷三十人後兵走上堡進乃毀懸門納諸軍追至上堡殺傷益衆宋兵不能敵棄走夜將旦進遂得其堡守之關路始通諸軍盡度進以功受上賞己未春二月天澤兵至行在所圍合州釣魚山寨夏五月宋由嘉陵江以舟師來援始大戰三槽山西六月戰山之東有功秋七月宋兵戰船三百餘泊黑石峽東以輕舟五十爲前鋒北軍之船七十餘泊峽西相距一里許帝立馬東山擁兵二萬夾江而陣天澤乃號令於衆曰聽吾鼓視吾旗無少怠也頃之聞鼓聲視其旗東指諸軍遂鼓譟而入兵一交宋前鋒潰走戰艦繼亂順流縱擊死者不可勝計帝指顧謂諸將曰白旗下服紅半臂突而前者誰也天澤以進對賞錦衣名馬八月又戰浮圖關前後凡五戰皆以功受上賞世祖即

位入爲侍衞親軍中統二年宣授總把賜銀符三年從征李璮有功至元八年領兵赴襄陽十二年從略地湖北湖南宋平以兵馬使分兵屯鄂州十三年領軍三千屯田河西中興府十四年加武略將軍陞千戸十五年移屯六盤山加武毅將軍賜金符十七年陞明威將軍管軍總管十九年賜虎符復進懷遠大將軍命屯田西域別石八里二十三年秋海都及篤娃等領軍至洪水山進與力戰衆寡不敵軍潰進被擒從至摻八里遁還至和州收潰兵三百餘人且戰且行還至京師賞金織紋衣二襲鈔一千五百貫二十五年授蒙古侍衞親軍都指揮使司僉事明年改授左翼屯田萬戸元貞元年春卒子雯襲授武德將軍左翼屯田萬戸佩虎符皇慶二年加宣武將軍延祐六年仁宗念其父進嘗北征被掠特賜雯中統鈔五百錠以恤之泰定元年春以疾辭子朵耳只襲

石抹按只

石抹按只契丹人世居太原父大家奴率漢軍五百人歸太祖歲戊午按只代領其軍從都元帥紐璘攻成都時宋兵聚於虛泉按只以所部兵與戰大敗之

殺其將韓都統又從都元帥按敦攻瀘州按只以戰艦七十艘至馬湖江宋軍先以五百艘控扼江渡按只擊敗之時宋兵於沿江撤橋據守按只相地形造浮橋師至無留行宋欲撓其役兵出輒敗自馬湖以達合江涪江清江凡立浮橋二十餘所及四川平浮橋之功居多己未宋以巨艦載甲士數萬屯清河浮橋相距七十日水暴漲浮橋壞西岸軍多漂溺按只軍東岸急撤浮橋聚舟岸下士卒得不死又援出別部軍五百餘人先鋒奔察火魯赤以聞憲宗遣使慰諭賞賜甚厚敘州守將橫截江津軍不得渡按只聚軍中牛皮作渾脫及皮船乘之與戰破其軍奪其渡口爲浮橋以濟師中統三年授河中府船橋水手軍總管佩金符以立浮橋功也至元四年從行省也速帶兒攻瀘州按只以水軍與宋將陳都統張總制戰于馬湖江按只身被二創戰愈力敗之六年正月也速帶兒領兵趨瀘州遣按只以舟運其器械糧食由水道進宋兵復扼馬湖江按只擊敗之生獲四十人奪其船五艘復以水軍一千運糧於眉簡二州軍中賴之九年從征建都蠻歲餘不下按只先登其城力戰遂降之軍還道病卒行

省承制以其子不老代領其軍不老從攻嘉定以巨艦七十艘載勇士數千人據其上流於府江紅崖灘造浮橋以渡十二年嘉定降宋將鮮于都統率衆遁不老追至大佛灘盡斃之行院汪田哥攻取紫雲瀘敘等城不老功最多及諸軍圍重慶不老先以戰艦三百艘列陣於觀灘絶其走路十三年領隨翼軍五百人會招討藥剌海竪柵於白水江岸以爲備不老乘夜襲宋軍直抵重慶城下攻千斯門宋軍驚潰溺死者衆生擒三十餘人獲其旗幟甲仗以獻宋涪州守將率舟師來援不老擊敗之於廣陽壩生獲六十餘人奪其船十艘十四年從攻瀘州不老勒所部兵攻神臂門蟻附以登斬首五十級明日復戰破之十五年復攻重慶太平門不老先登殺其守陴卒數十人宋都統趙安以城降總管黃亮乘舟遁不老追擒之及其兵士五十人奪戰艦五十艘十六年命襲父職爲懷遠大將軍船橋軍馬總管更賜金虎符兼夔路守鎮副萬戶十八年大小盤諸峒蠻叛命領諸翼蒙古漢軍三千餘人戍施州既而蠻酋向貴誓用等降其餘峒蠻之未服者悉平遂

以爲保寧等處萬戶

謁只里

謁只里女直人也大父昔寶味也不干登金進士第金亡歸太宗謁只里幼穎悟能記誦及長以孝友聞事世祖潛邸得備宿衛中統初命參議陝西行樞密院事以商挺佐之比行入奏曰關陝要地軍務非輕阿脫仰剌國之元臣陛下方委任之伏慮臨時議論不協必誤大計儻有異同臣請得以上聞帝可其奏賜宴而遣之未幾改行省斷事官復入宿衛李璮平朝議選宿衛之士監漢軍謁只里佩虎符監軍於毗陽至元七年命爲監戰以所領諸軍圍襄陽築一字堡以張軍勢一時名將唆都劉國傑李庭等皆隸麾下攻樊城率其軍先登破之所受賞賜悉分將士十一年從丞相伯顏攻郢州將數騎而出與宋兵遇有部卒墮馬爲其所得謁只里單騎橫戈直入其軍取之以還因殺獲四人時糧儲不繼諸將以爲憂謁只里乃西攻江陵龍灣堡取其粟萬石衆賴以濟元兵東下宋將夏貴迎戰於訪遷洑伯顏未至衆欲少俟之謁只里曰兵貴神速機

不可失宜及其未定而擊之遂直前衝貴軍獲戰船百餘貴敗走伯顏上其功加定遠大將軍十二年攻常州謁只里造雲梯繩橋以登遂克之奉省檄徇安吉諸州皆下十三年宋降伯顏命謁只里監守其宮號令嚴肅秋毫無犯入朝錄功遷昭勇大將軍未幾拜鎮國上將軍浙東宣慰使鎮守紹興十九年卒年四十二子亦老温襲爲萬戶累遷江東廉訪使脫脫淮東宣慰使

鄭温

鄭温眞定靈壽人初從中書粘合南合南征有功爲合必赤千戶從丞相史天澤爲新軍萬戶鎮撫憲宗征西川温四月不解甲天澤以温見具言其功帝曰朕所親見也賜名也可拔都賞以鞍勒還至閬州奉旨分軍守邏青居釣魚等山天澤命温統四千人警邏釣魚山中統元年佩金虎符爲總管三年李璮叛詔温以軍還討至濟南大軍圍其城賊將楊拔都等乘夜破營温力戰至黎明賊退諸王哈必赤丞相史天澤厚賞之七月城破命温率兵三千往定益都以功復受上賞命爲侍衞親軍總管至元六年進懷遠大將軍右衞副都指揮使

九年詔温統蒙古漢人女直高麗諸部軍萬人渡海征䀢羅平之十二年陞右衛親軍都指揮使率三衛軍萬人從攻岳州江州沙市潭州皆有功平章阿里海涯賞銀十錠十四年入朝遷昭勇大將軍樞密院判官十八年改輔國上將軍江淮行省參知政事杭民飢出米二十萬石糶之俄賜以常州官田三十頃二十二年召還二十三年陞江浙左丞命以新附漢軍萬五千於淮安雲山泉塘立屯田二十八年卒年八十一子欽利用監丞釭榷茶都運使銓右衛親軍千戶鏞袁州路判官

元史卷一百五十四

元史卷一百五十四考證

洪福源傳甲寅與札剌台合兵○臣宗萬按憲宗紀作乙卯年事

元史卷一百五十四考證

元史卷一百五十五

明翰林學士亞中大夫知制誥兼修國史宋　濂等修

列傳第四十二

汪世顯 德臣 良臣 惟正

汪世顯字仲明鞏昌鹽州人系出旺古族仕金屢立戰功官至鎭遠軍節度使鞏昌便宜總帥金平郡縣望風款附世顯獨城守及皇子闊端駐兵城下始率衆降皇子曰吾征四方所至皆下汝獨固守何也對曰臣不敢背主失節耳又問曰金亡已久汝不降果誰爲耶對曰大軍迭至莫知適從惟殿下仁武不殺竊意必能保全闔城軍民是以降也皇子大悅承制錫世顯章服官從其舊卽從南征斷嘉陵擣大安田楊諸蠻結陣迎敵世顯以輕騎馳撓之宋曹將軍潛兵相爲犄角世顯單騎突之殺數十人黎明大軍四合殺其主將入武信遂進逼資普軍葭萌宋將依山爲柵世顯以數騎往奪之乘勝定資州略嘉定峨眉進次開州時方泥潦由間道攀緣以達宋軍屯萬州南岸世顯卽水北造船以

疑之夜從上游鼓革舟襲破之宋師大擾追奔至夔峽過巫山與宋援軍遇斬
首三千餘級明年師還攻重慶會大暑乃罷歸覲太宗錫金符易其名曰中山
且歷數其功世顯拜謝曰此皆聖明福德所致臣何預焉辛丑蜀帥陳隆之貽
書請戰聲言有衆百萬皇子集諸將議之咸謂隆之可生擒也世顯曰顧臨敵
何如無庸誇辭爲軍薄成都隆之戰屢却堅壁不出其部曲田顯約夜降隆之
覺之世顯曰事急矣亟梯城入救顯得與從者七十餘人出獲隆之斬之世顯
復簡精銳五百人擣漢州州兵三千出戰城閉盡沒三日大軍薄其城又三日
克之癸卯春皇子第功承制拜便宜總帥秦鞏等二十餘州事皆聽裁決賜虎
符錦衣玉帶世顯先已遘疾至是加劇皇子遣醫絡繹往療竟不起年四十九
中統三年論功追封隴西公諡義武延祐七年加封隴右王子七人忠臣鞏昌
便宜副總帥次德臣次直臣鞏昌中路都總領歿於王事次良臣次翰臣奧魯
兵馬都元帥佐臣鞏昌左翼都總領歿於王事清臣四川行樞密院副使
德臣賜名田哥字舜輔年十四侍太子游獵矢無虛發襲爵鞏昌等二十四路

便宜都總帥從征蜀將前軍出忠涪所向克獲進攻運山率麾下先所乘馬中飛石死步戰拔外城宋將余玠攻漢中德臣馳赴之玠聞遁去憲宗素聞其名及入覲所陳悉嘉納賜印符命城沔州沔據嘉陵要路德臣繕治室廬部署官屬數日而集進攻嘉定敵潛軍夜出德臣迎戰殺百人還至左錦雲頂宋軍乘夜斫營覺之殺千人生擒百人進次隆慶宋軍仍夜出與力戰盡殺之及馬漕溝遇伏兵與戰獲其統制羅廷鶚又詔德臣城益昌諸戍皆聽節制世祖以皇弟有事西南德臣入見乞免益昌賦稅及徭役漕糧屯田爲長久計並從之即命置行部于鞏立漕司于沔通販鬻給餽餉奏乞以兄忠臣攝府事使己得專事益昌益昌爲蜀喉襟蜀人憚其威名諸郡環視莫敢出鬭甲寅春旱嘉陵漕舟水澁議者欲棄去德臣曰國家以蜀事托我有死而已奈何棄之盡殺所乘馬饗士襲嘉川得糧二千餘石雲頂呂遠將兵五千邀戰即陣擒之復得糧五千石既而魚關金牛水陸運偕至屯田麥亦登食用遂給夏獲宋提轄崔忠鄭再立縱令持檄諭苦竹守將南清以城降所俘城中民悉歸之東南戍卒數百

有去志德臣揣知之給券縱去皆泣謝未幾山寨相繼輸款宋將余晦遣都統
甘閏以兵數萬城紫金山德臣卽選精卒銜枚夜進大破之閏僅以身免南清
北覲其下殺清妻子以叛蜀將焦遠領兵餉之德臣擊敗遠盡獲所餉資糧冬
蜀兵二萬復至又敗之獲糧百餘艘魚關至沔水迂回爲渡百有八至是悉爲
橋梁戊午歲帝親征次漢中德臣朝行在所初諸路軍戍都猝爲宋人所圍德
臣遣將赴之約曰先破敵者奏領此城圍遂解詔候江南事定如約以城與之
帝幸益昌駐北山謂德臣曰來者言汝立利州之功今見汝身甚小而膽甚大
不知敵曾薄汝城否德臣對曰賴陛下洪福未嘗一來帝曰彼憚卿威名耳賜
金帶且俾立石紀功嘉陵白水交會勢洶急帝問船幾何可濟德臣曰大軍百
萬非可淹延當別爲方略卽命繫舟爲梁一夕而成如履坦途帝顧謂諸王曰
汪德臣言不虛發賜白金三十斤仍命刻石紀功苦竹旣逆命至是攻之巖壁
峭絕或請建天橋帝以問德臣曰臣知先登陷陣而已建橋非所知也旣而橋
果無功乃率將士魚貫而進帝望見歎曰人言其膽勇豈虛舉邪宋將趙仲武

納款而楊禮猶拒戰奮擊盡殺之德臣微疾帝勞之曰汝疾皆爲我家飲以葡
萄酒解玉帶賜之曰飲我酒服我帶疾其有瘳乎德臣泣謝宋龍州守將王德
新遣所親願効順以郡民爲祈奏如其請進攻長寧拔之斬守將王佐帝東下
德臣爲先鋒抵大獲山奪水門宋將楊大淵遣子乞活數萬人命引至帝前爲
請旦日大淵率衆降已而運山青居大梁皆降攻釣魚山守臣王堅負險五月
不下德臣單騎至城下大呼曰王堅我來活汝一城軍民宜早降語未旣幾爲
飛石所中遂感疾帝遣使問勞俾還益昌奏曰陛下尊爲天子猶冒寒暑服勞
于外臣待罪行伍死其分也又遣丞相兀真賜湯劑卒不起年三十有六中統
三年追封隴西公諡忠烈子六人長惟正次惟賢大司徒惟和昭文館大學士
惟明以質子爲元帥惟能征西都元帥惟純權便宜都總帥
良臣年十六七郎從兄德臣出征每戰輒當前鋒以功擢裨帥兼便宜都府參
議癸丑歲以德臣薦爲鞏昌帥領所部兵屯田白水蜀邊寨不敢復出鈔略憲
宗親征軍至六盤良臣還鞏昌供億所須事集而民不擾詔權便宜總帥府事

良臣奏願與兄德臣効力定四川帝曰行軍餽餉所係不輕汝任其責自可立功良臣既奉命治橋梁平道路營舟車水陸無壅儲積充軔有旨賜黃金弓矢旌其能世祖卽位阿藍台兒渾都海逆命劫六盤府庫西垂騷動詔良臣討之兵至山丹置營按兵不戰者凡二月俄大舉至耀碑谷兩軍相當良臣慷慨誓諸將曰今日之事係國安危勝則富貴可保敗則身戮家亡苟能用命縱死行閒不失忠孝之名衆聞踴躍而前會大風揚沙晝晦良臣手刃數十人賊勢沮衆軍乘勝擣之賊大潰獲阿藍台兒渾都海殺之西鄙輯寧捷聞賜金虎符權便宜都總帥中統二年火里叛復討平之入覲賜燕屢稱其功良臣拜謝曰臣奉諸王成算何功之有世祖嘉其能讓復賜金鞍甲胄弓矢轉同簽鞏昌路便宜都總帥宋將昝萬壽帥戰船二百泝江而上欲掩青居良臣伏甲數十艘其後身先逆戰萬壽敗走伏發幾獲之三年授閬蓬廣安順慶等路征南都元帥良臣以釣魚山險絕不可攻奏請就近地築城曰武勝以扼其往來四年春良臣攻重慶命元帥康土禿先驅與宋將朱禩孫兵交良臣塞其歸路引兵橫擊

之斷敵兵爲二敵敗走趨城不得入盡殺之至元六年授東川副統軍八年兄子惟正請於朝謂良臣久勞戎行乞身代之九年復授良臣昭勇大將軍鞏昌等二十四處便宜都總帥兼本路諸軍奧魯總管明年召入帝曰成都被兵久須卿安集之授鎭國上將軍樞密副使西川行樞密院事蜀人安之十一年進攻嘉定昝萬壽堅守不出良臣度有伏兵大搜山谷果得而殺之進壘薄城萬壽悉軍出戰大破之伏尸蔽江萬壽乞降良臣奏免其死居民按堵良臣統兵順流而下紫雲瀘敘相繼款附還圍重慶十三年宋涪州安撫楊立帥兵救重慶者再良臣皆敗走之宋安撫張珏遣將乘虛襲據瀘州良臣還軍平之復攻重慶十五年春張珏遣衆鏖戰良臣奮擊大破之身中四矢明日督戰益急珏所部趙安開門納降珏潛遁良臣禁俘掠發粟賑饑民大悅四川悉平捷聞世祖喜甚召良臣入覲授資善大夫中書左丞行四川中書省事賜白貂裘良臣陳治蜀十五事世祖喜納良臣至成都以蜀瘡痍之餘極意循撫行省罷改授安西王相不赴十八年夏疾卒年五十一贈儀同三司謚忠惠加贈推誠保德

宣力功臣儀同三司陝西等處行中書省平章政事柱國追封梁國公子七人惟勤雲南諸路行省平章政事惟簡保寧萬戶惟某同知屯田總管府事惟永征西都元帥惟恭階州同知惟仁人匠總管達魯花赤惟新漢軍千戶

惟正字公理幼穎悟藏書二萬卷喜從文士論議古今治亂尤喜談兵時出游獵則勒從騎爲攻守狀父卒于軍皇姪壽王俾權襲父爵守青居山世祖卽位遂眞授焉初憲宗遣渾都海以騎兵二萬守六盤又遣乞台不花守青居至是渾都海叛乞台不花發兵爲應惟正卽命力士縛乞台不花殺之世祖嘉其功詔東川軍事悉聽處分中統二年入朝賜甲胄寶鞍三年詔還鞏昌部長火都叛民大擾惟正謂將吏曰火都今若猘犬方肆狂齧苟一戰不利則城邑爲墟當勝以不戰乃發兵踵之賊欲戰不得休則撓之若是者兩月知其糧盡勢蹙曰可矣與戰屢捷火都遣三十人來約降卽遣其十人還俾火都自來因潛兵躡其後出其不意擒殺之至元七年宋人修合州詔立武勝軍以拒之惟正臨嘉陵江作柵扼其水道夜懸燈柵間編竹爲籠中置火炬順地勢轉走照百步

外以防不虞宋人知有備不敢近九年帥兵掠忠涪獲令簿各一破寨七擒守將六降戸千六百有奇捕虜五百會丞相伯顏克襄陽議取宋惟正奏曰蜀未下者數城耳宜併力攻餘杭本根既拔此將焉往願以本兵由嘉陵下夔峽與伯顏會錢塘帝優詔答曰四川事重舍卿誰託異日蜀平功豈伯顏下邪未幾兩川樞密院合兵圍重慶命益兵助之惟正奪其洪崖門獲宋將何統制皇子安西王出鎮秦蜀召惟正還十四年冬皇子北伐而藩王土魯叛於六盤王相府命別速帶領兵進討惟正爲副別速帶不習兵師行無紀惟正爲正部曲肅行陳嚴斥候凡軍政一倚重焉進次平涼簡鞏兵銳者八十人與俱至六盤土魯先據西山惟正分安西兵爲左右翼鞏兵獨居中去土魯一里許皆下馬手弓土魯遣百騎突陳惟正令引滿毋發將及又命曰視必中而發於是矢下如雨突騎中者三之一餘盡馳還土魯軍遂走惟正麾兵逐之三踰山至蕭河擒叛將燕只哥復進兵土魯亦就擒安西王至惟正迎謁王歷稱其功明日大燕賞以金尊杯貂裘王妃賜其母珠絡帽衣且曰吾皇家兒婦也爲汝母製衣汝

母真福人也詔惟正入朝世祖推玉食食之賜白金五千兩錦衣一襲授金吾衛上將軍開城路宣慰使十七年遷龍虎衛上將軍中書左丞行秦蜀中書省事賜玉帶以省治在長安去蜀遠乃命惟正分省于蜀蜀士荐罹兵革民無完居一聞馬嘶輒奔竄避匿惟正留意撫循人便安之二十年進階資德大夫二十二年改授陝西行中書省左丞入覲上都得腹疾還至華州卒年四十四謚貞肅二子嗣昌武略將軍成都管軍副萬戶壽昌資德大夫江南行御史臺中丞

史天澤 格

史天澤字潤甫秉直季子也身長八尺音如洪鍾善騎射勇力絶人從其兄天倪帥真定乙酉天倪遣護送其母歸北京既而天倪爲武仙所害府僚王縉王守道追及天澤於燕曰變起倉猝部曲散走多在近郊公能迴轡南行不招自至矣天澤毅然曰兄弟之讎義所當復雖死不避況未必死邪卽傾貲裝易甲仗南還行次滿城得士馬甚衆天澤攝行軍事遣監軍李伯祐詣國王孛魯言

書酬直海漕虛耗國儲其受田之家各任土著姦吏爲賦官催甲斗級巧名多
取又且驅迫郵傳徵求餼廩折辱州縣閉償逋負至倉之日變鬻以歸官司交
忿農民窘竄臣等議惟諸王公主駙馬寺觀如所與公主桑哥剌吉及普安三
寺之制輸之公廩計月直折支以鈔令有司兼令輸之省部給之大都其所賜
百官及宦者之田悉拘還官著爲令國家經費皆取於民世祖時淮北內地惟
輸丁稅鐵木迭兒爲相專務聚斂遣使括勘兩淮河南田土重併科糧又以兩
淮荆襄沙磧作熟收徵徼名興利農民流徙臣等議宜如舊制止徵丁稅其括
勘重併之糧及沙磧不可田畝之稅悉除之世祖之制凡有田者悉役之民典
賣田隨收入戶鐵木迭兒爲相納江南諸寺賄賂奏令僧人買民田者毋役之
以里正主首之屬逮今流毒細民臣等議惟累朝所賜僧寺田及亡宋舊業如
舊制勿徵其僧道典買民田及民間所施產業宜悉役之著爲令僧道出家屏
絕妻孥蓋欲超出世表是以國家優視無所徭役且處之官寺宜清淨絕俗爲
心誦經祝壽比年僧道往往畜妻子無異常人如蔡道泰班講主之徒傷人逞

欲壞教干刑者何可勝數俾奉祠典豈不褻天瀆神臣等議僧道之畜妻子者宜罪以舊制罷遣爲民賞功勸善人主大柄豈宜輕以與人世祖臨御三十五年左右之臣雖甚愛幸未聞無功而給一賞者比年賞賜汎濫蓋因近侍之人窺伺天顏喜悅之際或稱乏財無居或稱嫁女取婦或以技物呈獻殊無寸功小善遞互奏請要求賞賜回奉奄有國家金銀珠玉及斷沒人畜產業似此無功受賞何以激勸旣傷財用復啓倖門臣等議非有功勳勞効著明實蹟不宜加以賞賜乞著爲令臣等所言弑逆未討姦惡未除忠憤未雪冤枉未理政令不信賞罰不公賦役不均財用不節民怨神怒皆足以感傷和氣惟陛下裁擇以荅天意消弭災變帝不從珪復進曰臣聞日食修德月食修刑應天以實不以文動民以行不以言刑政失平故天象應之惟陛下矜察允臣等議乞悉行之帝終不能從未幾珪病增劇非扶掖不能行有詔常見免拜跪賜小車得乘至殿門下帝始開經筵令左丞相與珪領之珪進翰林學士吳澄等以備顧問自是辭位甚力猶封蔡國公知經筵事別刻蔡國公印以賜泰定二年夏得旨

狀且乞濟師天澤時爲帳前軍總領孛魯承制命紹兄職爲都元帥俾笑乃解將蒙古軍三千人援之合勢進攻盧奴仙驍將葛鐵槍者擁衆萬人來拒戰天澤迎擊之身先士卒勇氣百倍賊退阻派河乘夜而遁天澤追及之生擒葛鐵槍餘衆悉潰獲其兵甲輜重軍威大振遂下中山略無極拔趙州進軍野頭會天澤兄天安亦提兵來赴擊仙敗之仙奔雙門遂復真定未幾宋大名總管彭義斌陰與仙合欲取真定天澤同笑乃觧扼諸贊皇仙不得進義斌勢蹙焚山自守天澤遣鋭卒五十摧鋒而入自以鐵騎繼其後縛義斌斬之未幾仙復令諜者結死士於城中大歷寺爲內應夜斬關而入據其城天澤引步卒數十踰城東出至藁城求援於董俊俊授以鋭卒數百夜赴真定而笑乃觧兵亦至捕叛者三百餘人仙從數騎走保西山抱犢砦笑乃觧怒忿民之從賊驅萬餘人將殺之天澤曰彼皆吾民但爲賊所脅耳殺之何罪力爭得釋乃繕城壁立樓櫓爲不可犯之計招集流散存恤困窮以抱犢諸砦仙之巢穴不即翦覆終遺後患急攻下之仙乃遁去繼又取蟻尖馬武等砦而相衞亦降己丑太宗卽位

議立三萬戶分統漢兵天澤適入覲命爲真定河間大名東平濟南五路萬戶庚寅冬武仙復屯兵於衛天澤合諸軍圍之金將完顏合達以衆十萬來援戰不利諸將皆北天澤獨以千人繞出其後敗一都尉軍與大軍合攻之仙逸去遂復衛州壬辰春太宗由白波渡河詔天澤以兵由孟津會河南至則睿宗已破合達軍于三峯山乃命略地京東招降太康柘縣瓦岡睢州追斬金將完顏慶山奴於陽邑夏帝北還留睿宗總兵圍汴癸巳春金主突圍而出令完顏白撒自黃龍岡來襲新衛天澤率輕騎馳赴之比至圍已合天澤奮戈突至城下呼守者曰汝等勉力援兵且至復躍出其衆皆披靡遂與大軍夾擊之白撒等敗走蒲城天澤尾其後白撒等兵尚八萬俘斬殆盡金主以單舸東走歸德天澤追至歸德與諸軍會新衛達魯花赤撒吉思不花欲薄城背水而營天澤曰此豈駐兵之地乎彼若來犯則進退失據矣不聽會天澤以事之汴北還撒吉思不花全軍皆沒金主遷蔡帝命元帥倴盞率大軍圍之天澤當其北面結栰潛渡汝水血戰連日甲午春正月蔡破金主自經死天澤還真定時政煩賦重

貸錢於西北賈人以代輸累倍其息謂之羊羔利民不能給天澤奏請官爲償一本息而止繼以歲饑假貸充貢賦積銀至一萬三千錠天澤傾家貲率族屬官吏代償之又請以中戶爲軍上下戶爲民著爲定籍境內以寧金亡移軍伐宋乙未從皇子曲出攻棗陽天澤先登拔之及攻襄陽宋兵以舟數千陳於峭石灘天澤挾一舟載死士直前擣之覆溺者萬計丁酉從宗王口溫不花圍光州天澤先破其外城攻子城又破之師次復州宋兵以舟三千鎖湖面爲柵天澤曰柵破則復自潰親執桴鼓督勇士四十人攻其柵不踰時柵破復人懼請降進攻壽春天澤獨當一面宋兵夜出斫營天澤手擊殺數人麾下兵繼至悉驅其兵入淮水死乘勝而南所向輒克壬子入覲憲宗賜衞州五城爲分邑世祖時在藩邸極知漢地不治河南尤甚請以天澤爲經略使至則興利除害政無不舉誅郡邑長貳之尤貪橫者二人境內大治阿藍答兒鉤較諸路財賦鍛鍊羅織無所不至天澤以勳舊獨見優容天澤曰我爲經略使今不我責而罪餘人我何安乎由是得釋者甚衆戊午秋從憲宗伐宋由西蜀以入己未夏駐

合州之釣魚山軍中大疫咸議班師宋將呂文德以艨艟千餘泝嘉陵江而上北軍迎戰不利帝命天澤禦之乃分軍爲兩翼跨江注射親率舟師順流縱擊三戰三捷奪其戰艦百餘艘追至重慶而還中統元年世祖卽位首召天澤問以治國安民之道卽具疏以對大略謂朝廷當先立省部以正紀綱設監司以督諸路霈恩澤以安反側退貪殘以任賢能頒奉秩以養廉禁賄賂以防奸庶能上下丕應內外休息帝嘉納之繼命往鄂渚撤江上軍還授河南等路宣撫使俄兼江淮諸翼軍馬經略使二年夏五月拜中書右丞相天澤既秉政凡前所言治國安民之術無不次第舉行又定省規十條以正庶務憲宗初年括戶餘百萬至是諸色占役者大半天澤悉奏罷之秋九月扈從世祖親征阿里不哥次昔木土之地詔丞相線真將右軍天澤將左軍合勢蹙之阿里不哥敗走三年春李璮陰結宋人以益都叛遂據濟南詔親王哈必赤總兵討之兇勢甚盛繼命天澤往天澤聞璮入濟南笑曰豕突入笠無能爲也至則進說於哈必赤曰璮多譎而兵精不宜力角當以歲月斃之乃深溝高壘絕其奔軼凡四月

城中食盡軍潰出降生擒璮斬于軍門誅同惡者數十人餘悉縱歸明日引軍東行未至益都城中人已開門迎降初天澤將行帝臨軒授詔責以專征俾諸將皆聽節度天澤未嘗以詔示人及還帝慰勞之悉歸功於諸將其愼密謙退如此天澤在憲宗時嘗奏臣始攝先兄天倪軍民之職天倪有二子一子管民政一子掌兵權臣復入叨寄遇一門之内處三要職分所當辭臣可退休矣帝曰卿奕世忠勤有勞於國一門三職何愧何嫌竟不許至是言者或謂李璮之變由諸侯權太重天澤遂奏兵民之權不可併於一門行之請自臣家始於是史氏子姪卽日解兵符者十七人至元元年加光祿大夫右丞相如故三年皇太子燕王領中書省兼判樞密院事以天澤爲輔國上將軍樞密副使四年復授光祿大夫改中書左丞相六年帝以宋未附議攻襄陽詔天澤與駙馬忽剌出往經畫之賜白金百錠楮幣萬緡至則相要害立城堡以絕其聲援爲必取之計七年以疾還燕八年進開府儀同三司平章軍國重事仍敕右丞相安童諭旨曰兩省院臺或一月一旬遇大事卿可商量小事不煩卿也十年春與平

章阿朮等進攻樊城拔之襄陽降十一年詔天澤與丞相伯顏總大軍自襄陽水陸並進天澤至郢州遇疾還襄陽帝遣侍臣賜以葡萄酒且諭之曰卿自朕祖宗以來躬擐甲冑跋履山川宣力多矣又卿首事南伐異日功成皆卿力也勿以小疾阻行爲憂可且北歸善自調護還至真定帝又遣其子杠與尚醫馳視賜以藥餌天澤因附奏曰臣大限有終死不足惜但願天兵渡江愼勿殺掠語不及宅以十二年二月七日薨年七十四訃聞帝震悼遣近臣賻以白金二千五百兩贈太尉謚忠武後累贈太師進封鎭陽王立廟天澤平居未嘗自矜其能及臨大節論大事毅然以天下之重自任年四十始折節讀書尤熟於資治通鑑立論多出人意表拜相之日門庭悄然或勸以權自張天澤舉唐韋澳告周墀之語曰願相公無權爵祿刑賞天子之柄何以權爲因以謝之言者慚服當金末名士流寓失所悉爲治其生理而賓禮之後多致顯達破歸德釋李大節不殺而送至真定署爲參謀衞爲食邑命王昌齡治之舊人多不平而莫能間其知人之明用人之專如此是以出入將相五十年上不疑而下無怨人

以比於郭子儀曹彬云子格湖廣行省平章政事樟真定順天新軍萬戶棣衞輝路轉運使杠湖廣行省右丞杞淮東道廉訪使梓同知澧州楷同知南陽府彬中書左丞

格字晉明歲壬子憲宗賜天澤以衞城授格節度使憲宗崩格北留謙州五年而歸爲鄧州舊軍萬戶既又代張弘範爲亳州萬戶而以故所將鄧州舊軍授弘範從攻襄陽襄陽下賜白金衣裘弓矢鞍馬衆軍渡江平章阿朮將二十三萬戶居前每五萬戶擇一人爲帥統之格居其一格軍先渡爲宋將程鵬飛所却格被三創喪其師二百尋復大戰中流矢鵬飛身亦被七創乃敗走其後樞密院奏格輕進請罪之帝念其功而薄其罪俾從平章阿里海牙攻潭州砲激柵木傷肩矢貫其手裹創先登拔之遂以軍民安撫留戍入覲加定遠大將軍賜以天澤所服玉帶從攻靜江衆以轒轀自蔽鑿城格所當砲礌蔽地車不可至乃伺隙率衆攀堞蟻附而上拔之徇廣西十三州廣東三州皆下靜江受兵之初溪洞諸夷皆降雲南格遣使諭之來者五十州雲南爭之事聞詔聽格節

度陞廣西宣撫使改鎮國上將軍廣南西道宣慰使宋亡陳宜中張世傑挾益王昰廣王昺據福州立益王傳檄嶺海欲復其地詐言夏貴已復瀕江州郡諸戍將以江路既絕不可北歸皆託計事還靜江格曰君等亦爲虛聲所懼邪待貴踰嶺審不可北歸吾與諸君取塗雲南而歸未爲不可敢輒棄戍哉行省議棄廣東之肇慶德慶封州併兵戍梧州格曰棄地撤備示敵以怯不可宜增兵戍之劇賊蘇仲集潰卒據鎮龍山稱王劫掠於外耕植於內至秋畢穫聞大兵至則僞出降官軍畏暑不敢深入橫象賓貴四州皆被其害格築堡於其界守以土兵令官軍火其廬柵民踐其禾稼仲窮蹙遂降益王餘衆破潯州斬李辰李福靜江北抵泉永皆城守羅飛圍永凡七月不下判官潘澤民間道來告急格分兵赴之殄其衆益王死衛王立趣廣州避海中崖山遣曾淵子據雷州諭之降不聽進兵攻之淵子犇硇洲世傑將兵數萬欲復取雷州戍將劉仲海擊走之後悉衆來圍城中絕糧士以草爲食格漕欽廉高化諸州糧以給之世傑解圍去詔格戍雷州衛王死廣東西悉平張弘範請復將亳州軍乃還格鄧州

舊軍拜參知政事行廣南西道宣慰使入覲拜資德大夫湖廣行中書省右丞
移江西右丞尋復爲湖廣右丞進平章政事卒年五十八子燿福建行省平章
政事榮鄧州舊軍萬戶

元史卷一百五十五

明翰林學士亞中大夫知制誥兼修國史宋　濂等修

列傳第四十三

董文炳

董文炳字彥明俊之長子也父殁時年始十六率諸幼弟事母李夫人夫人有賢行治家嚴篤於教子文炳師侍其先生警敏善記誦自幼儼如成人歲乙未以父任爲稾城令同列皆父時人輕文炳年少吏亦不之憚文炳明於聽斷以恩濟威未幾同列束手下之吏抱案求署字不敢仰視里人亦大化服縣貧重以旱蝗而徵斂日暴民不聊生文炳以私穀數千石與縣縣得以寬民前令因軍興乏用稱貸於人而貸家取息歲倍縣以民蠶麥償之文炳曰民困矣吾爲令義不忍視也吾當爲代償乃以田廬若干畝計直與貸家復籍縣間田與貧民爲業使耕之於是流離漸還數年間民食以足朝廷初料民令敢隱實者誅籍其家文炳使民聚口而居少爲戶數衆以爲不可文炳曰爲民獲罪吾所甘

心民亦有不樂爲者文炳曰後當德我由是賦斂大減民皆富完旁縣民有訟不得直者皆詣文炳求決文炳嘗上謁大府旁縣人聚觀之曰吾亟聞董令董令顧亦人耳何其明若神也時府索無厭文炳抑不予或讒之府府欲中害之文炳曰吾終不能剝民求利也卽棄官去世祖在潛藩癸丑秋受命憲宗征南詔文炳率義士四十六騎從行人馬道死殆盡及至吐番止兩人能從兩人者挾文炳徒行躑躅道路取死馬肉續食日行不能二三十里然志益厲期必至軍會使者過遇文炳還言其狀時文炳弟文忠先從世祖軍世祖卽命文忠解尙廄五馬載糗糧迎文炳既至世祖壯其忠且閔其勞賜賚甚厚有任使皆稱旨由是日親貴用事己未秋世祖伐宋至淮西臺山寨命文炳往取之文炳馳至寨下諭以禍福不應文炳脫冑呼曰吾所以不極兵威者欲活汝衆也不速下今屠寨矣守者懼遂降九月師次陽羅堡宋兵築堡于岸陳船江中軍容甚盛文炳請於世祖曰長江天險宋所恃以爲國勢必死守不奪其氣不可臣請嘗之卽與敢死士數十百人當其前率弟文用文忠載艨艟鼓櫂疾趨叫呼畢

奮鋒既交文炳麾衆趨岸搏之宋師大敗命文用輕舟報捷世祖方駐香爐峯因策馬下山問戰勝狀則扶鞍起立豎鞭仰指曰天也且命他師毋解甲明日將圍城既渡江會憲宗崩閏十一月班師庚申世祖卽位于上都是爲中統元年命文炳宣慰燕南諸道還奏曰人久弛縱一旦遽束以法不可危疑者尙多宜赦天下與之更始世祖從之反側者遂安二年擢山東東路宣撫使方就道會立侍衞親軍帝曰親軍非文炳難任卽遙授侍衞親軍都指揮使佩金虎符三年李璮反濟南璮劇賊善用兵文炳會諸軍圍之璮不得遁久之賊勢日蹙文炳曰窮寇可以計擒乃抵城下呼璮將田都帥者曰反者璮耳餘來卽吾人毋自取死也田縋城降田璮之愛將既降衆遂亂禽璮以獻璮兵有沂漣兩軍二萬餘人勇而善戰主將怒其與賊配諸軍使陰殺之文炳當殺二千人言于主將曰彼爲璮所脅耳殺之恐乖天子仁聖之意向天子伐南詔或妄殺人雖大將亦罪之是不宜殺也主將從之然他殺之者已衆皆大悔璮伏誅山東猶未靖乃以文炳爲山東東路經略使率親軍以行出金銀符五十有功者聽與

之閏九月文炳至益都留兵于外從數騎衣冠而入居府不設警衛召璮故將吏立之庭曰璮狂賊詿誤汝等璮已誅死汝皆爲王民天子至仁聖遣經略使撫汝當相安毋懼經略使得便宜除擬將吏汝等勉取金銀符經略使不敢格上命不予有功者所部大悦山東以安至元二年帝懲李璮之亂欲潛銷方鎮之横以文炳代史氏兩萬戸爲鄧州光化行軍萬戸河南等路統軍副使到官造戰艦五百艘習水戰預謀取宋方略凡阸塞要害皆列柵築堡爲備禦計帝嘗召文炳密謀欲大發河北民丁文炳曰河南密邇宋境人習江淮地利宜使河北耕以供軍河南戰以闢地俟宋平則河北長隸兵籍河南削籍爲民如是爲便又將校素無俸給連年用兵至有身爲大校出無馬乘者臣即所部千戸私役兵士四人百戸二人聽其雇役稍食其力帝皆從之始頒將校俸錢以秩爲差七年改山東路統軍副使治沂州沂與宋接境鎮兵仰内郡餉運有詔和糴本部文炳命收州縣所移文衆諫以違詔文炳曰但止之乃遣使入奏略曰敵人接壤知吾虛實一不可邊民供頓甚勞重苦此役二不可困吾民以懼來

者三不可帝大悟罷之九年遷樞密院判官行院事於淮西築正陽兩城兩城夾淮相望以綴襄陽及擣宋腹心十年拜參知政事夏霖雨水漲宋淮西制置使夏貴帥舟師十萬來攻矢石兩下文炳登城禦之一夕貴去復來飛矢貫文炳左臂著脇文炳拔矢授左右發四十餘矢箙中矢盡顧左右索矢又十餘發矢不繼力亦困不能張滿遂悶絶幾殆明日水入外郭文炳麾士卒卻避貴乘之壓軍而陳文炳病創甚子士選請代戰文炳壯而遣之復自起束創手劍督戰士選以戈擊貴將仆不死獲之以獻貴遂去不敢復來是歲大舉兵伐宋丞相伯顏自襄陽東下與宋人戰陽羅堡文炳以九月發正陽十一年正月會伯顏于安慶安慶守將范文虎以城降文炳請于伯顏曰大軍既疲於陽羅堡吾兵當前行伯顏許之宋都督賈似道來禦師陳於蕪湖似道棄師走次當塗文炳復言于伯顏曰采石當江之南和州對峙不取必有後顧遂進攻之降知州事王喜三月有詔以時向暑熱命伯顏軍駐建康文炳軍駐鎮江時揚州真州堅守不下常州蘇州既降復叛張世傑孫虎臣約真揚兵誓死戰真揚兵戰每

敗不敢出世傑等陳大艦萬艘碇焦山下江中勁卒居前文炳身犯之載士選別船弟之子士表請從文炳顧曰吾弟僅汝一子脫吾與士選不返士元士秀猶足殺敵吾不忍汝往也士表固請乃許文炳乘輪船建大將旗鼓士選士表船翼之大呼突陳諸將繼進飛矢蔽日戰酣短兵相接宋兵亦殊死戰聲震天地橫屍委仗江水爲之不流自寅至午宋師大敗世傑走文炳追及于夾灘世傑收潰卒復戰又破之遂東走於海文炳船小不可入海夜乃還俘甲士萬餘人悉縱不殺獲戰船七百艘宋力自此遂窮十月諸軍分三道而進文炳居左由江並海趨臨安先是江陰軍僉判李世脩欲降不果文炳檄諭之世脩以城來附令權本軍安撫使所過民不知兵凡獲生口悉縱遣之無敢匿者威信前布皆望旗而服張瑄有衆數千負海爲橫文炳命招討使王世強及士選往降之士選單舸至瑄所諭以威德瑄降得海船五百十三年春正月次鹽官鹽官臨安劇縣俟救至招之再返不下將佐請屠之文炳曰縣去臨安不百里聲勢相及臨安約降已有成言吾輕殺一人則害大計況屠一縣耶於是遣人入城

諭意縣降遂會伯顏于臨安城北張世傑欲以其主逃之海文炳繞出臨安城南戍浙江亭世傑計不行乃竊宋主弟吉王昰廣王昺南走而宋主㬎遂降伯顏命文炳入城罷宋官府散其諸軍封庫藏收禮樂器及諸圖籍文炳取宋主諸璽符上於伯顏伯顏以宋主入覲有詔留事一委文炳禁戢豪猾撫慰士女宋民不知易主時翰林學士李槃奉詔招宋士至臨安文炳謂之曰國可滅史不可沒宋十六主有天下三百餘年其太史所記具在史館宜悉收以備典禮乃得宋史及諸注記五十餘冊歸之國史院宋宗室福王與芮赴京師徧以重寶致諸貴人文炳獨卻不受及官錄與芮家具籍受寶者惟文炳無名伯顏入朝奏曰臣等奉天威平宋宋既已平懷徠安集之功董文炳居多帝曰文炳吾舊臣忠勤朕所素知乃拜資德大夫中書左丞時張世傑奉吉王昰據台州而閩中亦爲宋守敕文炳進兵所過禁士馬無敢履踐田麥曰在倉者吾既食之在野者汝又踐之新邑之民何以續命是以南人感之不忍以兵相向次台州世傑遁諸將先俘州民文炳下令曰台人首效順於我我不暇有故世傑據之

其民何罪敢有不縱所俘者以軍法論得免者數萬口至温州温州未下令曰
毋取子女毋掠民有衆曰諾其守將火城中逃文炳亟命滅火追擒其將數其
殘民之罪斬以徇逾嶺閩人扶老來迎漳泉建寧邵武諸郡皆送款來附凡得
州若干縣若干戸口若干閩人感文炳德最深廟而祀之十四年帝在上都適
北邊有警欲親將北伐正月急召文炳四月文炳至自臨安比至帝日問來期
及至即召入文炳拜稽首曰今南方已平臣無所效力請事北邊帝曰朕召卿
意不在是也豎子盜兵朕自撫定山以南國之根本也盡以託卿卒有不虞便
宜處置以聞中書省樞密院事無大小咨卿而行已敕主者卿其勉之文炳避
謝不許因奏曰臣在臨安時阿里伯奉詔檢括宋諸藏貨寶追索沒匿甚細人
實苦之宋人未洽吾德遽苦之以財恐非安懷之道即詔罷之又曰昔者泉州
蒲壽庚以城降壽庚素主市舶謂宜重其事權使爲我扞海寇誘諸蠻臣服因
解所佩金虎符佩壽庚矣惟陛下恕其專擅之罪帝大嘉之更賜金虎符燕勞
畢即聽陛辭文炳求見皇太子帝許之復敕太子曰董文炳所任甚重見畢即

遣行既見慰諭懇至文炳留士選宿衞即日就道凡在上都三日至大都更日至中書樞密不署中書案平章政事阿合馬方恃寵用事生殺任情惟畏文炳奸狀爲之少斂嘗執筆請曰相公官爲左丞當署省案請至再四不肯署皇太子聞之謂宮臣竹忽納曰董文炳深慮非爾曹所知後或私問其故文炳曰主上所付託者在根本之重非文移之細且吾少徇則濟姦不徇則致讒讒行則身危而深失付託本意吾是以預其大政而略其細務也十五年夏文炳有疾奏請解機務詔曰大都暑熾非病者宜卿可來此固當愈文炳至上都奏曰臣病不足領機務西北高寒筋骸舒暢當復自愈請盡力北邊帝曰卿固忠孝是不足行也樞密事重以卿僉書樞密院事中書左丞如故文炳辭不許遂拜八月天壽節禮成賜宴帝命坐文炳上坐諭宗室大臣曰董文炳功臣也理當坐是每尚食上食輒輟賜文炳是夜文炳疾復作敕賜御醫日來診視九月十三日疾篤洗沐而坐召文忠等曰吾以先人死王事恨不爲國死邊今至此命也願董氏世有男能騎馬者勉力報國則吾死瞑目矣言畢就枕卒帝聞悼痛良

久命文忠護喪葬槀城令所過有司以禮弔祭贈金紫光祿大夫平章政事諡

忠獻子士元士選

士元一名不花字長卿文炳長子也自襁褓喪母祖母李氏愛之謂文炳曰俟兒能言卽令讀書數歲從名儒受學及長善騎射憲宗征蜀士元年二十三從叔父文蔚率鄧州一軍西行師次釣魚山宋人堅壁拒守士元請代文蔚攻之以所部銳卒先登力戰良久以宅軍不繼而還憲宗壯之賜以金帛中統初文蔚入典禁兵士元以世家子選供奉內班從車駕巡狩北方嘗預武定山之役帝知其忠勤可任以事會文蔚病卒無子命士元襲爲千夫長出師南征襄漢分禁兵戍淮上士元在軍中脩敕武備號令肅然丞相伯顏克江南宋兵保兩淮未下士元數與戰拔淮安堡以功遷武節將軍從大師博魯歡攻揚州駐師灣頭堡時方大暑博魯歡病還京師以行省阿里代領諸軍揚州守將姜才乘隙來攻阿里素不習兵率輕騎數百出堡士元與別將哈剌禿以百騎從之日已暮宋兵至者萬餘士元謂左右曰大丈夫報國正在今日勿懼也方整陣欲

戰阿里趣令左旋已乃遁去士元與哈剌秃以部兵赴敵死戰鼓譟震地泥淖馬不能馳乃棄馬步戰至四更敵衆始退及旦阿里來視戰地見士元臥泥中身被十七鎗甲裳盡赤肩舁至營而絕年四十二哈剌秃亦戰死江淮既平伯顏入朝言於帝曰淮海之役所損者二將而已帝問其人以士元與哈剌秃對帝曰不花健捷過人書戰必能制敵夜戰而死甚可惜也至大元年贈鎮國上將軍僉書樞密院事諡節愍後加贈推誠効節功臣資政大夫中書左丞護軍追封趙郡公改諡忠愍

士選字舜卿文炳次子也幼從文炳居兵間晝治武事夜讀書不輟文炳總師與宋兵戰金山士選戰甚力大敗之追至海而還及降張瑄等丞相伯顏臨陣觀之壯其驍勇遣使問之始知爲文炳子奏功佩金符爲管軍總管戰數有功宋降從文炳入宋宮取宋主降表及收其文書圖籍靜重識大體秋毫無所取軍中稱之宋平班師詔置侍衛親軍諸衛以士選爲前衛指揮使號令明正得士大夫心未幾以其職讓其弟士秀帝嘉其意命士秀將前衛而以士選同僉

行樞密院事於湖廣久之召還宗王乃顏叛帝親征召士選至行在所與李勞山同將漢人諸軍以禦之乃顏軍飛矢及乘輿前士選等出步卒橫擊之其衆敗走緩急進退有禮帝甚善之桑哥事敗帝求直士用之以易其弊於是召士選論議政事以中書左丞與平章政事徹理往鎮浙西聽辟舉僚屬至部察病民事悉以帝意除之民大悅有聚斂之臣爲奸利事發得罪且死詐言所遣舶商海外未至請留以待之士選曰海商至則捕錄之不至則無如之何不係斯人之存亡也苟此人幸存則無以謝天下遂竟其罪浙多湖泊廣蓄泄以備水旱率爲豪民占以種藝水無所居積故數有水旱士選與徹理力開復之成宗卽位僉行樞密院於建康未幾拜江西行省左丞贛州盜劉六十僭立名號聚衆至萬餘朝廷遣兵討之主將觀望退縮不肯戰守吏又因以擾良民賊勢益盛士選請自往衆欣然託之卽日就道不求益兵但率掾史李霆鎮元明善二人持文書以去衆莫測其所爲至贛境捕官吏害民者治之民相告語曰不知有官法如此進至興國縣去賊巢不百里命擇將校分兵守地待命察知激亂

之人悉寘于法復誅奸民之爲囊橐者於是民爭出請自效不數日遂擒賊魁散餘衆歸農軍中獲賊所爲文書旁近郡縣富人姓名具在霆鎮明善請焚之民心益安遣使以事平報于朝中書平章政事不忽木召其使謂之曰董公上功簿邪使者曰某且行左丞授之言曰朝廷若以軍功爲問但言鎮撫無狀得免罪幸甚何功之可言因出其書但請黜贓吏數人而已不言破賊事廷議深歎其知體而不伐拜江南行御史臺中丞廉威素著不嚴而肅凜然有大臣風入僉樞密院事俄拜御史中丞前中丞崔彧久任風紀善斡旋以就事功旣卒不忽木以平章軍國重事繼之方正持大體天下望之而已多病遂以屬之士選風采明俊中外竦然時丞相完澤用劉深言出師征八百媳婦國遠冒煙瘴及至未戰士卒死者十已七八驅民轉粟餉軍谿谷之間不容舟車必負擔以達一夫致粟八斗率數人佐之凡數十日乃至由是民死者亦數十萬中外騷然而完澤說帝江南之地盡世祖所取陛下不與此役則無功可見於後世帝入其言用兵意甚堅故無敢諫者士選率同列言之奏事殿中畢同列皆起士

選乃獨言今劉深出師以有用之民而取無用之地就令當取亦必遣使諭之諭之不從然後聚糧選兵視時而動豈得輕用一人妄言而致百萬生靈於死地帝色變士選猶明辨不止侍從皆爲之戰慄帝曰事已成卿勿復言士選曰以言受罪臣之所當他日以不言罪臣臣死何益帝麾之起左右擁之以出未數月帝聞師敗績慨然曰董二哥之言驗矣吾愧之因賜上尊以旌直言始爲罷兵誅劉深等世祖嘗呼文炳曰董大哥故帝以二哥呼士選久之出爲江浙行省右丞遷汴梁行省平章政事又遷陝西士選平生以忠義自許尤號廉介自門生部曲無敢持一毫獻者治家甚嚴而孝弟尤篤時言世家有禮法者必歸之董氏其禮敬賢士尤至在江西以屬掾元明善爲賓友既又得吳澄而師之延虞汲於家塾以教其子諸老儒及西蜀遺士皆以書院之祿起之使以所學教既還南行臺又招汲子集與俱後又得范梈等數人皆以文學大顯於時故世稱求賢薦士亦必以董氏爲首晚年好讀易澹然終其身每一之官必賣先業田廬爲行貲故老而益貧子孫不異布衣之士仕者往往稱廉吏云子守

忠雲南行省參知政事守懿侍正府判官守思知威州

張弘範

張弘範字仲疇柔第九子也善馬槊頗能爲歌詩年二十時兄順天路總管弘略上計壽陽行都留弘範攝府事吏民服其明決蒙古軍所過肆暴弘範杖遣之入其境無敢犯者中統初授御用局總管三年改行軍總管從親王哈必赤討李璮於濟南柔戒之曰汝圍城勿避險地汝無怠心則兵必致死主者慮其險苟有來犯必赴救可因以立功勉之弘範營城西璮出軍突諸將營獨不向弘範弘範曰我營險地璮乃示弱於我必以奇兵來襲謂我弗悟也遂築長壘內伏甲士而外爲壕開東門以待之夜令士卒浚壕益深廣璮不知也明日果擁飛橋來攻未及岸軍陷壕中得跨壕而上者突入壘門遇伏皆死降兩賊將柔聞之曰眞吾子也璮既誅朝廷懲璮盡專兵民之權故能爲亂議罷大藩子弟之在官者弘範例罷至元元年弘略既入宿衛帝召見意其兄弟有可代守順天者且念弘範有濟南之功授順天路管民總管佩金虎符二年移守大名

歲大水漂沒廬舍租稅無從出弘範輒免之朝廷罪其專擅弘範請入見進曰臣以爲朝廷儲小倉不若儲之大倉帝曰何說也對曰今歲水潦不收而必責民輸倉庫雖實而民死亡殆盡明年租將安出曷若活其民使不致逃亡則歲有恆收非陛下大倉庫乎帝曰知體其勿問六年括諸道兵圍宋襄陽授益都淄萊等路行軍萬戶復佩金虎符朝廷以益都兵乃李璮所教練之卒勇悍難制故命領之戍鹿門堡以斷宋餉道且絕郢之救兵弘範建言曰國家取襄陽爲延久之計者所以重人命而欲其自斃也曩者夏貴乘江漲送衣糧入城我師坐視無禦之者而其境南接江陵歸峽商販行旅士卒絡繹不絕寧有自斃之時乎宜城萬山以斷其西柵灌子灘以絕其東則庶幾速斃之道也帥府奏用其言移弘範兵千人戍萬山既城與將士較射出東門宋師奄至將佐皆謂衆寡不敵宜入城自守弘範曰吾與諸君在此何事敵至將不戰乎敢言退者死卽擐甲上馬立遣偏將李庭當其前他將攻其後親率二百騎爲長陣令曰聞吾鼓則進未鼓勿動宋軍步騎相間突陣弘範軍不動再進再却弘範曰彼

氣衰矣鼓之前後奮擊宋師奔潰八年築一字城逼襄陽破樊城外郭九年攻樊城流矢中其肘裹瘡見主帥曰襄樊相爲唇齒故不可破若截江道斷其援兵水陸夾攻樊必破矣樊破則襄陽何所恃從之明日復出銳卒先登遂拔之襄陽既下偕宋將呂文煥入覲賜錦衣白金寶鞍將校行賞有差十一年丞相伯顏伐宋弘範率左部諸軍循漢江東略郢西南攻武磯堡取之北兵渡江弘範爲前鋒宋相賈似道督兵阻蕪湖殿帥孫虎臣據丁家洲弘範轉戰而前諸軍繼之宋師潰弘範長驅至建康十二年五月帝遣使諭丞相毋輕敵貪進方暑其少駐以待弘範進曰聖恩待士卒誠厚然緩急之宜非可遙度今敵已奪氣正當乘破竹之勢取之無遺策矣豈宜迂緩使敵得爲計耶丞相然之馳驛至闕面論形勢得旨進師十二年次瓜洲分兵立柵據其要害揚州都統姜才所統兵勁悍善戰至是以二萬人出楊子橋弘範佐都元帥阿朮禦之與宋兵夾水陣弘範以十三騎徑度衝之陣堅不動弘範引却一騎躍馬揮刀直趣弘範弘範旋轡反迎刺之應手頓斃馬下其衆潰亂追至城門斬首萬餘級自相

蹂藉溺死者過半宋將張世傑孫虎臣等率水軍於焦山決戰弘範以一軍從旁橫衝之宋師遂敗追至圌山之東奪戰艦八十艘俘馘千數上其功改亳州萬戶後賜名拔都從中書左丞董文炳由海道會丞相伯顏進次近郊宋主上降表以伯姪爲稱往返未決弘範將命入城數其大臣之罪皆屈服竟取稱臣降表來上十三年台州叛討平之誅其爲首者而已十四年師還授鎮國上將軍江東道宣慰使十五年宋張世傑立廣王昺於海上閩廣響應俾弘範往平之授蒙古漢軍都元帥陛辭奏曰漢人無統蒙古軍者乞以蒙古信臣爲首帥帝曰汝知而父與察罕之事乎其破安豐也汝父欲留兵守之察罕不從師既南安豐復爲宋有進退幾失據汝父深悔恨良由委任不專故也豈可使汝復有汝父之悔乎今付汝大事能以汝父之心爲心則予汝嘉面賜錦衣玉帶弘範不受以劍甲爲請帝出武庫劍甲聽其自擇且諭之曰劍汝之副也不用令者以此處之將行薦李恆爲己貳從之至揚州選將校水陸二萬分道南征以弟弘正爲先鋒戒之曰選汝驍勇非私汝也軍法重我不敢以私撓公勉之弘

正所向克捷進攻三江寨寨據險乘高不可近因連兵向之寨中持滿以待弘範下令下馬治朝食若將持久者持滿者疑不敢動而他寨不虞也忽麾軍連拔數寨迴擣三江盡拔之至漳州軍其東門命別將攻南門西門乃乘虛破其北門拔之攻鮑浦寨又拔之由是瀕海郡邑皆望風降附獲宋丞相文天祥于五坡嶺使之拜不屈弘範義之待以賓禮送至京師獲宋禮部侍郎鄧光薦命子珪師事之十六年正月庚戌由潮陽港發舶入海至甲子門獲宋斥候將劉青顧凱乃知廣王所在辛酉次崖山宋軍千餘艘碇海中建樓櫓其上隱然堅壁也弘範引舟師赴之崖山東西對峙其北水淺舟膠非潮來不可進乃由山之東轉南入大洋始得逼其舟又出奇兵斷其汲路燒其宮室世傑有甥在弘範軍中三使招之世傑不從甲戌李恆自廣州至授以戰艦二使守北面二月癸未將戰或請先用砲弘範曰火起則舟散不如戰也明日四分其軍軍其東南北三面弘範自將一軍相去里餘下令曰宋舟潮至必東遁急攻之勿令得去聞吾樂作乃戰違令者斬先麾北面一軍乘潮而戰不克李恆等順潮而退

樂作宋將以爲且宴少懈弘範舟師犯其前衆繼之豫構戰樓於舟尾以布幪
障之命將士負盾而伏令之曰聞金聲起戰先金而妄動者死飛矢集如蝟伏
盾者不動舟將接鳴金撤障弓弩火石交作頃刻并破七舟宋師大潰宋臣抱
其主昺赴水死獲其符璽印章世傑先遁李恆追至大洋不及世傑走交趾風
壞舟死海陵港其餘將吏皆降嶺海悉平磨崖山之陽勒石紀功而還十月入
朝賜宴內殿慰勞甚厚未幾瘴癘疾作帝命尚醫診視遣近臣臨議用藥敕衞
士監門止雜人毋擾其病病甚沐浴易衣冠扶掖至中庭面闕再拜退坐命酒
作樂與親故言別出所賜劍甲命付嗣子珪曰汝父以是立功汝佩服勿忘也
語竟端坐而卒年四十三贈銀青榮祿大夫平章政事謚武略至大四年加贈
推忠効節翊運功臣太師開府儀同三司上柱國齊國公改謚忠武延祐六年
加保大功臣加封淮陽王謚獻武子珪自有傳

元史卷一百五十六

元史卷一百五十七

明翰林學士亞中大夫知制誥兼修國史宋濂等修

列傳第四十四

劉秉忠

劉秉忠字仲晦初名侃因從釋氏又名子聰拜官後始更今名其先瑞州人也世仕遼爲官族曾大父仕金爲邢州節度副使因家焉故自大父澤而下遂爲邢人庚辰歲木華黎取邢州立都元帥府以其父潤爲都統事定改署州錄事歷鉅鹿內丘兩縣提領所至皆有惠愛秉忠生而風骨秀異志氣英爽不羈八歲入學日誦數百言年十三爲質子於帥府十七爲邢臺節度使府令史以養其親居常鬱鬱不樂一日投筆嘆曰吾家累世衣冠乃汨沒爲刀筆吏乎丈夫不遇於世當隱居以求志耳卽棄去隱武安山中久之天寧虛照禪師遣徒招致爲僧以其能文詞使掌書記後遊雲中留居南堂寺世祖在潛邸海雲禪師被召過雲中聞其博學多材藝邀與俱行既入見應對稱旨屢承顧問秉忠於

書無所不讀尤邃於易及邵氏經世書至於天文地理律曆三式六壬遁甲之屬無不精通論天下事如指諸掌世祖大愛之海雲南還秉忠遂留藩邸後數歲奔父喪賜金百兩爲葬具仍遣使送至邢州服除復被召奉旨還和林上書數千百言其略曰典章禮樂法度三綱五常之教備於堯舜三王因之五霸敗之漢興以來至于五代一千三百餘年由此道者漢文景光武唐太宗玄宗五君而玄宗不無疵也然治亂之道係乎天而由乎人天生成吉思皇帝起一旅降諸國不數年而取天下勤勞憂苦遺大寶於子孫庶傳萬祀永保無疆之福愚聞之曰以馬上取天下不可以馬上治昔武王兄也周公弟也周公思天下善事夜以繼日每得一事坐以待旦以匡周室以保周天下八百餘年周公之力也君上兄也大王弟也思周公之故事而行之在乎今日千載一時不可失也君之所任在內莫大乎相相以領百官化萬民在外莫大乎將將以統三軍安四域內外相濟國之急務必先之也然天下之大非一人之可及萬事之細非一心之可察當擇開國功臣之子孫分爲京府州郡監守督責舊官以遵王

法仍差按察官守治者升否者黜天下不勞力而定也天下戶過百萬自忽都那演斷事之後差徭甚大加以軍馬調發使臣煩擾官吏乞取民不能當是以逃竄宜比舊減半或三分去一就見在之民以定差稅招逃者復業再行定奪官無定次清潔者無以遷汙濫者無以降可比附古例定百官爵祿儀仗使家足身貴有犯於民設條定罪威福者君之權奉命者臣之職今百官自行威福進退生殺惟意之從宜從禁治天下之民未聞教化見在囚人宜從赦免明施教令使之知畏則犯者自少也教令既設則不宜繁因大朝舊例增益民間所宜設者十數條足矣教令既施罪不至死者皆提察然後決犯死刑者覆奏然後聽斷不致刑及無辜天子以天下爲家兆民爲子國不足取於民民不足取於國相須如魚水有國家者置府庫設倉廩亦爲助民民有身者營產業闢田野亦爲資國用也今宜打算官民所欠債負若實爲應當差發所借宜依合罕皇帝聖旨一本一利官司歸還凡陪償無名虛契所負及還過元本者並行赦免納糧就遠倉有一廢十者宜從近倉以輸爲便當驛路州城飲食祗待偏重

宜計所費以準差發關市津梁正稅十五分取一宜從舊制禁橫取減稅法以
利百姓倉庫加耗甚重宜令權量度均為一法使錙銖圭撮尺寸皆平以存信
去詐珍貝金銀之所出淘砂鍊石實不易為一旦以纏絲縷飾皮革塗木石粧
器仗取一時之華麗廢為塵而無濟甚可惜也宜從禁治除帝冑功臣大官以
下章服有制外無職之人不得僭越今地廣民微賦斂繁重民不聊生何力耕
耨以厚產業宜差勸農官二員率天下百姓務農桑營產業實國之大益古者
庠序學校未嘗廢今郡縣雖有學並非官置宜從舊制脩建三學設教授開選
擇才以經義為上詞賦論策次之兼科舉之設已奉合罕皇帝聖旨因而言之
易行也開設學校宜擇開國功臣子孫受教選達才任用之天下莫大於朝省
親民莫近於縣宰雖朝省有法縣宰宜擇縣宰正民自安矣關西河南地廣土
沃以軍馬之所出入治而未豐宜設官招撫不數年民歸土闢以資軍馬之用
實國之大事移剌中丞拘榷鹽鐵諸產商賈酒醋貨殖諸事以定宣課雖使從
實恢辦不足亦取於民拖兌不辦已不為輕奧魯合蠻奏請於舊額加倍榷之

往往科取民間科榷並行民無所措手足宜從舊例辦榷更或減輕罷繁碎止科徵無從獻利之徒削民害國鰥寡孤獨廢疾者宜設孤老院給衣糧以爲養使臣到州郡宜設館不得於官衙民家安下孔子爲百王師立萬世法今廟堂雖廢存者尚多宜令州郡祭祀釋奠如舊儀近代禮樂器具靡散宜令刷會徵太常舊人教引後學使器備人存漸以脩之實太平之基王道之本今天下廣遠雖成吉思皇帝威福之致亦天地神明陰所祐也宜訪名儒循舊禮尊祭上下神祇和天地之氣順時序之行使神享民依德極於幽明天下賴一人之慶見行遼曆日月交食頗差聞司天臺改成新曆未見施行宜因新君卽位頒曆改元令京府州郡置更漏使民知時國滅史存古之常道宜撰脩金史令一代君臣事業不墜於後世甚有勵也國家廣大如天萬中取一以養天下名士宿儒之無營運產業者使不致困窮或有營運產業者會前聖旨種養應輸差稅其餘大小雜泛並行蠲免使自給養實國家養才勵人之大也明君用人如大匠用材隨其巨細長短以施規矩繩墨孔子曰君子不可小知而可大受小人

不可大受而可小知蓋君子所存者大不能盡小人之事或有一短小人所拘者狹不能同君子之量或有一長盡其才而用之成功之道也君子不以言廢人不以人廢言大開言路所以成天下安兆民也天地之大日月之明而或有所蔽且蔽天之明者雲霧也蔽人之明者私欲佞說也常人有之蔽一心也人君有之蔽天下也常選左右諫臣使諷諭於未形忖畫於至密也君子之心一於理義懷於忠良小人之心一於利欲懷於讒佞君子得位有容於小人小人得勢必排於君子明君在上不可不辨也孔子曰遠佞人又曰惡利口之覆邦家者此之謂也今言利者衆非圖以利國害民實欲殘民而自利也宜將國中人民必用場冶付各路課稅所以定榷辦其餘言利者並行罷去古者明王不寶遠物所寶惟賢如使賢者在位能者在職此皆一人之睿知賢王之輔成也古者治世均民產業自廢井田爲阡陌後世因之不能復今窮乏者益損富盛者增加宜禁行利之人勿恃官勢居官在位者勿侵民利商賈與民和好交易不生擅奪欺罔之害真國家之利也笞箠之制宜會古酌今均爲一法使無敢

過越禁私置牢獄淫民無辜鞭背之刑宜禁治以彰愛生之德立朝省以統百官分有司以御衆事以至京府州縣親民之職無不備紀綱正於上法度行於下是故天下不勞而治也今新君卽位之後可立朝省以爲政本其餘百官不在員多惟在得人焉耳世祖嘉納焉又言邢州舊萬餘戶兵興以來不滿數百凋壞日甚得良牧守如真定張耕洛水劉肅者治之猶可完復朝廷卽以耕爲邢州安撫使肅爲副使由是流民復業升邢爲順德府癸丑從世祖征大理明年征雲南每贊以天地之好生王者之神武不殺故克城之日不妄戮一人己未從伐宋復以雲南所言力贊於上所至全活不可勝計中統元年世祖卽位問以治天下之大經養民之良法秉忠采祖宗舊典參以古制之宜於今者條列以聞於是下詔建元紀歲立中書省宣撫司朝廷舊臣山林遺逸之士咸見錄用文物粲然一新秉忠雖居左右而猶不改舊服時人稱之爲聰書記至元元年翰林學士承旨王鶚奏言秉忠久侍藩邸積有歲年參帷幄之密謀定社稷之大計忠勤勞績宜被褒崇聖明御極萬物惟新而秉忠猶仍其野服散號

深所未安宜正其衣冠崇以顯秩帝覽奏卽日拜光祿大夫位太保參預中書
省事詔以翰林侍讀學士竇默之女妻之賜第奉先坊且以少府宮籍監戶給
之秉忠旣受命以天下爲己任事無巨細凡有關於國家大體者知無不言言
無不聽帝寵任愈隆燕閑顧問輒推薦人物可備器使者凡所甄拔後悉爲名
臣初帝命秉忠相地於桓州東灤水北建城郭于龍岡三年而畢名曰開平繼
升爲上都而以燕爲中都四年又命秉忠築中都城始建宗廟宮室八年奏建
國號曰大元而以中都爲大都他如頒章服舉朝儀給俸祿定官制皆自秉忠
發之爲一代成憲十一年扈從至上都其地有南屏山嘗築精舍居之秋八月
秉忠無疾端坐而卒年五十九帝聞驚悼謂羣臣曰秉忠事朕三十餘年小心
愼密不避艱險言無隱情其陰陽術數之精占事知來若合符契惟朕知之他
人莫得聞也出內府錢具棺斂遣禮部侍郎趙秉溫護其喪還葬大都十二年
贈太傅封趙國公諡文貞成宗時贈太師諡文正仁宗時又進封常山王秉忠
自幼好學至老不衰雖位極人臣而齋居蔬食終日澹然不異平昔自號藏春

散人每以吟詠自適其詩蕭散閑淡類其爲人有文集十卷無子以弟秉恕子蘭璋後

秉恕字長卿好讀書年弱冠受易於劉肅遂明理學兄秉忠事世祖以薦士自任嫌於私親獨不及秉恕左右以聞召見遂同侍潛邸世祖嘗賜秉忠白金千兩辭曰臣山野鄙人僥倖遭際服器悉出尚方金無所用世祖曰卿獨無親故遺之邪辭不允乃受而散之以二百兩與秉恕秉恕曰兄勤勞有年宜蒙茲賞秉恕無功可冒恩乎終不受中統元年擢禮部侍郎邢州安撫副使二年賜金符遷吏部侍郎三年升邢爲順德府賜金虎符爲順德安撫使至元元年轉官法行改嘉議大夫歷彰德懷孟淄萊順天太原五路總管淄萊府有死囚六人獄已具秉恕疑之詳讞得其實六人賴以不死他所至皆有惠政召除禮部尚書出爲淮西宣慰使會省宣慰司歷湖州平陽兩路總管平陽歲荒民艱食輒開倉以賑之全活者衆年六十卒于官

張文謙

張文謙字仲謙邢州沙河人幼聰敏善記誦與太保劉秉忠同學世祖居潛邸受邢州分地秉忠薦文謙可用歲丁未召見應對稱旨命掌王府書記日見信任邢州當要衝初分二千戶爲勳臣食邑歲遣人監領皆不知撫治徵求百出民弗堪命或訴於王府文謙與秉忠言于世祖曰今民生困弊莫邢爲甚盍擇人往治之責其成效使四方取法則天下均受賜矣於是乃選近侍脫兀脫尙書劉肅侍郎李簡往三人至邢協心爲治洗滌蠹敝革去貪暴流亡復歸不期月戶增十倍由是世祖益重儒士任之以政皆自文謙發之歲辛亥憲宗卽位文謙與秉忠數以時務所當先者言於世祖悉施行之世祖征大理國主高祥拒命殺信使遁去世祖怒將屠其城文謙與秉忠姚樞諫曰殺使拒命者高祥爾非民之罪請宥之由是大理之民賴以全活己未世祖帥師伐宋文謙與秉忠言王者之師有征無戰當一視同仁不可嗜殺世祖曰期與卿等守此言既入宋境分命諸將毋妄殺毋焚人室廬所獲生口悉縱之中統元年世祖卽位立中書省首命王文統爲平章政事文謙爲左丞建立綱紀講明利病以安國

便民爲務詔令一出天下有太平之望而文統素忌克讒謀之際屢相可否積
不能平文謙遽求出詔以本官行大名等路宣撫司事臨發語文統曰民困日
久況當大旱不量減稅賦何以慰來蘇之望文統曰上新卽位國家經費止仰
稅賦苟復減損何以供給文謙曰百姓足君孰與不足俟時和歲豐取之未晚
也於是蠲常賦什之四商酒稅什之一二年春來朝復留居政府始立左右部
講行庶務鉅細畢舉文謙之力爲多三年阿合馬領左右部總司財用欲專奏
請不關白中書詔廷臣議之文謙曰分制財用古有是理中書不預無是理也
若中書弗問天子將親蒞之乎帝曰仲卿言是也至元元年詔文謙以中書左
丞行省西夏中興等路羌俗素鄙野事無統紀文謙得蜀士陷於俘虜者五六
人理而出之使習吏事旬月間簿書有品式子弟亦知讀書俗爲一變浚唐來
漢延二渠溉田十數萬頃人蒙其利三年還朝諸勢家言有戶數千當役屬爲
私奴者議久不決文謙謂以乙未歲戶帳爲斷奴之未占籍者歸之勢家可也
其餘良民無爲奴之理議遂定守以爲法五年淄州妖人胡玉惑衆事覺逮捕

百餘人丞相安童以文謙言奏曰愚民無知爲所誑誘誅其首惡足矣詔卽命
文謙往決其獄惟三人坐棄市餘皆釋之七年拜大司農卿奏立諸道勸農司
巡行勸課請開籍田行祭先農先蠶等禮復與竇默請立國子學詔以許衡爲
國子祭酒選貴胄子弟教育之時阿合馬議拘民間鐵官鑄農器高其價以配
民創立行戸部於東平大名以造鈔及諸路轉運司干政害民文謙悉於帝前
極論罷之十三年遷御史中丞阿合馬慮憲臺發其姦乃奏罷諸道按察司以
撼之文謙奏復其舊然自知爲姦臣所忌力求去會世祖以大明曆歲久寖差
命許衡等造新曆乃授文謙昭文館大學士領太史院以總其事十九年拜樞
密副使歲餘以疾薨于位年六十八文謙蚤從劉秉忠洞究術數晚交許衡尤
粹於義理之學爲人剛明簡重凡所陳於上前莫非堯舜仁義之道數忤權倖
而是非得喪一不以經意家惟藏書數萬卷尤以引薦人材爲己任時論益以
是多之累贈推誠同德佐運功臣太師開府儀同三司上柱國追封魏國公諡
忠宣長子晏仕至御史中丞贈陝西行省平章政事封魏國公諡文靖

郝經

郝經字伯常其先潞州人徙澤州之陵川家世業儒祖天挺元裕嘗從之學金末父思温辟地河南之魯山河南亂居民匿窖中亂兵以火熏灼之民多死經母許亦死經以蜜和寒葅汁決母齒飲之即蘇時經九歲人皆異之金亡徙順天家貧晝則負薪米爲養暮則讀書居五年爲守帥張柔賈輔所知延爲上客二家藏書皆萬卷經博覽無不通往來燕趙間元裕每語之曰子貌類汝祖才器非常勉之憲宗元年世祖以皇弟開邸金蓮川召經諮以經國安民之道條上數十事大悅遂留王府是時連兵於宋憲宗入蜀命世祖總統東師經從至濮會有得宋國奏議以獻其言謹邊防守衝要凡七道遂下諸將議經曰古之一天下者以德不以力彼今未有敗亡之釁我乃空國而出諸侯窺伺於內小民凋弊於外經見其危未見其利也王不如脩德布惠敦族簡賢綏懷遠人控制諸道結盟飭備以待西師上應天心下繫人望順時而動宋不足圖也世祖以經儒生愕然曰汝與張拔都議邪經對曰經少館張柔家嘗聞其論議此則

經臆說耳柔不知也進七道議七千餘言乃以楊惟中爲江淮荊湖南北等路宣撫使經爲副將歸德軍先至江上宣布恩信納降附惟中欲私還汴經曰我與公同受命南征不聞受命還汴也惟中怒弗聽經率麾下揚旌而南惟中懼謝乃與經俱行經聞憲宗在蜀師久無功進東師議其略曰經聞圖天下之事於未然則易救天下之事於已然則難已然之中復有未然者使往者不失而來者得遂是尤難也國家以一旅之衆奮起朔漠斡斗極以圖天下馬首所向無不摧破滅金源幷西夏蹂荊襄克成都平大理躪轢諸夷奄征四海有天下十八盡元魏金源故地而加多廓然莫與侔大也惟宋不下未能混一連兵構禍踰二十年何曩時掇取之易而今日圖惟之難也夫取天下有可以力幷有可以術圖幷之以力則不可久久則頓弊而不振圖之以術則不可急急則僥倖而難成故自漢唐以來樹立攻取或五六年未有踰十年者是以其力不弊而卒能保大定功晉之取吳隋之取陳皆經營比佽十有餘年是以其術得成而卒能混一或久或近要之成功各當其可不妄爲而已國家建極開統垂五

十年而一之以兵遺黎殘姓游氣驚魂虔劉廟盪殆欲殲盡自古用兵未有如是之久且多也其力安得不弊乎且括兵率賦朝下令而夕出師躬擐甲冑跋履山川闔國大舉以之代宋而圖混一以志則銳以力則強以土則大而其術則未盡也苟於諸國既平之後息師撫民致治成化創法立制敷布條綱上下井井不撓不紊任老成爲輔相起英特爲將帥選賢能爲任使鳩智計爲機衡平賦以足用屯農以足食內治既舉外禦亦備如其不服姑以文誥拒而不從而後伺隙觀釁以正天伐自東海至于襄鄧重兵數道聯幟接武以爲正兵自漢中至于大理輕兵捷出批亢抵脅以爲奇兵師臣得人師出以律高拱九重之內而海外有截矣是而不爲乃於間歲遽爲大舉上下震動兵連禍結底安于危是已然而莫可止者也東師未出大王仁明則猶有未然者可不議乎國家用兵一以國俗爲制而不師古不計師之衆寡地之險易敵之強弱必合圍把矟獵取之若禽獸然聚如丘山散如風雨迅如雷電捷如鷹鶻鞭弭所屬指期約日萬里不忒得兵家之詭道而長於用奇自滄河之戰乘勝下燕雲遂遺

兵而去似無意於取者既破回鶻滅西夏乃下兵關陝以敗金師然後知所以深取之是長於用奇也既而爲斡腹之舉由金房繞出潼關之背以攻汴爲擣虛之計自西和徑入石泉威茂以取蜀爲示遠之謀自臨洮吐番穿徹西南以平大理皆用奇也夫攻其無備出其不意而後可以用奇豈有連百萬之衆首尾萬餘里六飛雷動乘輿親出竭天下倒四海騰擲宇宙軒豁天地大極於遐徼之土細窮於委巷之民撞其鐘而掩其耳嚙其臍而蔽其目如是用奇乎是執千金之璧而投瓦石也其初以奇勝也關隴江淮之北平原曠野之多而吾長於騎故所向不能禦兵鋒新銳民物稠夥擁而擠之郡邑自潰而吾長於攻故所擊無不破是以用其奇而驟勝今限以大山深谷阨以重險薦阻迂以危途繚徑我之乘險以用奇則難彼之因險以制奇則易況於客主勢懸蘊蓄情露無虜掠以爲資無俘獲以備役以有限之險雖有奇謀祕略無所用之力無所用與無力同勇無所施與不勇同計不能行與無計同泰山壓卵之勢河海濯爇之舉擁遏頓滯盤桓而不得進所謂強弩之末不能射魯縞者也爲今之

計則宜救已然之失防未然之變而已西師旣構猝不可解如兩虎相鬭猝入于巖阻見之者辟易不暇又焉能以理相喻使之逡巡自退彼知其危竭國以幷命我必其取無由以自悔兵連禍結何時而已殿下宜遣人稟命於行在所大軍壓境遣使喻宋示以大信令降名進幣割地納質彼必受命姑爲之和偃兵息民以全吾力而圖後舉天地人神之福也稟命不從殿下之義盡而後進吾師重慎詳審不爲躁輕飄忽爲前定之謀而一之以正大假西師以爲奇而用吾正比師南轅先示恩信申其文移喻以禍福使知殿下仁而不殺非好攻戰鬭土地不得已而用兵之意誠意昭著恩信流行然後閱實精勇別爲一軍爲帳下之卒舉老成知兵者俾爲將帥更直宿衞以備不虞其餘師衆各畀侯伯使吾府大官元臣分師總統爲戰攻之卒其新入部曲嘗不知兵雖名爲兵其實役徒者使沿邊進築與敵郡邑犬牙相制爲屯戍之卒推擇單弱究竟逃匿編葺部伍使聞望重臣爲之撫育總轄近裏故屯爲鎭守之卒使掣肘之計不行妄意之徒屏息內外備禦無有缺綻則制節以進旣入其境敦陳固列緩

爲之行彼善於守而吾不攻彼恃城壁以不戰老吾吾合長圍以不攻困彼吾用吾之所長彼不能用其長選出入便利之地爲久駐之基示必取之勢毋焚廬舍毋傷人民開其生路以攜其心亟肆以疲多方以誤以弊其力兵勢既振蘊蓄既見則以輕兵掠兩淮杜其樵採而遏其糧路使血脈斷絶各守孤城示不足取即進大兵直抵于江沿江上下列屯萬竈號令明肅部曲嚴整首尾締構各具舟楫聲言徑渡彼必震疊自起變故蓋彼之精鋭盡在兩淮江面闊越恃其巖阻兵皆柔脆用兵以來未嘗一戰焉能當我百戰之鋭一處崩壞則望風皆潰肱髀不續外內限絶勇者不能用而怯者不能敵背者不能返而面者不能禦水陸相濟必爲我乘是兵家所謂避堅攻瑕避實擊虛者也如欲存養兵力漸次以進以圖萬全則先荆後淮先淮後江彼之素論謂有荆襄則可以保淮甸有淮甸則可以保江南先是我嘗有荆襄有淮甸有上流皆自失之今當從彼所保以爲吾攻命一軍出襄鄧直渡漢水造舟爲梁水陸濟師以輕兵綴襄陽絶其糧路重兵皆趨漢陽出其不意以伺江隙不然則重兵臨襄陽輕

兵捷出穿徹均房遠叩歸峽以應西師如交廣施黔選鋒透出夔門不守大勢順流即并兵大出摧拉荊郢橫潰湘潭以成犄角一軍出壽春乘其銳氣并取荊山駕淮爲梁以通南北輕兵抄壽春而重兵支布於鍾離合淝之間掇拾湖濼奪取關隘據濡須塞皖口南入舒和西及於蘄黄徜徉恣肆以覘江口烏江采石廣布戍邏偵江渡之險易測備禦之疎密徐爲之謀而後進師所謂潰兩淮之腹心抉長江之襟要也一軍出維揚連楚蟠亘踞跨長淮鄰我强對通泰海門揚子江面密彼京畿必皆備禦堅厚若遽攻擊則必老師費財當以重兵臨維揚合爲長圍示以必取而以輕兵出通泰直塞海門瓜步金山柴墟河口游騎上下吞江吸海並著威信遲以月時以觀其變是所謂圖緩持久之勢也三道並出東西連衡殿下或處一軍爲之節制使我兵力常有餘裕如是則未來之變或可弭已然之失一日或可救也議者必曰三道並進則兵分勢弱不若併力一向則莫我當也曾不知取國之術與爭地之術異併力一向爭地之術也諸道並進取國之術也昔之混一者皆若是矣晉取吳則六道進隋取陳

則九道進宋之於南唐則二面皆進未聞以一旅之衆而能克國者或者有之
僥倖之舉也豈有堂堂大國師徒百萬而爲僥倖之舉乎況彼渡江立國百有
餘年紀綱脩明風俗完厚君臣輯睦內無禍釁東西南北輪廣萬里亦未可小
自敗盟以來無日不討軍實而申警之彷徨百折當我強對未嘗大敗不可謂
弱豈可蔑視謂秦無人直欲一軍倖而取勝乎秦王問王翦以伐荊翦曰非六
十萬不可秦王曰將軍老矣命李信將二十萬往不克卒畀翦以兵六十萬而
後舉楚蓋衆有所必用事勢有不可懸料而倖取者故王者之舉必萬全其倖
舉者崛起無賴之人也嗚呼西師之出已及瓜戍而猶未即功國家全盛之力
在於東左若亦直前振迅銳而圖功一舉而下金陵舉臨安則可也如兵力耗
弊役戍遷延進退不可反爲敵人所乘悔可及乎固宜重愼詳審圖之以術若
前所陳以全吾力是所謂坐勝也雖然猶有可憂者國家掇取諸國飄忽凌厲
本以力勝今乃無故而爲大舉若又措置失宜無以挫英雄之氣服天下之心
則稔意懷姦之流得以窺其隙而投其間國內空虛易爲搖蕩臣愚所以諄諄

於東師反覆致論謂不在於已然而在於未然者此也遂會兵渡江圍鄂州聞
憲宗崩召諸將屬議經復進議曰易言知進退存亡而不失其正者其惟聖人
乎殿下聰明睿知足以有臨發強剛毅足以有斷進退存亡之正知之久矣嚮
在沙陀命經曰時未可也又曰時之一字最當整理又曰可行之時爾自知之
大哉王言時乘六龍之道知之久矣自出師以來進而不退經有所未解者故
言于真定于曹濮于唐鄧亟言不已未賜開允乃今事急故復進狂言國家自
平金以來惟務進取不遵養時晦老師費財卒無成功三十年矣蒙哥罕立政
當安靜以圖寧謐忽無故大舉進而不退畀王東師則不當亦進也而遽進以
爲有命不敢自逸至于汝南既聞凶訃卽當遣使徧告諸帥各以次退脩好于
宋歸定大事不當復進也而遽進以有師期會于江濱遣使喻宋息兵安民振
旅而歸不當復進也而又進既不宜渡淮又豈宜渡江既不宜妄進又豈宜攻
城若以幾不可失敵不可縱亦既渡江不能中止便當乘虛取鄂分兵四出直
造臨安疾雷不及掩耳則宋亦可圖如其不可知難而退不失爲金兀朮也師

不當進而進江不當渡而渡城不當攻而攻當速退而不退當速進而不進役成遷延盤桓江渚情見勢屈舉天下兵力不能取一城則我竭彼盈又何俟乎且諸軍疾疫已十四五又延引月日冬春之交疫必大作恐欲還不能彼既上流無虞呂文德已并兵拒守知我國疵鬭氣自倍兩淮之兵盡集白鷺江西之兵盡集隆興嶺廣之兵盡集長沙閩越沿海巨船大艦以次而至伺隙而進如遏截於江黃津渡邀遮于大城關口塞漢東之石門限郢復之湖濼則我將安歸無已則突入江浙擣其心腹聞臨安海門已具龍舟則已徒往還抵金山并命求出豈無韓世忠之儔且鄂與漢陽分據大別中挾巨浸號爲活城肉薄骨并而拔之則彼委破壁孤城而去泝流而上則入洞庭保荆襄順流而下則精兵健櫓突過滸黃未易遏也則亦徒費人命我安所得哉區區一城勝之不武不勝則大損威望復何俟乎雖然以王本心不欲渡江既渡江不欲攻城既攻城不欲并命不焚廬舍不傷人民不易其衣冠不毀其墳墓三百里外不使侵掠或勸徑趨臨安曰其民人稠夥若往雖不殺戮亦被踐蹂吾所不忍若天與

我不必殺人若天弗與殺人何益而竟不往諸將歸罪士人謂不可用以不殺
人故不得城曰彼守城者祇一士人賈制置汝十萬衆不能勝殺人數月不能
拔汝輩之罪也豈士人之罪乎益禁殺人翕然一仁上通于天久有歸志不能
遂行耳然今事急不可不斷也宋人方懼大敵自救之師雖則畢集未暇謀我
第吾國內空虛塔察國王與李行省肱髀相依在於背脅西域諸胡窺覘關隴
隔絕旭烈大王病民諸姦各持兩端觀望所立莫不覬覦神器染指垂涎一有
狡焉或啓戎心先人舉事腹背受敵大事去矣且阿里不哥已行赦令令脫里
赤爲斷事官行尚書省據燕都按圖籍號令諸道行皇帝事矣雖大王素有人
望且握重兵獨不見金世宗海陵之事乎若彼果決稱受遺詔便正位號下詔
中原行赦江上欲歸得乎昨奉命與張仲一觀新月城自西南隅萬人敵上可
並行大車排槎串樓締構重複必不可攻祇有許和而歸耳斷然班師亟定大
計銷禍於未然先命勁兵把截江面與宋議和許割淮南漢上梓夔兩路定疆
界歲幣置輜重以輕騎歸渡淮乘驛直造燕都則從天而下彼之姦謀僭志冰

釋瓦解遣一軍逆蒙哥罕靈輿收皇帝璽遣使召旭烈阿里不哥摩哥及諸王駙馬會喪和林差官於汴京京兆成都西涼東平西京北京撫慰安輯召真金太子鎮燕都示以形勢則大寶有歸而社稷安矣會宋守帥賈似道亦遣間使請和迺班師明年世祖卽位以經爲翰林侍讀學士佩金虎符充國信使使宋告卽位且定和議仍勑沿邊諸將毋鈔掠經入辭賜葡萄酒詔曰朕初卽位庶事草創卿當遠行凡可輔朕者亟以聞經奏便宜十六事皆立政大要辭多不載時經有重名平章王文統忌之既行文統陰屬李璮潛師侵宋欲假手害經經至濟南璮以書止經經以璮書聞于朝而行宋敗璮軍于淮安經至宿州遣副使劉仁傑參議高翿請入國日期不報遺書宰相及淮帥李庭芝庭芝復書果疑經而賈似道方以却敵爲功恐經至謀泄竟館經真州經乃上表宋主曰願附魯連之義排難解紛豈知唐儉之徒款兵誤國又數上書宋主及宰執極陳戰和利害且請入見及歸國皆不報驛吏棘垣鑰戶晝夜守邏欲以動經經不屈經待下素嚴又久羈困下多怨者經諭曰嚮受命不進我之罪也一入宋

境死生進退聽其在彼我終不能屈身辱命汝等不幸宜忍以待之我觀宋祚將不久矣居七年從者怒鬬死者數人經獨與六人處別館又九年丞相伯顏奉詔南伐帝遣禮部尚書中都海牙及經弟行樞密院都事郝庸入宋問執行人之罪宋懼遣總管段佑以禮送經歸賈似道之謀既泄尋亦竄死經歸道病帝勅樞密院及尚醫近侍迎勞所過父老瞻望流涕明年夏至闕錫燕大庭咨以政事賞賚有差秋七月卒年五十三官爲護喪還葬諡文忠明年宋平經爲人尚氣節爲學務有用及被留思託言垂後撰續後漢書易春秋外傳太極演原古錄通鑑書法玉衡貞觀等書及文集凡數百卷其文豐蔚豪宕善議論詩多奇崛拘宋十六年從者皆通於學書佐茍宗道後官至國子祭酒經還之歲汴中民射鴈金明池得繫帛書詩云霜落風高恣所如歸期回首是春初上林天子援弓繳窮海纍臣有帛書後題曰至元五年九月一日放鴈獲者勿殺國信大使郝經書于真州忠勇軍營新館其忠誠如此二弟彝庸皆有名彝字仲常隱居以壽終庸字季常終潁州守子采麟亦賢起家知林州仕至山南江北

道肅政廉訪使

元史卷一百五十七

元史卷一百五十八

明翰林學士亞中大夫知制誥兼修國史宋　濂等修

列傳第四十五

姚樞

姚樞字公茂柳城人後遷洛陽少力學內翰宋九嘉識其有王佐略楊惟中乃與之偕覲太宗歲乙未南伐詔樞從惟中卽軍中求儒道釋醫卜者會破棗陽主將將盡坑之樞力辯非詔書意他日何以復命乃蹙數人逃入篁竹中脫死拔德安得名儒趙復始得程頤朱熹之書辛丑賜金符爲燕京行臺郎中時牙魯瓦赤行臺惟事貨賂以樞幕長分及之樞一切拒絕因棄官去攜家來輝州作家廟別爲室奉孔子及宋儒周惇頤等象刊諸經惠學者讀書鳴琴若將終身時許衡在魏至輝就錄程朱所註書以歸謂其徒曰曩所授皆非今始聞進學之序既而盡室依樞以居世祖在潛邸遣趙璧召樞至大喜待以客禮詢及治道乃爲書數千言首陳二帝三王之道以治國平天下之大經彙爲八目

曰脩身力學尊賢親親畏天愛民好善遠佞次及救時之弊爲條三十曰立省部則庶政出一綱舉紀張令不行於朝而變於夕辟才行舉逸遺慎銓選汰職員則不專世爵而人才出班俸祿則贓穢塞而公道開定法律審刑獄則收生殺之權于朝諸侯不得而專丘山之罪不致苟免毫髮之過免罹極法而冤抑有伸設監司明黜陟則善良姦窳可得而舉刺閣徵斂則部族不橫於誅求閣驛傳則州郡不困於需索脩學校崇經術旌節孝以爲育人才厚風俗美教化之基使士不媮於文華重農桑寬賦稅省徭役禁游惰則民力紓不趨於浮僞且免習工技者歲加富溢勤耕織者日就飢寒肅軍政使田里不知行營鬨之擾攘周匱乏恤鰥寡使顛連無告者有養布屯田以實邊戍通漕運以廩京都停債負則賈胡不得以子爲母破稱貸之家廣儲畜復常平以待凶荒立平準以權物估卻利便以塞倖塗杜告訐以絕訟原各疏弛張之方其下本末兼該細大不遺世祖奇其才動必召問且使授世子經憲宗即位詔凡軍民在赤老溫山南者聽世祖總之世祖既奉詔宴羣下罷酒將出遣人止樞問曰頃者

諸臣皆賀汝獨默然何耶對曰今天下土地之廣人民之殷財賦之阜有加漢地者乎軍民吾盡有之天子何爲異時廷臣間之必悔而見奪不若惟持兵權供億之需取之有司則勢順理安世祖曰慮所不及者乃以聞憲宗從之樞又請置屯田經略司於汴以圖宋置都運司于衞轉粟于河憲宗大封同姓敕世祖於南京關中自擇其一樞曰南京河徙無常土薄水淺舃鹵生之不若關中厥田上上古名天府陸海於是世祖願有關中壬子夏從世祖征大理至曲先腦兒之地夜宴樞陳宋太祖遣曹彬取南唐不殺一人市不易肆事明日世祖據鞍呼曰汝昨夕言曹彬不殺者吾能爲之吾能爲之樞馬上賀曰聖人之心仁明如此生民之幸有國之福也明年師及大理城飭樞裂帛爲旗書止殺之令分號街陌由是民得相完保丙辰樞入見或讒王府得中土心憲宗遣阿藍答兒大爲鉤考置局關中以百四十二條推集經略宣撫官吏下及征商無遺曰俟終局日入此罪者惟劉黑馬史天澤以聞餘悉誅之世祖聞之不樂樞曰帝君也兄也大王爲皇弟臣也事難與較遠將受禍莫若盡王邸妃主自歸朝

廷爲久居謀疑將自釋及世祖見憲宗皆泣下竟不令有所白而止因罷鉤考
局世祖卽位立十道宣撫使以樞使東平旣至郡置勸農檢察二人以監之推
物力以均賦役罷鐵官二年拜太子太師樞曰皇太子未立安可先有太師以
所受制還中書事見許衡傳改大司農樞奏曰在太宗世詔孔子五十一代孫
元措仍襲封衍聖公卒其子與族人爭求襲爵訟之潛藩帝時曰第往力學俟
有成德達才我則官之又曲阜有太常雅樂憲宗命東平守臣輦其歌工舞郎
與樂色俎豆至日月山帝親臨觀飭東平守臣員闕充補無輟肄習且陛下閔
聖賢之後詩書不通與凡庶等旣命洛士楊庸選孔顏孟三族諸孫俊秀者教
之乞眞授庸教官以成國家育材待聘風動四方之美王鏞鍊習故實宜令提
舉禮樂使不致崩壞皆從之詔赴中書議事及講定條格且勉諭曰姚樞辭避
台司朕甚嘉焉省中庶務須賴一二老成同心圖贊其與尙書劉肅往盡乃心
其尙無隱及脩條格成與丞相史天澤奏之帝深嘉納李璮謀叛帝問卿料何
如對曰使璮乘吾北征之釁瀕海擣燕閉關居庸惶駭人心爲上策與宋連和

負固持久數擾邊使吾罷於奔救爲中策如出兵濟南待山東諸侯應援此成擒耳帝曰今賊將安出對曰出下策初帝嘗論天下人材及王文統樞曰此人學術不純以游說干諸侯他日必反至是文統果因璮伏誅四年拜中書左丞奏罷世侯置牧守或言中書政事大壞帝怒大臣罪且不測者樞上言太祖開創跨越前古施治未遑自後數朝官盛刑濫民困財殫陛下天資仁聖自昔在潛聽聖典訪老成日講治道如邢州河南陝西皆不治之甚者爲置安撫經略宣撫三使司其法選人以居職頒俸以養廉去污濫以清政勸農桑以富民不及三年號稱大治諸路之民望陛下之拯己如赤子之求母先帝陟遐國難並興天開聖人纘承大統卽用歷代遺制內立省部外設監司自中統至今五六年間外侮內叛繼繼不絕然能使官離債負民安賦役府庫粗實倉廩粗完鈔法粗行國用粗足官吏遷轉政事更新皆陛下克保祖宗之基信用先王之法所致今創始治道正宜上答天心下結民心睦親族以固本建儲副以重祚定大臣以當國開經筵以格心脩邊備以防虞蓄糧餉以待歉立學校以育才勸

農桑以厚生是可以光先烈成帝德遺子孫流遠譽以陛下才略行此有餘邇者伏聞聰聽日煩朝廷政令日改月異如木始栽而復移屋既架而復毀遠近臣民不勝戰懼惟恐大本一廢遠業難成爲陛下之後憂國家之重害帝怒爲釋十年拜昭文館大學士詳定禮儀事其年襄陽下遂議取宋樞奏如求大將非右丞相安童知樞密院伯顏不可十一年樞言陛下降不殺人之詔伯顏濟江兵不踰時西起蜀川東薄海隅降城三十戸踰百萬自古平南未有如此之神捷者今自夏徂秋一城不降皆由軍官不思國之大計不體陛下之深仁利財剽殺所致揚州焦山淮安人殊死戰我雖克勝所傷亦多宋之不能爲國審矣而臨安未肯輕下好生惡死人之常情蓋不敢也惟懼吾招徠止殺之信不堅耳宜申止殺之詔使賞罰必立恩信必行聖慮不勞軍力不費矣又請禁宋鞭背黥面及諸濫刑十三年拜翰林學士承旨十七年卒年七十八謚曰文獻樞天質含弘而仁恕恭敏而儉勤未嘗疑人欺己有負其德亦不留怨憂患之來不見言色有來卽謀必反復告之子煒仕爲平章政事從子燧官至翰林學

士承旨以文章大家知名卒謚曰文

許衡

許衡字仲平懷之河内人也世爲農父通避地河南以泰和九年九月生衡於新鄭縣幼有異質七歲入學授章句問其師曰讀書何爲師曰取科第耳曰如斯而已乎師大奇之每授書又能問其旨義久之師謂其父母曰兒穎悟不凡他日必有大過人者吾非其師也遂辭去父母强之不能止如是者凡更三師稍長嗜學如飢渴然遭世亂且貧無書嘗從日者家見書疏義因請寓宿手抄歸既逃難岨崍山始得易王輔嗣說時兵亂中衡夜思晝誦身體而力踐之言動必揆諸義而後發嘗暑中過河陽暍甚道有梨衆爭取啖之衡獨危坐樹下自若或問之曰非其有而取之不可也人曰世亂此無主曰梨無主吾心獨無主乎轉魯留魏人見其有德稍稍從之居三年聞亂且定乃還懷往來河洛間從柳城姚樞得伊洛程氏及新安朱氏書益大有得尋居蘇門與樞及竇默相講習凡經傳子史禮樂名物星曆兵刑食貨水利之類無所不講而慨然以道

爲己任嘗語人曰綱常不可一日而亡於天下茍在上者無以任之則在下之任也凡喪祭娶嫁必徵於禮以倡其鄉人學者寖盛家貧躬耕粟熟則食粟不熟則食糠覈菜茹處之泰然謳誦之聲聞戶外如金石財有餘卽以分諸族人及諸生之貧者人有所遺一毫弗義弗受也樞嘗被召入京師以其雪齋居衡命守者館之衡拒不受也有果熟爛墮地童子過之亦不睨視而去其家人化之如此甲寅世祖出王秦中以姚樞爲勸農使教民畊植又思所以化秦人乃召衡爲京兆提學秦人新脫於兵欲學無師聞衡來人人莫不喜幸來學郡縣皆建學校民大化之世祖南征乃還懷學者攀留之不得從送之臨潼而歸中統元年世祖卽皇帝位召至京師時王文統以言利進爲平章政事衡樞輩入侍言治亂休戚必以義爲本文統患之且竇默日於帝前排其學術疑衡與之爲表裏乃奏以樞爲太子太師默爲太子太傅衡爲太子太保陽爲尊用之實不使數侍上也默以屢攻文統不中欲因東宮以避禍與樞拜命將入謝衡曰此不安於義也姑勿論禮師傅與太子位東西鄉師傅坐太子乃坐公等度能

復此乎不能則師道自我廢也樞以爲然乃相與懷制立殿下五辭乃免改命
樞大司農默翰林侍講學士衡國子祭酒未幾衡亦謝病歸至元二年帝以安
童爲右丞相欲衡輔之復召至京師命議事中書省衡乃上疏曰臣性識愚陋
學術荒疎不意虛名偶塵聖聽陛下好賢樂善舍短取長雖以臣之不才自甲
寅至今十有三年凡八被詔旨中懷自念何以報塞又日者面奉德音叮嚀懇
至中書大務容臣盡言臣雖昏愚荷陛下知待如此其厚敢不罄竭所有裨益
萬分孟子以責難於君謂之恭陳善閉邪謂之敬孔子謂以道事君不可則止
臣之所守大意蓋如此也伏望陛下寬其不佞察其至懷則區區之愚亦或有
小補云其一曰自古立國皆有規模循而行之則治功可期否則心疑目眩變
易分更未見其可也昔子產相衰周之列國孔明治西蜀之一隅且有定論終
身由之而堂堂天下可無一定之說而妄爲之哉考之前代北方之有中夏者
必行漢法乃可長久故後魏遼金歷年最多他不能者皆亂亡相繼史冊具載
照然可考使國家而居朔漠則無事論此也今日之治非此奚宜夫陸行宜車

水行宜舟反之則不能行幽燕食寒蜀漢食熱反之則必有變以是論之國家之當行漢法無疑也然萬世國俗累朝勳舊一旦驅之下從臣僕之謀改就亡國之俗其勢有甚難者切嘗思之寒之與暑固爲不同然寒之變暑也始於微温温而熱熱而暑積百有八十二日而寒始盡暑之變寒其勢亦然是亦積之之驗也苟能漸之摩之待以歲月心堅而確事易而常未有不可變者此在陛下尊信而堅守之不雜小人不責近效不恤流言則致治之功庶幾可成矣二曰中書之務不勝其煩然其大要在用人立法二者而已矣近而譬之髮之在首不以手理而以櫛理食之在器不以手取而以匕取手雖不能而用櫛與匕是卽手之爲也上之用人何以異此然人之賢否未知其詳固不可得而遽用也然或已知其孰爲君子孰爲小人而復患得患失莫敢進退徒曰知人而實不能用人亦何益哉人莫不飲食也獨膳夫爲能調五味之和莫不睹日月也獨星官爲能步虧食之數者誠以得其法故也古人有言曰爲高必因丘陵爲下必因川澤爲政必因先王之道今里巷之談動以古爲詬戲不知今日口之

所食身之所衣皆古人遺法而不可違者豈天下之大國家之重而古之成法反可違邪其亦弗思甚矣夫治人者法也守法者人也人法相維上安下順而宰執優游於廊廟之上不煩不勞此所謂省也夫立法用人今雖未能遽如古昔然已任者當給俸以養其廉未仕者當寬立條格俾就敘用則失職之怨少可舒矣外設監司以察污濫內專吏部以定資歷則非分之求漸可息矣再任三任抑高舉下則人才爵位略可平矣至於貴家之世襲品官之任子版籍之數續當議之亦不可緩也其三曰民生有欲無主乃亂上天眷命作之君師此蓋以至難任之非予之可安之地而娛之也是以堯舜以來聖帝明王莫不兢兢業業小心畏慎者誠知天之所畀至難之任初不可以易心處之也知其爲難而以難處則難或可爲不知爲難而以易處則他日之難有不可爲者矣孔子曰爲君難爲臣不易爲臣之道臣已告之安童矣至爲君之難尤陛下所當專意也臣請言其切而要者夫人君不患出言之難而患踐言之難知踐言之難則其出言不容不慎矣昔劉安世行一不妄語七年而後成夫安世一士人

也所交者一家之親一鄉之衆也同列之臣不過數十百人而止耳而言猶若此況天下之大兆民之衆事有萬變日有萬機人君以一身一心而酬酢之欲言之無失豈易能哉故有昔之所言而今日忘之者今之所命而後日自違者可否異同紛更變易紀綱不得布法度不得立臣下無所持循奸人因以爲弊天下之人疑惑驚眩且議其無法無信一至於此也此無他至難之地不以難處而以易處故也苟從大學之道以脩身爲本凡一言一行必求其然與其所當然不牽於愛不蔽於憎不因於喜不激於怒虛心端意熟思而審處之雖有不中者蓋鮮矣奈何爲人上者多樂舒肆爲人臣者多事容悅容悅本爲私也私心盛則不畏人矣舒肆本爲欲也欲心盛則不畏天矣以不畏天之心與不畏人之心感合無閒則其所務者皆快心事耳快心則口欲言而言身欲動而動又安肯兢兢業業以脩身爲本一言一動熟思而審處之乎此人君踐言之難而又難於天下之人也人之情僞有易有險險者難知易者易知此特係夫人之險易者然也然又有衆寡之分焉寡則易知衆則難知故在上者難於知

下而在下者易於知上其勢然也處難知之地御難知之人欲其不見欺也難矣昔包拯剛嚴峭直號爲明察然一小吏而能欺之夫拯一京尹耳其見欺於人不過誤一事害一人而已人君處億兆之上操予奪進退賞罰生殺之權不幸見欺則以非爲是以是爲非其害有不可勝旣也人君惟無喜怒也有喜怒則贊其喜以市恩鼓其怒以張勢人君惟無愛憎也有愛憎則假其愛以濟私藉其憎以復怨甚至本無喜也誑之使喜本無怒也激之使怒本不足愛也而誑譽之使愛本無可憎也而強短之使憎若是則進者未必爲君子退者未必爲小人予者未必爲有功奪者未必爲有罪以至賞之罰之生之殺之鮮有得其正者人君不悟其受欺也而反任之以防天下之欺欺而至此尚可防邪大抵人君以知人爲貴以用人爲急用得其人則無事於防矣旣不出此則所近者爭進之人耳好利之人耳無恥之人耳彼挾其詐術千蹊萬徑以蠱君心欲防其欺雖堯舜不能也夫賢者以公爲心以愛爲心不爲利回不爲勢屈寘之周行則庶事得其正天下被其澤其於人國重固如此也夫賢者遭時不偶務

自韜晦世固未易知也雖或知之而無所援引則人君無由知也人君知之然召之命之汎如廝養賢者有不屑也雖或接之以貌待之以禮然而言不見用賢者不處也或用其言也而復使小人參之責小利期近效有用賢之名無用賢之實賢者亦豈肯尸位素餐以取譏於天下哉此特難進者也而又有難合者焉人君處崇高之地大抵樂聞人過而不樂於聞己之過務快己之心而不務快民之心賢者必欲匡而正之扶而安之如堯舜之正堯舜之安而後已故其勢恆難合況夫奸邪佞倖醜正而惡直肆爲詆毀多方以陷之將見罪戾之不免又可望其庶事得其正而天下被其澤邪自古及今端人雅士所以重於進而輕於退者蓋以此耳大禹聖人聞善卽拜益猶戒之以任賢勿貳去邪勿疑後世人主宜如何也此任賢之難也奸邪之人其爲心也險其用術也巧惟險也故千態萬狀而人莫能知惟巧也故千蹊萬徑而人莫能禦其諂似恭其訐似直其欺似可信其佞似可近務以窺人君之喜怒而迎合之竊其勢以立己之威濟其欲以結主之愛愛隆於上威擅於下大臣不敢議近親不敢言毒

被天下而上莫之知至是而求去之亦已難矣雖然此特人主之不悟者也猶有說焉如宇文士及之佞太宗灼見其情而不能斥李林甫妬賢嫉能明皇洞見其奸而不能退邪之惑人有如此者可不畏哉夫上以誠愛下則下以忠報上感應之理然也然考之往昔有不可以常情論者禹抑洪水以救民啓又能敬承繼禹之道其澤深矣然一傳而太康失道則萬姓仇怨而去者何邪漢高帝起布衣天下影從滎陽之難紀信至捐生以赴急則人心之歸可見矣及天下已定而沙中有謀反者又何邪竊嘗思之民之戴君本於天命初無不順之心特由使之失望使之不平然後怨怒生焉禹啓愛民如赤子而太康逸豫以滅德是以失望漢高以寬仁得天下及其已定乃以愛憎行誅賞是以不平古今人君凡有恩澤於民而民怨且怒者皆類此也夫人君有位之初既出美言而告天下矣既而實不能副故怨生焉等人臣耳無大相遠人君特以己之私而厚一人則其薄者已疾之矣況於薄有功而厚有罪人得不怒於心邪必如古者大學之道以脩身爲本一言一動舉可以爲天下之法一賞一罰舉可以

合天下之公則億兆之心將不求而自得又豈有失望不平之累哉三代而下稱盛治者無如漢之文景然考之當時天象數變山崩地震未易遽數是將小則有水旱之災大則有亂亡之應非徒然而已也而文景克承天心一以養民爲務今年勸農桑明年減田租懇愛如此宜其民心得而和氣應也臣竊見前年秋孛出西方彗出東方去年冬彗見東方復見西方議者謂當除舊布新以應天變臣以爲曷若直法文景之恭儉愛民爲理明義正而可信也天之樹君本爲下民故孟子謂民爲重君爲輕書亦曰天視自我民視天聽自我民聽以是論之則天之道恆在於下恆在於不足也君人者不求之下而求之高不求之不足而求之有餘斯其所以召天變也其變已生其象已著乖戾之幾已萌猶且因仍故習抑其下而損其不足謂之順天不亦難乎此六者皆難之目也舉其要則脩德用賢愛民三者而已此謂治本本立則紀綱可布法度可行治功可必否則愛惡相攻善惡交病生民不免於水火以是求治萬不能也其四曰語古之聖君必曰堯舜語古之賢相必曰稷契蓋堯舜能知天道而順承之

稷契又知堯舜之心而輔贊之此所以爲法於天下可傳於後世也夫天道好生而不私堯與舜亦好生而不私若克明俊德至於黎民於變敬授人時至於庶績咸熙此順承天道之實也稷播百穀以厚民生契敷五教以善民心此輔贊堯舜之實也臣嘗復熟推衍思之又思參之往古聖賢之言無不同驗之歷代治亂之迹無不合蓋此道之行民可使富兵可使強人才可使盛國勢可使重夙夜念之至熟也今國家徒知斂財之巧而不知生財之由徒知防人之欺而不欲養人之善徒患法令之難行而不患法令無可行之地誠能優重農民勿擾勿害毆游惰之人而歸之南畝課之種藝懇喻而督行之十年之後倉府之積當非今日之比矣自都邑而至州縣皆設學校使皇子以下至於庶人之子弟皆入於學以明父子君臣之大倫自洒掃應對以至平天下之要道十年已後上知所以御下下知所以事上上下和睦又非今日之比矣二者之行萬目斯舉否則他皆不可期也是道也堯舜之道也孟子曰我非堯舜之道不敢以陳於王前臣愚區區竊亦願學也其五曰天下所以定者民志定則士安於

士農安於農工商安於爲工商則在上之人有可安之理矣夫民不安於自屋必求祿仕仕不安於卑位必求尊榮四方萬里輻輳並進各懷無厭無恥之心在上之人可不爲寒心哉臣聞取天下者尙勇敢守天下者尙退讓取也守也各有其宜君人者不可不審也夫審而後發發無不中否則觸事而遽喜怒之色見於貌言出於口人皆知之徐考其故知其無可喜者則必悔其喜之失無可怒者則必悔其怒之失甚至先喜而後怒先怒而後喜號令數變喜怒不節之故也是以先王潛心恭默不易喜怒其未發也雖至近莫能知其發也雖至親莫能移是以號令簡而無悔則無不中節矣夫數變不可也數失信尤不可也周幽無道故不恤此今無此何苦使人之不信也書奏帝嘉納之衡自見帝多奏陳及退皆削其草故其言多祕世罕得聞所傳者特此耳衡多病帝聽五日一至省時賜尙方名藥美酒以調養之四年乃聽其歸懷五年復召還奏對亦祕六年命與太常卿徐世隆定朝儀儀成帝臨觀甚悅又詔與太保劉秉忠左丞張文謙定官制衡歷考古今分併統屬之序去其權攝增置冗長側置者

凡省部院臺郡縣與夫后妃儲藩百司所聯屬統制定爲圖七年奏上之翌日使集公卿雜議中書院臺行移之體衡曰中書佐天子總國政院臺宜具呈時商挺在樞密高鳴在臺皆不樂欲定爲咨稟因大言以動衡曰臺院皆宗親大臣若一忤禍不可測衡曰吾論國制耳何與於人遂以其言質帝前帝曰衡言是也吾意亦若是未幾阿合馬爲中書平章政事領尚書省六部事因擅權勢傾朝野一時大臣多阿之衡每與之議必正言不少讓已而其子又有僉樞密院之命衡獨執議曰國家事權兵民財三者而已今其父典民與財子又典兵不可帝曰卿慮其反邪衡對曰彼雖不反此反道也阿合馬由是銜之亟薦衡宜在中書欲因以事中之俄除左丞衡屢入辭免帝命左右掖衡出衡出及閾還奏曰陛下命臣出豈出省邪帝笑曰出殿門耳從幸上京乃論列阿合馬專權罔上蠹政害民若干事不報因謝病請解機務帝惻然召其子師可入諭旨且命舉自代者衡奏曰用人天子之大柄也臣下汎論其賢否則可若授之以位則當斷自宸衷不可使臣下有市恩之漸也帝久欲開太學會衡請罷益力

乃從其請八年以爲集賢大學士兼國子祭酒親爲擇蒙古弟子俾教之衡聞命喜曰此吾事也國人子太朴未散視聽專一若置之善類中涵養數年將必爲國用乃請徵其弟子王梓劉季偉韓思永耶律有尚呂端善姚燧高凝白棟蘇郁姚燉孫安劉安中十二人爲伴讀詔驛召之來京師分處各齋以爲齋長時所選弟子皆幼稚衡待之如成人愛之如子出入進退其嚴若君臣其爲教因覺以明善因明以開蔽相其動息以爲張弛課誦少暇卽習禮或習書算少者則令習拜跪揖讓進退應對或射或投壺負者罰讀書若干遍久之諸生人人自得尊師敬業下至童子亦知三綱五常爲生人之道十年權臣屢毀漢法諸生廩食或不繼衡請還懷帝以問翰林學士王磐磐對曰衡教人有法諸生行可從政此國之大體宜勿聽其去帝命諸老臣議其去留竇默爲衡懇請之乃聽衡還以贊善王恂攝學事劉秉忠等奏乞以衡弟子耶律有尚蘇郁白棟爲助教以守衡規矩從之國家自得中原用金大明曆自大定是正後六七十年氣朔加時漸差帝以海宇混一宜協時正日十三年詔王恂定新曆恂以爲

曆家知曆數而不知曆理宜得衡領之乃以集賢大學士兼國子祭酒教領太史院事召至京衡以爲冬至者曆之本而求曆本者在驗氣今所用宋舊儀自汴還至京師已自乖舛加之歲久規環不叶乃與太史令郭守敬等新製儀象圭表自丙子之冬日測晷景得丁丑戊寅己卯三年冬至加時減大明曆十九刻二十分又增損古歲餘歲差法上考春秋以來冬至無不盡合以月食衝及金木二星距驗冬至日躔校舊曆退七十六分以日轉遲疾中平行度驗月離宿度加舊曆三十刻以綫代管闚測赤道宿度以四正定氣立損益限以定日之盈縮分二十八限爲三百三十六以定月之遲疾以赤道變九道定月行以遲疾轉定度分定朔而不用平行度以日月實合時刻定晦而不用虛進法以躔離朓朒定交食其法視古皆密而又悉去諸曆積年日月法之傳會者一本天道自然之數可以施之永久而無弊自餘正訛完闕蓋非一事十七年曆成奏上之賜名曰授時曆頒之天下六月以疾請還懷皇太子爲請於帝以子師可爲懷孟路總管以養之且使東宮官來諭衡曰公毋以道不行爲憂也公安

則道行有時矣其善藥自愛十八年衡病革家人祠衡曰吾一日未死寧不有事於祖考扶而起奠獻如儀既撤家人餕怡怡如也已而卒年七十三是日大雷電風拔木懷人無貴賤少長皆哭於門四方學士聞訃皆聚哭有數千里來祭哭墓下者衡善教其言煦煦雖與童子語如恐傷之故所至無貴賤賢不肖皆樂從之隨其才昏明大小皆有所得可以爲世用所去人皆哭泣不忍舍服念其教如金科玉條終身不敢忘或未嘗及門傳其緒餘而折節力行爲名世者往往有之聽其言雖武人俗士異端之徒無不感悟者丞相安童一見衡語同列曰若輩自謂不相上下蓋十百與千萬也翰林承旨王磐氣槩一世少所與可獨見衡曰先生神明也大德二年贈榮祿大夫司徒謚文正至大二年加正學垂憲佐運功臣太傅開府儀同三司封魏國公皇慶二年詔從祀孔子廟廷延祐初又詔立書院京兆以祀衡給田奉祠事名魯齋書院魯衡居魏時所署齋名也子師可

竇默 李俊民附

竇默字子聲初名傑字漢卿廣平肥鄉人幼知讀書毅然有立志族祖旺爲郡功曹令習吏事不肯就會國兵伐金默爲所俘同時被俘者三十人皆見殺惟默得脫歸其鄉家破母獨存驚怖之餘母子俱得疾母竟亡扶病藁葬而大兵復至遂南走渡河依母黨吳氏醫者王翁妻以女使業醫轉客蔡州遇名醫李浩授以銅人針法金主遷蔡默恐兵且至又走德安孝感令謝憲子以伊洛性理之書授之默自以爲昔未嘗學而學自此始適中書楊惟中奉旨招集儒道釋之士默乃北歸隱於大名與姚樞許衡朝暮講習至忘寢食繼還肥鄉以經術教授由是知名世祖在潛邸遣召之默變姓名以自晦使者俾其友人往見而微服踵其後默不得已乃拜命既至問以治道默首以三綱五常爲對世祖曰人道之端孰大於此失此則無以立於世矣默又言帝王之道在誠意正心心既正則朝廷遠近莫敢不一於正一日凡三召與語奏對皆稱旨自是敬待加禮不令暫去左右世祖問今之明治道者默薦姚樞卽召用之俄命皇子真金從默學賜以玉帶鉤諭之曰此金內府故物汝老人佩服爲宜且使我子見

之如見我也久之請南還命大名順德各給田宅有司歲具衣物以爲常世祖
卽位召至上都問曰朕欲求如唐魏徵者有其人乎默對曰犯顏諫諍剛毅不
屈則許衡其人也深識遠慮有宰相才則史天澤其人也天澤時宣撫河南帝
卽召拜右丞相以默爲翰林侍講學士時初建中書省平章政事王文統頗見
委任默上書曰臣事陛下十有餘年數承顧問與聞聖訓有以見陛下急於求
治未嘗不以利生民安社稷爲心時先帝在上姦臣擅權總天下財賦操執在
手貢進奇貨衒耀紛華以娛悅上心其扇結朋黨離間骨肉者皆此徒也此徒
當路陛下所以不能盡其初心救世一念涵養有年矣今天順人應誕登大寶
天下生民莫不懽忻踴躍引領盛治然平治天下必用正人端士脣吻小人一
時功利之說必不能定立國家基本爲子孫久遠之計其賣利獻勤乞憐取寵
者使不得行其志斯可矣若夫鈎距揣摩以利害驚動人主之意者無他意在
擯斥諸賢獨執政柄耳此蘇張之流也惟陛下察之伏望別選公明有道之士
授以重任則天下幸甚他日默與王鶚姚樞俱在帝前復面斥文統曰此人學

術不正久居相位必禍天下帝曰然則誰可相者默曰以臣觀之無如許衡帝不悅而罷文統深忌之乃請以默爲太子太傅默辭曰太子位號未正臣不敢先受太傅之名乃復以爲翰林侍講學士詳見許衡傳默俄謝病歸未幾文統伏誅帝追憶其言謂近臣曰曩言王文統不可用者惟竇漢卿一人向使更有一二人言之朕寧不之思耶召還賜第京師命有司月給廩祿國有大政輒以訪之默與王磐等請分置翰林院專掌蒙古文字以翰林學士承旨撒的迷底里主之其翰林兼國史院仍舊纂修國史典制誥備顧問以翰林學士承旨兼修起居注和禮霍孫主之帝可其奏默又言三代所以風俗淳厚歷數長久者皆設學養士所致今宜建學立師博選貴族子弟教之以示風化之本帝嘉納之默嘗與劉秉忠姚樞劉肅商挺侍上前默言君有過舉臣當直言都俞吁咈古之所尚今則不然君曰可臣亦以爲可君曰否臣亦以爲否非善政也明日復侍帝於幄殿獵者失一鶻帝怒侍臣或從旁大聲謂宜加罪帝惡其迎合命杖之釋獵者不問既退秉忠等賀默曰非公誠結主知安得感悟至此至元十

二年默年八十公卿皆往賀帝聞之拱手曰此輩賢者安得請於上帝減去數
年留朕左右共治天下惜今老矣悵然者久之默既老不視事帝數遣中使以
珍玩及諸器物往存問焉十七年加昭文館大學士卒年八十五訃聞帝深爲
嗟悼厚加贈賜皇太子亦賻以鈔二千貫命有司護送歸葬肥鄉默爲人樂易
平居未嘗評品人物與人居溫然儒者也至論國家大計面折廷諍人謂汲黯
無以過之帝嘗謂侍臣曰朕求賢三十年惟得竇漢卿及李俊民二人又曰如
竇漢卿之心姚公茂之才合而爲一斯可謂全人矣後累贈太師封魏國公諡
文正子履集賢大學士
李俊民字用章澤州人得河南程氏傳受之學金承安中舉進士第一應奉翰
林文字未幾棄官不仕以所學教授鄉里從之者甚盛至有不遠千里而來者
金源南遷隱於嵩山後徙懷州俄復隱於西山既而變起倉猝人服其先知俊
民在河南時隱士荊先生者授以邵雍皇極數時之知數者無出劉秉忠之右
亦自以爲弗及先世祖在潛藩以安車召之延訪無虛日遽乞還山世祖重違

其意遣中貴人護送之又嘗令張仲一問以禎祥及即位其言皆驗而後民已

死賜謚莊靜先生

元史卷一百五十八

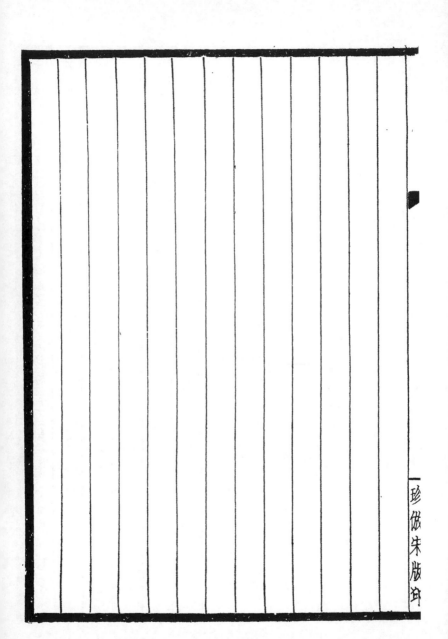

元史卷一百五十八考證

竇默傳醫者王翁妻以女○臣宗萬按通鑑王翁作李浩

元史卷一百五十八考證

珍做宋版邟

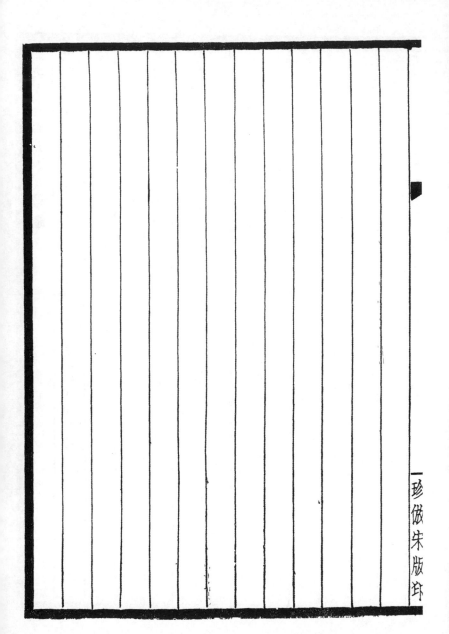

明翰林學士亞中大夫知制誥兼修國史宋　濂等修

列傳第四十六

宋子貞

宋子貞字周臣潞州長子人也性敏悟好學工詞賦弱冠領薦書試禮部與族兄知柔同補太學生俱有名於時人以大小宋稱之金末潞州亂子貞走趙魏間宋將彭義斌守大名辟爲安撫司計議官義斌歿子貞率衆歸東平行臺嚴實實素聞其名招置幕府用爲詳議官兼提舉學校先是實每令人請事于朝託近侍奏決不經中書因與丞相耶律楚材有違言子貞至勸實致禮丞相通殷懃凡奏請必先咨稟丞相喜自是交懽無間實因此益委信子貞太宗四年實戍黄陵金人悉力來攻與戰不利敵勢頗張曹濮以南皆震有自敵中逃歸者言今兵且大至人情恟懼子貞請於實斬揚言者首以令諸城境內乃安汴梁既下飢民北徙餓殍盈道子貞多方賑救全活者萬餘人金士之流寓者悉

引見周給且薦用之拔名儒張特立劉肅李昶輩於羈旅與之同列四方之士聞風而至故東平一時人材多於他鎭七年太宗命子貞爲行臺右司郎中中原略定事多草創行臺所統五十餘城州縣之官或擢自將校或起由民伍率昧於從政甚者專以掊克聚斂爲能官吏相與爲貪私以病民子貞倣前代觀察采訪之制命官分三道糾察官吏立爲程式與爲期會黜貪墮獎廉勤官府始有紀綱民得蘇息東平將校占民爲部曲戶謂之脚寨擅其賦役幾四百所子貞請罷歸州縣實初難之子貞力言乃聽人以爲便實卒子忠濟襲爵尤敬子貞請于朝授參議東平路事兼提舉太常禮樂子貞作新廟學延前進士康曄王磐爲教官招致生徒幾百人出粟贍之俾習經藝每季程試必親臨之齊魯儒風爲之一變歲己未世祖南伐召子貞至濮問以方略對曰本朝威武有餘仁德未洽所以拒命者特畏死爾若投降者不殺脅從者勿治則宋之郡邑可傳檄而定也世祖善其言中統元年授益都路宣撫使未幾入覲拜右三部尙書時新立省部典章制度多子貞裁定李璮叛據濟南詔子貞參議軍前行

中書省事子貞單騎至濟南觀壇形勢因說丞相史天澤曰壇擁衆東來坐守孤城宜增築外城防其奔突彼糧盡援絕不攻自破矣議與天澤合遂擒壇子貞還上書陳便宜十事大略謂官爵人主之柄選法宜盡歸吏部律令國之紀綱宜早刊定監司總統一路用非其材不厭人望乞選公廉有才德者爲之今州縣官相傳以世非法賦斂民窮無告宜遷轉以革其弊又請建國學教胄子敕州郡提學課試諸生三年一貢舉有旨命中書次第施行之至元二年始罷州縣官世襲遣子貞與左丞相耶律鑄行山東遷調所部官還授翰林學士參議中書省事奏請班俸祿定職田從之俄拜中書平章政事復陳時務之切要者十二策帝頗悔用子貞晚未幾以年老求退帝曰卿氣力未衰勉爲朕留措置大事俟百司差有條理聽卿自便三年十一月懇辭乃得請特敕中書凡有大事即其家訪問子貞私居每聞朝廷事不便必封疏上奏愛君憂國不以進退異其心卒年八十一始病家人進醫藥却之曰死生有命吾年踰八十何以藥爲病危諸子請遺言子貞曰吾平昔教汝者不少今尚何言耶子澍字齊彥

有才名官至集賢學士

商挺

商挺字孟卿曹州濟陰人其先本姓殷氏避宋諱改焉父衡僉陝西行省員外郎以戰死挺年二十四汴京破北走依冠氏趙天錫與元好問楊奐遊東平嚴實聘爲諸子師實卒子忠濟嗣辟挺爲經歷出爲曹州判官未幾復爲經歷贊忠濟興學養士癸丑世祖在潛邸受京兆分地聞挺名遣使徵至鹽州入對稱旨字而不名閒陪宴語因曰挺來時李璮城朐山東平當餽米萬石東平至朐山率十石致一石且車淖于兩必後期後期罪死請輸沂州使璮軍取食便世祖曰愛民如此忍不卿從楊惟中宣撫關中挺爲郎中兵火之餘八州十二縣戶不滿萬皆驚憂無聊挺佐惟中進賢良黜貪暴明尊卑出淹滯定規程立簿責印楮幣頒俸祿務農薄稅通其有無期月民乃安誅一大猾羣吏咸懼且請減關中常賦之半明年惟中罷廉希憲來代陞挺爲宣撫副使丙辰徵京兆軍需布萬疋米三千石帛三千段械器稱是輸平涼軍期迫甚郡人大恐挺曰他

易集也運米千里妨我蠶麥鄜長王姓者平涼人也挺召與謀對曰不煩官運僕家有積粟請以代輸挺大悅截價與之他輸亦如期復命兼治懷孟境內大治丁巳憲宗命阿藍答兒會討河南陝右戊午罷宣撫司挺還東平憲宗親征蜀世祖將趨鄂漢軍于小濮召問軍事挺對曰蜀道險遠萬乘豈宜輕動世祖默然久之曰卿言正契吾心憲宗崩世祖北還道遣張文謙與挺計事挺曰軍中當嚴符信以防姦詐文謙急追及言之世祖大悟罵曰無一人爲我言此非商孟卿幾敗大計速遣使至軍立約未幾阿里不哥之使至軍中執而斬之召挺北上至開平挺與廉希憲密贊大計世祖既即位挺奏曰南師宜還扈乘輿西師宜軍便地從之以廉希憲及挺宣撫陝蜀中統元年夏五月至京兆哈剌不花者征蜀時名將也渾都海嘗爲之副時駐六盤山以兵應阿里不哥挺謂希憲曰爲六盤有三策悉銳而東直擣京兆上策也聚兵六盤觀釁而動中策也重裝北歸以應和林下策也希憲曰彼將何從挺曰必出下策已而果然於是與希憲定議令八春汪良臣發兵禦之事具希憲傳六盤之兵既北而阿藍

答兒自和林引兵南來與哈剌不花渾都海遇於甘州哈剌不花以語不合引
其兵北去阿藍答兒遂與渾都海合軍而南時諸王合丹率騎兵與八春汪良
臣兵合乃分爲三道以拒之既陣大風吹沙良臣令軍士下馬以短兵突其左
繞出陣後潰其右而出八春直擣其前合丹勒精騎邀其歸路大戰于甘州東
殺阿藍答兒渾都海事聞帝大悅曰商孟卿古之良將也改宣撫司爲行中書
省進希憲爲右丞挺爲僉行省事二年進參知政事宋將劉整以瀘州降繫前
降宋者數百人來歸軍吏請誅以戒挺盡奏而釋之與元判官費寅有罪懼誅
以借兵完城事訟挺與希憲于朝帝召挺便殿問曰卿在關中懷孟兩著治效
而毀言日至豈同寅有沮卿者耶抑位高而志怠耶比年論王文統者甚衆卿
獨無一言挺對曰臣素知文統之爲人嘗與趙璧論之想陛下猶能記也臣在
秦三年多過其或從權以應變者有之若功成以歸己事敗分咎於人臣必不
敢請就戮挺既出帝顧駙馬忽剌出樞副合答等數挺前後大計凡十有七因
嘆曰挺有功如是猶自言有罪若此誰復爲朕戮力耶卿等識之四年賜金符

行四川行樞密院事至元元年入拜參知政事建議史事附脩遼金二史宜令王鶚李冶徐世隆高鳴胡祗遹周砥等爲之甚合帝意二年分省河東俄召還三年帝留意經學挺與姚樞竇默王鶚楊果纂五經要語凡二十八類以進六年同僉樞密院事七年遷僉書八年陞副使數軍食定軍官品級給軍吏四千人屯田開墾三萬畝收其穫以餉親軍汰不勝軍者戶三萬戶一丁者亦汰去丁多業寡業多丁寡財力相資合出一軍九年封皇子忙阿剌爲安西王立王相府以挺爲王相十四年詔王北征王命挺曰關中事有不便者可悉更張之挺曰延安民兵數千宜使李忽蘭吉練習之以備不虞未幾禿魯叛以延安兵應敵果獲其力挺進十策於王曰睦親鄰安人心敬民時備不虞厚民生一事權清心源謹自治固本根察下情王爲置酒嘉納王薨王妃使挺請命于朝以子阿難答嗣帝曰年少祖宗之訓未習卿姑行王相府事初運使郭琮郎中郭叔雲與王相趙炳搆隙或告炳不法妃命囚之六盤獄以死朝廷疑擅殺之執琮叔雲鞫問伏辜事具趙炳傳初無一毫及挺惟王府女奚徹徹以預二郭謀

臨刑望以求生始有曖昧語連挺及其子瓛帝怒召挺拘炳家瓛下獄帝命趙氏子曰商孟卿老書生可與諸儒讞其罪吏部尚書青陽夢炎以議勳奏曰臣宋儒不知挺向來之功可補今之過否帝不悅曰是同類相助之辭也符寶郎董文忠奏曰夢炎不知挺何如人臣以曩時推戴之功語之矣帝良久曰其事果何如對曰臣目未覩耳固聞之殺人之謀挺不與也帝默然十六年春有旨挺不可全以無罪釋之籍其家是冬始釋挺及瓛二十年復樞密副使俄以疾免二十一年趙氏子復訟父冤挺又被繫百餘日乃釋二十五年帝問中丞董文用曰商孟卿今年幾何對曰八十帝甚惜其老而嘆其康強是歲冬十有二月卒有詩千餘篇尤善隸書延祐初贈推誠協謀佐運功臣太師開府儀同三司上柱國魯國公諡文定子五人琥璘瑭瓛琦琥字台符至元十四年以姚樞許衡薦拜江南行御史臺監察御史建康戍卒有利湯氏財者投戈于其家誣爲反具琥知其冤罪誣者而釋之華亭蟠龍寺僧思月謀叛被擒其黨縱火來刦民大擾琥亟誅其魁文法吏責琥擅誅行臺中丞張雄飛曰江南殘毀之餘

盜賊屢起顧尚循常例安用憲臺爲哉吏議遂屈都昌妖賊杜辛一僭號倡亂行臺檄琥按問械繫脅從者盈獄琥悉以詿誤縱遣之黨與竄伏者猶衆琥揭牓招徠不三日雲集二十七年徵拜中臺監察御史屬地震琥上書言昔漢文帝有此異而無其應蓋以躬行德化而弭也因條陳漢文時政以進又言爲國之道在立法任人二者而已法不徒立須人而行人不濫用惟賢是擇因舉天下名士十餘人帝從之皆召用待以不次三十年遷國子司業卒有彝齋文集

瑭字禮符仕爲右衞屯田千戶歲餘謝病侍親時年纔三十三後還鄉里築室曰晦道堂蓋取七世祖宗弼宋仁宗時爲太子中舍人年五十掛冠所築堂名也琦字德符大德八年成宗召備宿衞仁宗在東宮奏授集賢直學士調大名路治中不赴皇慶元年授集賢侍講學士延祐四年陞侍讀官通奉大夫賜鈔二萬五千貫泰定元年遷祕書卿病歸卒琦善畫山水嘗使蜀持平守法秋毫無私

趙良弼

趙良弼字輔之女直人也本姓朮要甲音訛爲趙家因以趙爲氏父慤金威勝軍節度使謚忠閔慤長子良貴嵩汝招討使良貴子讜許州兵官慤從子良材守太原俱死事良弼明敏多智略初舉進士教授趙州世祖在潛藩召見占對稱旨會立邢州安撫司擢良弼爲幕長邢久不得善吏且當要衝使者旁午民多逃去良弼區畫有方事或掣制則請諸藩邸再閱歲凡六往返所請無不從脫兀脫以斷事官鎭邢其屬要結罪廢者交搆嫌隙動相沮撓世祖時征雲南良弼馳驛白其事遂黜脫兀脫罷其屬邢大治戶口增倍世祖在潛藩時分地在關陝奏以廉希憲商挺宣撫陝西以良弼參議司事阿藍答兒當國憚世祖英武譖于憲宗遂以阿藍答兒爲陝西省左丞相劉太平參知政事鉤校京兆錢穀鍛煉羣獄死者二十餘人衆皆股栗良弼力陳大義詞氣懇款二人卒不能誣故宣撫司一無所坐己未七月世祖南征召參議元帥事兼江淮安撫使親執桴鼓率先士卒五戰皆捷禁焚廬舍殺降民所至宣布恩德民皆安堵旣渡江攻鄂州聞憲宗崩世祖北還良弼陳時務十二事言皆有徵至衛遣如京

兆察訪秦蜀人情事宜不踰月具得實還報曰宗王穆哥無他心宜以西南六盤悉委屬之渾都海屯軍六盤士馬精強咸思北歸恐事有不意紐鄰總秦川蒙古諸軍多得秦蜀民心年少驁勇輕去就當寵以重職疾解其兵柄劉太平霍魯懷今行尚書省事聲言辦集糧餉陰有據秦蜀志百家奴劉黑馬汪惟正兄弟蒙被德惠俱悉心俟命其言皆見采用庚申良弼凡五上言勸進曰今中外皆願大王早進正宸以安天下事勢如此豈容中止社稷安危間不容髮世祖嘉之既即位立陝西四川宣撫司復以廉希憲商挺爲使副良弼爲參議良弼先行謀諸斷事官八春曰今渾都海日夜思北歸紐鄰還延不即行當先遣使奉上旨促紐鄰入朝劉太平速還京兆八春從其議至則紐鄰果移營將入涇劉太平將趨六盤聞命乃止後渾都海果叛北歸良弼與汪惟正劉黑馬二宣撫決議執渾都海之黨元帥乞台不花迭立火者誅之希憲及挺慮有擅殺名遣使入奏待罪良弼具密狀授使者言始遣捕二帥時止令因以俟報臣竊以爲張皇不便宜急誅之擅殺在臣實不在宣撫司若上怒希憲等願使者即

出此奏帝竟不問使者以奏白政府咸以良弼爲長者陞參議陝西省事蜀人費寅以私憾誣廉希憲商挺在京兆有異志者九事以良弼爲徵帝召良弼詰問良弼泣曰二臣忠良保無是心願剖臣心以明之帝意不釋會平李璮得王文統交通書益有疑二臣意切責良弼無所不至至欲斷其舌良弼誓死不少變帝意乃解費寅卒以反誅至元七年以良弼爲經略使領高麗屯田良弼言屯田不便固辭遂以良弼奉使日本先是至元初數遣使通日本卒不得要領於是良弼請行帝憫其老不許良弼固請乃授祕書監以行良弼奏臣父兄四人死事于金乞命翰林臣文其碑臣雖死絶域無憾矣帝從其請給兵三千以從良弼辭獨與書狀官二十四人俱舟至金津島其國人望見使舟欲舉刃來攻良弼捨舟登岸喻旨金津守延入板屋以兵環之滅燭大譟良弼凝然自若天明其國太宰府官陳兵四山問使者來狀良弼數其不恭罪仍喻以禮意太宰官愧服求國書良弼曰必見汝國王始授之越數日復來求書且曰我國自太宰府以東上古使臣未有至者今大朝遣使至此而不以國書見授何以示

信良弼曰隋文帝遣裴清來王郊迎成禮唐太宗高宗時遣使皆得見王王何獨不見大朝使臣乎復索書不已詰難往復數四至以兵脅良弼良弼終不與但頗錄本示之後又聲言大將軍以兵十萬來求書良弼曰不見汝國王寧持我首去書不可得也日本知不可屈遣使介十二人入覲仍遣人送良弼至對馬島十年五月良弼至自日本入見帝詢知其故曰卿可謂不辱君命矣後帝將討日本三問良弼言臣居日本歲餘覩其民俗狠勇嗜殺不知有父子之親上下之禮其地多山水無耕桑之利得其人不可役得其地不加富況舟師渡海海風無期禍害莫測是謂以有用之民力填無窮之巨壑也臣謂勿擊便帝從之十一年十二月以良弼同僉書樞密院事丞相伯顏伐宋良弼言宋重兵在揚州宜以大軍先擣錢唐後訖如其計又言宋亡江南士人多廢學宜設經史科以育人材定律令以戢姦吏卒皆用其議帝嘗從容問曰高麗小國也匠工奕技皆勝漢人至於儒人皆通經書學孔孟漢人惟務課賦吟詩將何用焉良弼對曰此非學者之病在國家所尚何如耳尚詩賦則人必從之尚經學則

人亦從之㒰弼屢以疾辭十九年得旨居懷孟㒰弼別業在温縣故有地三千畝乃析爲二六與懷州四與孟州皆永隸廟學以贍生徒自以出身儒素示不忘本也或問爲治㒰弼曰必有忍乃其有濟人性易發而難制者惟怒爲甚必克己然後可以制怒必順理然後可以忘怒能忍所難忍容所難容事斯濟矣二十三年卒年七十贈推忠翊運功臣太保儀同三司追封韓國公謚文正子訓陝西平章政事

趙璧

趙璧字寶仁雲中懷仁人世祖爲親王聞其名召見呼秀才而不名賜三僮給薪水命后親製衣賜之視其試服不稱輒爲損益寵遇無與爲比命馳驛四方聘名士王鶚等又令蒙古生十人從璧授儒書勑璧習國語譯大學衍義時從馬上聽璧陳說辭旨明貫世祖嘉之憲宗即位召璧問曰天下何如而治對曰請先誅近侍之尤不善者憲宗不悅璧退世祖曰秀才汝渾身是膽耶吾亦爲汝握兩手汗也一日斷事官牙老瓦赤持其印請于帝曰此先朝賜臣印也今

陛下登極將仍用此舊印抑易以新者耶時璧侍旁質之曰用汝與否取自聖
裁汝乃敢以印爲請耶奪其印置帝前帝爲默然久之旣而曰朕亦不能爲此
也自是牙老瓦赤不復用壬子爲河南經略使河南劉萬戶貪淫暴戾郡中婚
嫁必先賂之得所請而後行咸呼之爲翁其黨董主簿尤恃勢爲虐強取民女
有色者三十餘人璧至按其罪立斬之盡還民女劉大驚時天大雪因詰璧相
勞苦且酌酒賀曰經略下車誅鋤強猾故雪爲瑞應璧曰如董主簿比者尙有
其人俟盡誅之瑞應將大至矣劉屛氣不復敢出語歸臥病而卒時人以爲懼
死己未伐宋爲江淮荊湖經略使兵圍鄂州宋賈似道遣使來願請行人以和
璧請行世祖曰汝登城必謹視吾旗旗動速歸可也璧登城宋將宋京曰北兵
若旋師願割江爲界且歲奉銀絹疋兩各二十萬璧曰大軍至濮州時誠有是
請猶或見從今已渡江是言何益賈制置今焉在耶璧適見世祖旗動迺曰俟
他日復議之遂還憲宗崩世祖卽位中統元年拜燕京宣慰使時供給蜀軍府
庫已竭及用兵北邊璧經畫饋運相繼不絕中書省立授平章政事議加答剌

罕之號力辭不受二年從北征命還燕以平章政事兼大都督領諸軍是年始
製太廟雅樂樂工党仲和郭伯達以知音律在選中爲造僞鈔者連坐繫獄璧
曰太廟雅樂大饗用之聖上所以昭孝報本也豈可繫及無辜而廢雅樂之成
哉奏請原之三年李璮反益都從親王合必赤討之璮已據濟南諸軍乏食璧
從濟河得粟及羊豕以饋軍軍復大振至元元年官制行加榮祿大夫帝欲作
文檄宋執筆者數人不稱旨乃召璧爲之文成帝大喜曰惟秀才曲盡我意改
樞密副使六年宋守臣有遣間使約降者帝命璧詣鹿門山都元帥阿朮營密
議命璧同行漢軍都元帥府事宋將夏貴率兵五萬饋糧三千艘自武昌遡流
入援襄陽時漢水暴漲璧據險設伏待之貴果中夜潛上璧策馬出鹿門行二
十餘里發伏兵奪其五舟大呼曰南船已敗我水軍宜速進貴懾不敢動明旦
阿朮至領諸將渡江西追貴騎兵璧率水軍萬戶解汝楫等追貴舟師遂合戰
於虎尾洲貴大敗走士卒溺死甚衆奪戰艦五十擒將士三百餘人高麗王禃
爲其臣林衍所逐帝召璧還改中書左丞同國王頭輦哥行東京等路中書省

事聚兵平壤時衍已死璧與王議曰高麗遷居江華島有年矣外雖卑辭臣貢
內恃其險故使權臣無所畏忌擅逐其主今衍雖死王實無罪若朝廷遣兵護
歸使復國于古京可以安兵息民策之上者也因遣使以聞帝從之時同行者
分高麗美人璧得三人皆還之師還遷中書右丞冬祀太廟有司失黃幔索得
於神庖竈下已甚汙弊帝聞大怒曰大不敬當斬璧曰法止杖斷流遠其人得
不死十年復拜平章政事十三年卒年五十七大德三年贈大司徒諡忠亮子
二人仁榮同知歸德府事仁恭集賢直學士孫二人崇郊祀署令弘左藏庫提
點

元史卷一百五十九

西元二〇二〇年十一月一日重製一版

元史（附考證）冊八（明宋濂撰）

平裝十冊基本定價陸仟伍佰元正
（郵運匯費另加）

發行人　張　敏　君
發行處　中　華　書　局
臺北市內湖區舊宗路二段一八一巷八號五樓（5FL., No. 8, Lane 181, JIOU-TZUNG Rd., Sec 2, NEI HU, TAIPEI, 11494, TAIWAN)
客服電話：886-2-8797-8396
公司傳真：886-2-8797-8909
匯款帳戶：華南商業銀行西湖分行
179100026931
印　　刷：維中科技有限公司
海瑞印刷品有限公司

No. N1060-8

國家圖書館出版品預行編目(CIP)資料

元史/(明)宋濂撰. -- 重製一版. -- 臺北市 : 中
華書局, 2020.11
冊 ; 公分
ISBN 978-986-5512-38-5(全套 : 平裝)

1.元史

625.701 109016937